実務家必読

判決・裁決に学ぶ
税務通達の
読み方

税理士 近藤雅人 ・ 税理士 川口昌紀 ・ 税理士 松田昭久
税理士 田中俊男 ・ 税理士 佐々木栄美子【共著】

清文社

はじめに

　講学上、通達は法令ではないとされる。一方で実務においては、課税庁だけではなく、納税者あるいは税理士も、常に通達を意識している。

　所得税や法人税さらには相続税法の基本通達は発遣から50年、消費税法基本通達でさえその発遣から20年以上の時が経過した。これらの通達は、法改正に伴いあるいは判決等を理由に適宜改正されてきたが、そうとはいえ、急速に進展するICT化や国際化等を要因に、近時経済社会は激変している。はたして、通達はこれらの変化に、常に適正に対応できるといえるのであろうか。

　もし、通達の解釈が時代に適合しない内容である場合、あるいは新しい経済取引に対応する通達がない場合に、我々税理士はどのような対応を採るべきか、本書のテーマはこの点にある。

　そのような中、最高裁で二つの事案が争われた。一つは受取人以外の法人が支払った保険料の取扱いを巡る平成24年1月13日判決、二つは競馬の馬券払戻金の所得区分を巡る平成29年12月15日判決である。前者は、通達の解釈に従ったとする納税者の主張を認めた控訴審の判断を、破棄自判した判決であり、後者は、平成27年3月10日の最高裁判決を受けて改正された通達の取扱いを再度否定したと見て取れる判決である。

　これらの最高裁判断は、本書のテーマの答えを示唆するものであった。そこで、本書は、通達の意義、法的性格、限界等を概観したうえで、「通達」をキーワードに200を超える判決・裁決を検討し、その中から厳選した上記最高裁を含む26の事例を中心に、裁判所及び国税不服審判所の考える通達の理解とその解釈手順を解説することとした。同時に、争点となった法令及び通達の趣旨等についても、網羅的に掲載した。さらに、税理士が通達と異なる解釈を示す場合の留意点も、事例を参考に解説した。

法人税基本通達の前文にも、以下の記載がある。

　「いやしくも、通達の規定中の部分的字句について形式的解釈に固執し、全体の趣旨から逸脱した運用を行ったり、通達中に例示がないとか通達に規定されていないとかの理由だけで法令の規定の趣旨や社会通念等に即しない解釈におちいったりすることのないように留意されたい。」

　この前文にもあるとおり、通達の適正な適用は、実務家の永遠の課題であるともいえる。本書が、実務家が通達を適用する際の一助となれば幸いである。

　終わりに、本書の出版に当たり、お世話になった清文社の編集部の皆様に、篤くお礼を申し上げる。

平成30年4月

筆者を代表して

近藤　雅人

目　次

総　論

１ 通達とは ………………………………………………………… 3

　１．概要 ……………………………………………………………… 3

　２．通達の法的性格 ………………………………………………… 7

　３．通達の限界 ……………………………………………………… 9

２ 通達の解釈・適用の手順

　（最高裁平成24年１月13日判決・民集第66巻第１号１頁） ………… 14

　１．事案の概要 ……………………………………………………… 14

　２．関係法令等の定め ……………………………………………… 15

　３．判旨 ……………………………………………………………… 16

　４．解説 ……………………………………………………………… 18

　５．通達の改正 ……………………………………………………… 23

３ 通達改正の問題 ………………………………………………… 25

　１．問題の所在 ……………………………………………………… 25

　２．改正通達と異なる判断 ………………………………………… 29

　３．東京高裁の異なる判断 ………………………………………… 40

　４．実務へのあてはめ ……………………………………………… 43

４ 通達とは異なる解釈をする場合の税理士の責任 ……………… 47

　１．事案の概要 ……………………………………………………… 47

　２．裁判所の判断 …………………………………………………… 48

　３．解説 ……………………………………………………………… 51

５ 通達の適用にあたって注意すべき事項 ………………………… 54

(1)

各　論

■1 所得税に関する事案

1．使用人から執行役への就任に伴い打切り支給された退職給与の所得区分（大阪高裁平成20年9月10日判決）……………… 61
(1) 関係法令　61　　　(2) 適用通達　61　　　(3) 事案の概要　64
(4) 争点　64　　　(5) 課税庁の主張　64　(6) 納税者の主張　65
(7) 裁判所の判断　66　(8) 解説　69

2．農地転用決済金・協力金等と譲渡費用（平成18年4月20日第一小法廷判決）……………………………………………………… 71
(1) 関係法令　71　　　(2) 適用通達　72　　　(3) 事案の概要　73
(4) 争点　74　　　(5) 納税者の主張　74　(6) 原処分庁の主張　75
(7) 裁判所の判断　76　(8) 解説　78　　　(9) 実務上の留意点　79

3．不動産貸付けが事業に当たるかどうかの判定（昭和52年1月27日裁決）…………………………………………………………… 81
(1) 関係法令　81　　　(2) 適用通達　81　　　(3) 事案の概要　82
(4) 争点　83　　　(5) 納税者の主張　83　(6) 原処分庁の主張　83
(7) 審判所の判断　84　(8) 解説　85

4．弁護士会の無料法律相談の対価として支給された日当の所得区分（京都地裁平成20年10月21日判決）…………………………… 90
(1) 関係法令　90　　　(2) 適用通達　90　　　(3) 事案の概要　91
(4) 争点　91　　　(5) 原処分庁の主張　92
(6) 納税者の主張　92　(7) 裁判所の判断　93　(8) 解説　94
(9) 所基通28-9の2と所基通27-5の読み方　96

5．土地と共に取得した建物の取壊し費用（長野地裁平成16年3月26日判決）……………………………………………………… 99
(1) 関係法令　99　　　(2) 適用通達　99　　　(3) 事案の概要　100
(4) 争点　100　　　(5) 納税者の主張　101
(6) 原処分庁の主張　101　(7) 裁判所の判断　101
(8) 解説　102

目　次

6．債務免除益（大阪地方裁判所平成21年行（ウ）第20号所得税更
　　正処分取消請求事件平成24年2月28日判決）（認容）（確定）…… 105
　　⑴　関係法令　105　　⑵　適用通達　107　　⑶　事案の概要　110
　　⑷　争点　110　　　　⑸　原告及び原処分庁の主張　111
　　⑹　裁判所の判断　116 ⑺　解説　117
　　⑻　基本通達36－17の廃止とその問題点　118

7．贈与等により取得したゴルフ会員権名義書換料の取得費性（最
　　高裁平成17年2月1日判決）…………………………………………… 122
　　⑴　関係法令　122　　⑵　適用通達　122　　⑶　事案の概要　126
　　⑷　争点　126　　　　⑸　課税庁の主張　127 ⑹　納税者の主張　127
　　⑺　裁判所の判断・解釈　128　　⑻　解説　129
　　⑼　実務上の留意点（通達の読み方）　132

② 法人税に関する事案

1．分掌変更に伴う役員退職給与の分割支給と損金算入時期（東京
　　地裁平成27年2月26日判決）…………………………………………… 133
　　⑴　関係法令　133　　⑵　適用通達　134　　⑶　事案の概要　137
　　⑷　争点　137　　　　⑸　納税者及び課税庁の争点に対する主張　138
　　⑹　裁判所の判断　146 ⑺　解説　150
　　⑻　関連裁判例・裁決事例　152

2．浚渫業における傭船料（長崎地裁平成12年1月25日判決）……… 155
　　⑴　関係法令　155　　⑵　適用通達　156　　⑶　事案の概要　157
　　⑷　争点　158　　　　⑸　争点に対する納税者及び課税庁の主張　158
　　⑹　判決　160　　　　⑺　解説　161　　　　⑻　関連裁判例等　163

3．養老保険における危険保険料の損金性（平成8年7月4日裁
　　決）……………………………………………………………………… 165
　　⑴　関係法令　165　　⑵　適用通達　166　　⑶　事案の概要　167
　　⑷　争点　168　　　　⑸　納税者の主張　168 ⑹　課税庁の主張　169
　　⑺　裁決　170　　　　⑻　解説　171
　　⑼　裁判例・裁決事例等　175

4．役員給与（業績悪化改定事由に該当しない減額改定）（平成23
　　年1月25日裁決）……………………………………………………… 177

(3)

(1) 関係法令　177　　　(2) 適用通達　179　　　(3) 事案の概要　179

(4) 争点　180　　　(5) 納税者の主張　180 (6) 課税庁の主張　180

(7) 審判所の判断　180 (8) 解説　181

5．中古資産の耐用年数（平成25年12月17日裁決）……………… 183

(1) 関係法令　183　　　(2) 適用通達　184　　　(3) 事案の概要　185

(4) 争点　185　　　(5) 納税者の主張　186 (6) 課税庁の主張　186

(7) 裁決　187　　　(8) 解説　187　　　(9) 判決・裁決例　188

6．不正行為に基づき「他の者」から支払を受ける損害賠償請求権の収益計上時期（広島地裁平成25年1月15日判決）………… 191

(1) 関係法令　191　　　(2) 適用通達　192　　　(3) 事案の概要　193

(4) 争点　193　　　(5) 課税庁の主張　193 (6) 納税者の主張　195

(7) 判決　195　　　(8) 解説　197

(9) その他の裁判例等　198

7．修繕費と資本的支出（平成14年8月21日裁決）……………… 202

(1) 関係法令　202　　　(2) 適用通達　203　　　(3) 事案の概要　206

(4) 争点　206　　　(5) 課税庁の主張　206 (6) 納税者の主張　208

(7) 審判所の判断　208 (8) 解説　209　　　(9) 関連裁決事例　212

8．収益事業の判定（平成14年2月28日裁決）………………… 214

(1) 関係法令　214　　　(2) 適用通達　214　　　(3) 事案の概要　216

(4) 争点　216　　　(5) 納税者の主張　216 (6) 課税庁の主張　217

(7) 裁決　218　　　(8) 解説　219

(9) 関連裁判例・裁決事例等　219

❸相続税に関する事案

1．タワーマンション節税（東裁（諸）平23第1号平成23年7月1日）……………………………………………………………………… 223

(1) 関係法令　223　　　(2) 適用通達　223　　　(3) 事案の概要　224

(4) 納税者の主張　224 (5) 課税庁の主張　225 (6) 裁決　225

(7) 解説　227

2．配当還元方式による評価及び評価差額に対する法人税額等に相当する金額が否認された事例（東京高裁平成17年1月19日判決）……………………………………………………………………… 230

(4)

(1) 関係法令 230 (2) 適用通達 230 (3) 事案の概要 234
(4) 納税者の主張 235 (5) 課税庁の主張 236 (6) 判決 238
(7) 解説 240 (8) 類似事案 241

3. 相続税評価額と同程度の価額かそれ以上の価額の対価によって 土地の譲渡が行われた場合におけるその代金額は、相続税法第7 条（贈与又は遺贈により取得したものとみなす場合）にいう「著 しく低い価額」の対価には当たらないとされた事例（東京地裁平 成19年8月23日判決）‥‥‥‥‥‥‥‥‥‥‥‥‥‥‥‥ 245

(1) 関係法令 245 (2) 適用通達 246 (3) 事案の概要 247
(4) 争点 248 (5) 納税者の主張 248 (6) 課税庁の主張 248
(7) 判決 249 (8) 解説 252

4. みなし贈与と非同族株主への取引相場のない株式の譲渡（東京 地裁平成17年10月12日判決）‥‥‥‥‥‥‥‥‥‥‥‥‥ 255

(1) 関係法令 255 (2) 適用通達 255 (3) 事案の概要 257
(4) 争点 257 (5) 争点に対する原告及び被告の主張 258
(6) 判決 261 (7) 解説 263

5. 相続税の非課税財産とされる庭内神しの範囲（東京地裁平成24 年6月21日判決）‥‥‥‥‥‥‥‥‥‥‥‥‥‥‥‥‥‥ 266

(1) 関係法令 266 (2) 適用通達 267 (3) 事案の概要 268
(4) 争点 268 (5) 原告及び被告の主張 269
(6) 判決 270 (7) 解説 272

❹消費税に関する事案

1. 入湯税の区分経理（東京地裁平成18年10月27日判決）‥‥‥‥ 275

(1) 関係法令 275 (2) 適用通達 275 (3) 事案の概要 276
(4) 争点 276 (5) 課税庁の主張 277 (6) 原告の主張 278
(7) 判決 279 (8) 解説 281

2. 資産の譲渡等を行った者の実質判定（広島地裁平成18年6月28 日判決）‥‥‥‥‥‥‥‥‥‥‥‥‥‥‥‥‥‥‥‥‥‥ 284

(1) 関係法令 284 (2) 適用通達 285 (3) 事案の概要 285
(4) 争点 286 (5) 納税者の主張 286 (6) 課税庁の主張 287
(7) 判決 288 (8) 解説 290

3．クレジット手数料は課税取引に該当するか（東京高裁平成11年8月31日判決） ·· 292

(1) 関係法令　292　　(2) 適用通達　293　　(3) 事案の概要　294

(4) 争点　294　　(5) 納税者の主張　294 (6) 課税庁の主張　295

(7) 判決　296　　(8) 解説　297

4．新旧通達がある場合の通達の事例へのあてはめ（福岡高裁平成12年9月29日判決） ·· 300

(1) 関係法令　300　　(2) 適用通達　300　　(3) 事案の概要　304

(4) 争点　305　　(5) 納税者の主張　305 (6) 課税庁の主張　306

(7) 判決　307　　(8) 解説　308

《凡例》

　文中の法令、通達等について略語を用いて表している場合、下記のように表しています。

＜法令＞

所法…………所得税法　　　　　　　　相法…………相続税法

所令…………所得税法施行令　　　　　相令…………相続税法施行令

措法…………租税特別措置法　　　　　消法…………消費税法

措令…………租税特別措置法施行令　　消令…………消費税法施行令

法法…………法人税法

法令…………法人税法施行令

耐用年数省令…減価償却資産の耐用年数等に

　　　　　　　関する省令

＜通達＞

所基通…………所得税基本通達　　　　相基通…………相続税法基本通達

法基通…………法人税基本通達　　　　財基通…………財産評価基本通達

措基通…………租税特別措置法関係通達　消基通…………消費税法基本通達

耐用年数通達…耐用年数の適用等に関する

　　　　　　　取扱通達

　本書は、平成30年4月1日現在の法令・通達等により記述しています。

総　論

総　論

1　通達とは

1．概要

(1)　通達の根拠

　わが国の租税実務に欠くことのできない「通達」は、国家行政組織法第14条第2項を根拠に発遣される。

国家行政組織法

第14条

2　各省大臣、各委員会及び各庁の長官は、その機関の所掌事務について、命令又は示達をするため、所管の諸機関及び職員に対し、訓令又は通達を発することができる。

　訓令とは、上級行政庁が下級行政庁の権限行使について発する命令であり、その命令を書面の形式で行うものを、特に通達という。訓令・通達には下級行政庁は従わなければならず、その服従を担保するために、懲戒権が認められている。

　通達は、ある法令に関して、統一的な解釈や取扱いを確保するために、上級行政庁が下級行政庁に対してなす命令ないし指令である[1]。

　税の分野は、租税法が侵害規範であることから、法の解釈を誤れば納税者の財産権を侵害することになる。しかも、税法の条文は複雑である。このため、租税法規の統一的な執行を確保するために、国税庁長官から膨大な通達が、各国税局長及び職員に対し発遣されている。

＊1　金子宏『租税法・第22版』（弘文堂・2017）109頁以下参照。

⑵　通達の種別

　租税に関する通達には、各税法について逐条的にその解釈や取扱基準を示す一つにまとまった基本通達と、個別に税法の解釈や運用方針を示す個別通達がある。また、通達の個々の条項の内容からは、主に、租税法令の規定の解釈を示す解釈通達と、租税法令の規定を適用する際の取扱いの基準を示す取扱通達とに区分することができる[2]。

---

①　解釈通達の例示

所得税基本通達

（配偶者）

2－46　法に規定する配偶者とは、民法の規定による配偶者をいうのであるから、いわゆる<u>内縁関係にある者は</u>、たとえその者について家族手当等が支給されている場合であっても、<u>これに該当しない</u>。

---

②　取扱通達の例示

法人税基本通達

（美術品についての減価償却費の判定）

7－1－1　「時の経過によりその価値の減少しない資産」は減価償却資産に該当しないこととされているが、<u>次に掲げる美術品等は「時の経過によりその価値の減少しない資産」と取り扱う</u>。

⑴　古美術品、古文書、出土品、遺物等のように歴史的価値又は希少価値を有し、代替性のないもの

⑵　⑴以外の美術品等で、取得価額が1点100万円以上であるもの（時の経過によりその価値が減少することが明らかなものを除く。）

（注・傍線部筆者）

＊2　清永敬次『税法・新装版』（ミネルヴァ書房・2014）21頁以下参照。

総　論

(3)　通達の特徴

　前述のとおり、下級行政庁は通達に拘束される。そのため、執行機関
自らが、通達の取扱いを否認することは極めて稀であるという特徴があ
る。また、否認する場合であっても、国税通則法に規定された手続を経
なければならないとされる。

　例えば、納税者の権利救済制度の一つに不服申立て制度があるが、国
税不服審判所長が通達と異なる解釈により裁決する場合には、国税通則
法第99条に規定された手続を踏まなければならない。

国税通則法

（国税庁長官の法令の解釈と異なる解釈等による裁決）

第99条　国税不服審判所長は、国税庁長官が発した通達に示されている
　法令の解釈と異なる解釈により裁決をするとき、又は他の国税に係る
　処分を行う際における法令の解釈の重要な先例となると認められる裁
　決をするときは、あらかじめその意見を国税庁長官に通知しなければ
　ならない。

2　国税庁長官は、前項の通知があった場合において、国税不服審判所
　長の意見が審査請求人の主張を認容するものであり、かつ、国税庁長
　官が当該意見を相当と認める場合を除き、国税不服審判所長と共同し
　て当該意見について国税審議会に諮問しなければならない。

3　国税不服審判所長は、前項の規定により国税庁長官と共同して国税
　審議会に諮問した場合には、当該国税審議会の議決に基づいて裁決を
　しなければならない。

　つまり、国税不服審判所長が通達と異なる法令解釈を示す場合には、
国税庁長官にその意見を事前に通知し、また国税審議会の議決に基づい
た裁決をしなければならないのである。

　国税庁は、この取扱いの理由を、次のように解説する＊3。

5

なお、国税不服審判所長は、国税庁長官が発した通達に示されている法令の解釈と異なる解釈により裁決をすることや、法令の解釈の重要な先例となるような裁決をすることができる。しかし、同一の法令について、税務の執行機関と審査請求の裁決機関とが異なった解釈をとることは、税務行政の統一ある運用が阻害されることとなりかねない。そこで国税不服審判所長は、このような裁決を行うときは、あらかじめその意見を国税庁長官に申し出ることとされている。

　国税庁長官は、国税不服審判所から意見の申出があった場合において、国税不服審判所長の意見が審査請求人の主張を認容するものであり、かつ、国税庁長官がその意見を相当と認めた場合には、その旨を国税不服審判所長に指示し、それ以外の場合は、その意見を民間の学識経験者によって構成される国税審議会に諮り、国税審議会の議決に基づいて国税不服審判所長に指示しなければならないこととされている。

（注・傍線部筆者）

　確かに、「同一の法令について、税務の執行機関と審査請求の裁決機関とが異なった解釈をとることは、税務行政の統一ある運用が阻害されることとなりかねない」のかもしれない。ただ、この規定は、国税不服審判所の独立性に一定の限界があることを示すものだとの指摘もある[4]。

　いずれにせよ、納税者側が課税処分等に対し、税務争訟の場に権利の救済を求めても、通達の解釈を巡る問題の場合には、再調査の請求あるいは審査請求の段階での救済は困難であるといえる。その点につき、大阪地裁平成元年3月28日判決（税務訴訟資料第169号1163頁）は、次の

[3]　国税庁ホームページ
　　https://www.nta.go.jp/kohyo/katsudou/report/2003/japanese/text/03/01-04.htm
　　参照。
[4]　清永・前掲書315頁参照。

ように指摘する。

> 本件各争点は、いずれも国税庁長官の発した基本通達の是非をめぐる法解釈上の問題であり、実務的には右通達が変更されない限り、原告の不服申立が認容される見通しはなく、国税不服審判所長において、基本通達に反する解釈をする場合には、国税通則法第99条の定めるところに従い、国税庁長官の指示を仰ぐことが要請されるが、本件1次処分についての異議決定及び裁決においては、右通達の解釈が維持されているし、また、本件2次処分についての異議決定においても、右通達に基づく解釈がとられており、その後も本件各争点に関する行政庁の対応に特に変化は窺われないこと等からすれば、本件2次処分について審査請求をしても、現時点では、その裁決において、右通達に反する解釈がなされ、原告の請求が許容される見通しはほとんどないと考えられる。

2. 通達の法的性格

通達は、指揮監督権の行使として発遣されるもので、その性格は行政の内部的な規範である行政規則である。したがって、それを発するについて法律の根拠は不要であるが、その反面、行政内部の者以外の者、例えば納税者に対しては、法的拘束力は持たないことになる[5]。

通達の法的性格につき、最高裁昭和38年12月24日判決（訟務月報第37巻第8号1482頁）は、次のように判示する。

> 国税庁長官の基本通達は、下級行政機関の権限の行使についての指揮であって、国民に対し効力を有する法令ではないとした判断は、正当である。

---

[5] 芝池義一『行政法総論講義・第4版補訂版』（有斐閣・2006年）99頁以下参照。

また、租税通達に関する判決ではないが、最高裁昭和43年12月24日判決（裁判所ホームページ裁判例情報）も、通達の法的性格を次のように判示する。

　　元来、通達は、原則として、法規の性質をもつものではなく上級行政機関が関係下級行政機関および職員に対してその職務権限の行使を指揮し、職務に関して命令するために発するものであり、このような通達は右機関および職員に対する行政組織内部における命令にすぎないから、これらのものがその通達に拘束されることはあっても、一般の国民は直接これに拘束されるものではなく、このことは、通達の内容が、法令の解釈や取扱いに関するもので、国民の権利義務に重大なかかわりをもつようなものである場合においても別段異なるところはない。このように、通達は、元来、法規の性質をもつものではないから、行政機関が通達の趣旨に反する処分をした場合においても、そのことを理由として、その処分の効力が左右されるものではない。また、裁判所がこれらの通達に拘束されることのないことはもちろんで、裁判所は、法令の解釈適用にあたっては、通達に示された法令の解釈とは異なる独自の解釈をすることができ、通達に定める取扱いが法の趣旨に反するときは独自にその違法を判定することもできる筋合である。

　すなわち、通達は法源ではなく、裁判所はこれに拘束されず、法令の解釈は独自に行うというのが裁判所の立場である。

　そうとはいえ、執行機関は通達に拘束されるため、日々の税実務は、通達に依拠した運用が行われている。一方で納税者側も、複雑な租税法を解釈するため、また、課税庁との無用の争いを避けるため、通達を一つのメルクマールとして利用しているのが現状である。その意味で通達は法源と同様の機能を果たしているともいえる＊6。

＊6　金子・前掲書110頁。

総　論

3．通達の限界

　租税通達の法的性格を明確にしたうえで、その重要性と限界について、大阪高裁平成 9 年 4 月15日判決（税務訴訟資料第223号310頁）は次のように判示する。本件は、国税庁長官の違法通達の制定を起因とする一連の違法行為に対する国家賠償請求事案である。

　通達は、上級行政庁が法令の解釈等に関して、下級行政庁に対して行う命令ないし示達である（国家行政組織法第14条第 2 項）。したがって、通達は、行政組織の内部で拘束力を有するが、国民に対する関係では拘束力をもつ法規ではない。すなわち、通達は租税法の法源とならない。

　しかし、現実の租税行政は、通達の下に統一的かつ画一的に行われるように運用されており、租税通達が極めて重要な役割を果たしていることは周知のとおりである。

　もとより、通達の内容が法令に違背してはならないのであって、このことは多言を要しない。本件に即していえば、通達によって租税法規が本来課税していない租税を納税者に課してはならない（反対に通達によって納税義務を減免することもできない）。ことに、基本通達は、実質上租税法規に比肩すべき重大な機能を果たしているのであって、以上の限界にとくに留意すべきである。

　そうであるから、国税庁長官は、その権限に基づき通達を制定するに際し、租税法規の適正な解釈とその執行を確保すべき重大な責務があるといわなくてはならない。

　本判決では、通達は厳密には法源ではないものの、実務においては法源に比肩すべき重大な機能があることを理由に、その限界を 3 つ挙げる。

　①　通達の内容が法令に違背してはならないこと

② 法令が課税していない租税を通達で課してはならないこと
③ 通達によって納税義務を減免してはならないこと

特に基本通達にあっては、その限界に常に注意するよう求めている。

本判決の通達に対する理解は、多くの判決に共通する。そして、これらの判決は、まず争点となる法令を解釈し、次に通達の解釈が当該法令解釈と整合するかどうかを検討した上で、通達の解釈が法令解釈の範囲内であればその解釈を合理的と判断する。

その手法を、大阪地裁平成24年2月28日判決（訟務月報第58巻第11号3913頁）で確認する。本件事案は、病院事業を営む原告が、株式会社A等から受けた総額24億1,033万1,186円の債務免除に係る債務免除益を事業所得の総収入金額に算入せずに平成17年分の所得税の確定申告をしたところ、処分行政庁からその一部である10億2,116万5,891円を事業所得として総収入金額に加算する内容の更正処分等を受けたため、本件債務免除益には所基通36-17[7]の適用があるから上記加算は許されないと主張し、本件更正処分等の取消しを求めた事案である。なお、本判決の詳細は、各論「所得税」の項で解説する。

本件の争点は、本件債務免除益に本通達の適用があるか否かである。

所得税基本通達

（債務免除益の特例）

36-17 債務免除益のうち、債務者が資力を喪失して債務を弁済することが著しく困難であると認められる場合に受けたものについては、各種所得の金額の計算上収入金額又は総収入金額に算入しないものとする。ただし、次に掲げる場合に該当するときは、それぞれ次に掲げる金額（次のいずれの場合にも該当するときは、その合計額）の部分については、この限りでない。

---

[7] 本通達は、平成26年度税制改正により、その取扱いが法令上明確化された（所法44の2）ことを理由に削除された。

(1)　当該免除を受けた年において当該債務を生じた業務（以下「関連
　　業務」という。）に係る各種所得の金額の計算上損失の金額（当該
　　免除益がないものとして計算した場合の損失の金額をいう。）があ
　　る場合　当該損失の金額
　(2)　所得税法第70条の規定により当該免除を受けた年において繰越控
　　除すべき純損失の金額（当該免除益を各種所得の金額の計算上収入
　　金額又は総収入金額に算入することとした場合に当該免除を受けた
　　年において繰越控除すべきこととなる純損失の金額をいう。）があ
　　る場合で、当該純損失の金額のうちに関連業務に係る各種所得の金
　　額の計算上生じた損失の金額があるとき　当該繰越控除すべき金額
　　のうち、当該損失の金額に達するまでの部分の金額

　裁判所は、本件債務免除は合理的なA企業再生スキームに準じたス
キームに基づき行われているものであり、原告の資産状況について、監
査法人の調査が実施され、それらを踏まえて本件債務免除が行われたも
のである。認定事実を総合すると、原告は債務免除を受ける直前におい
て資力を喪失して債務を弁済することが著しく困難であり、かつ、債務
免除の額が原告にとってその債務を弁済することが著しく困難である部
分の金額の範囲にとどまるものと認められるから、本件債務免除益につ
いては本通達が適用されるものと解するのが相当であるとして、納税者
の主張を認めた。
　その判断の過程において、裁判所は次の検討を行った。

　ところで、通達は、上級行政機関がその内部的権限に基づき、下級行
政機関や職員に対し発する行政組織内部の命令にすぎず、国民の権利義
務に直接の法的影響を及ぼすものではなく、このことは、通達の内容が
法令の解釈や取扱いに関するものであっても同様であるから、通達に
従った税務処理が適法であるというためには、当該通達がそのよって立

つ法令に整合するものであることが必要である。そこで、上記に述べた基本通達36－17の解釈が、所得税法の解釈に整合するものか否かが問題となる。

　そこで検討するに、所得税法は、第23条ないし第35条において、所得をその源泉ないし性質によって10種類に分類し、それぞれについて所得金額の計算方法を定めているところ、これらの計算方法は、個人の収入のうちその者の担税力を増加させる利得に当たる部分を所得とする趣旨に出たものと解される。このことに鑑みると、同法第36条第１項が、経済的な利益をもって収入する場合にはその利益の価額を各種所得の計算上収入金額又は総収入金額に算入する旨規定しているのは、当該経済的な利益のうちその者の担税力を増加させる利得に当たる部分を収入金額及び総収入金額に算入する趣旨をいうものと解すべきである。そして、債務免除を受ける直前において、債務者が資力を喪失して債務を弁済することが著しく困難であり、債務者が債務免除によって弁済が著しく困難な債務の弁済を免れたにすぎないといえる場合には、当該債務免除という経済的利益によって債務者の担税力が増加するものとはいえない。そうすると、基本通達36－17本文は、当該債務免除の額が債務者にとってその債務を弁済することが著しく困難である部分の金額の範囲にとどまり、債務者が債務免除によって弁済が著しく困難な債務の弁済を免れたにすぎないといえる場合においては、これを収入金額に算入しないことを定めたものと解するのが相当であり、このような解釈は、所得税法第36条の趣旨に整合するものというべきである。

　ところで、通達が、法令の改正あるいは司法判断を受けてといった理由によらず改正された場合、通達改正前の事案に対しては、旧通達あるいは新通達のいずれをあてはめるべきなのであろうか。その点につき、大分地裁平成10年10月22日判決[8]は、次の判断を示した。本事案の詳

―――――――――――――――――――――――――――――――――
＊8　税務訴訟資料第239号618頁。

細は、各論「消費税」の項目で解説するが、従来の消費税法取扱通達等が整理統合されるとともに、その後の質疑応答事例等を踏まえて、平成7年12月25日に「消費税法基本通達」が発遣されたことを背景とする事案である。

> 新通達は、本件課税期間及び本件更正処分等よりも後に制定されたものであるが、旧通達後の質疑応答等を踏まえて、旧通達を廃止して制定されたものであり、消費税法の立法趣旨に照らし、合理性が認められるから、ある取引が消費税法にいう「資産の譲渡等」に該当するか否かは、新通達の基準によって判断すべきである。

　裁判所は、旧通達の廃止に理由があり、新通達が消費税法の立法趣旨に照らし合理性がある場合には、改正前の事案においても、新通達の基準によって判断すべきとした。通達は法令ではなく、あくまで国税庁の法令解釈であるから、新通達であってもそれが法令の趣旨に適合するのであれば合理性を持つというというのであろう。

　いずれにせよ、通達を、その根拠となる法令の趣旨から解釈し、適用するという考え方は、実務家にとっても重要である。その考え方を明確にした最高裁判決がある。次項では、その判決を詳細に検討することとする。

2 通達の解釈・適用の手順
最高裁平成24年1月13日判決（民集第66巻第1号1頁）

1．事案の概要

(1) 原告 X 等は、法人 A 社の代表取締役等である。A 社は、平成 8 年
から10年にかけて、生命保険会社との間で、被保険者を X 等、保険
期間を 3 年又は 5 年、被保険者が満期前に死亡した場合の死亡保険金
の受取人を A 社、被保険者が満期日まで生存した場合の満期保険金
の受取人を X 等とする複数の養老保険契約を締結した。

A 社は、本件各契約に基づき、同各契約に係る保険料を支払った
が、うち 2 分の 1 の部分については、A 社において X 等に対する貸
付金として経理処理をし、その余の部分については、A 社において
保険料として損金経理をした。そして、平成13年から15年の間に順次
到来した本件各契約の各満期日において、いずれも X 等が生存して
いたため、X 等は、満期保険金等の支払を受けるとともに、当該保険
金の一部を A 社の貸付金の返済に充てた。

(2) X 等は、平成13年分から15年分までの所得税につき、本件保険金等
の金額を一時所得に係る総収入金額に算入した上で、A 社が損金経
理した保険料を含む本件支払保険料の全額が、所法第34条第 2 項にい
う「その収入を得るために支出した金額」に当たり、一時所得の金額
の計算上控除し得るとして確定申告書を各所轄税務署長に提出した。
当時は、所得税法施行令第183条第 2 項及び所得税基本通達34－ 4 の
文言から、このような申告処理が許容されるとする市販の解説書があ
るなど、実務においては、その取扱いが一般的とされていた。

これに対し各所轄税務署長は、本件支払保険料のうち A 社におい
て損金経理をされた部分は「その収入を得るために支出した金額」に

総　論

該当せず、一時所得の金額の計算上控除できないなどとして、更正処分等をした。

　X等はこれを不服として、その処分の取消しを求めて本訴を提起した。

　一審の福岡地裁平成21年１月27日判決（民集第66巻第１号30頁）及びその控訴審である福岡高裁平成21年７月29日判決（民集第66巻第１号64頁）は、所法第34条第２項、所令第183条第２項第２号の規定の文言を重視すると、所得者以外の者が負担した保険料等を所得者に対する給与課税の有無にかかわらず控除できるものと解するのが自然であること等を理由に、いずれもX等の主張を認めた。本件は、その上告審である。

２．関係法令等の定め （※関係法令はいずれも当時のもの）

所得税法第34条第２項（一時所得）

　一時所得の金額は、その年中の一時所得に係る総収入金額からその収入を得るために支出した金額（その収入を生じた行為をするため、又はその収入を生じた原因の発生に伴い直接要した金額に限る。）の合計額を控除し、その残額から一時所得の特別控除額を控除した金額とする。

所得税法施行令第183条第２項（生命保険契約等に基づく一時金に係る一時所得金額の計算上控除する保険料等）

　生命保険契約等に基づく一時金の支払を受ける居住者のその支払を受ける年分の当該一時金に係る一時所得の金額の計算については、次に定めるところによる。

第２号　当該生命保険契約等に係る保険料又は掛金の総額は、その年分の一時所得の金額の計算上、支出した金額に算入する。ただし、次に掲げる掛金、金額又は個人型年金加入者掛金の総額については、当該

15

支出した金額に算入しない。

　イ　厚生年金保険法第９章の規定に基づく一時金（法第31条第２号に
　　掲げるものを除く。）に係る同号に規定する加入員の負担した掛金
　ロないしニ　（省略）

所得税基本通達34－４（生命保険契約等に基づく一時金等に係る所得金額の計算上控除する保険料等）

　令第183条第２項第２号又は第184条第２項第２号に規定する保険料又は掛金の総額には、その一時金又は満期返戻金等の支払を受ける者以外の者が負担した保険料又は掛金の額も含まれる。

(注)　使用者が負担した保険料又は掛金で36－32により給与等として課税されなかったものの額は、令第183条第２項第２号又は第184条第２項第２号に規定する保険料又は掛金の総額に含まれる。

3．判旨

　原判決を破棄し、本件各更正に係る請求を棄却する。

(1)　「所得税法は、第23条ないし第35条において、所得をその源泉ないし性質によって10種類に分類し、それぞれについて所得金額の計算方法を定めているところ、これらの計算方法は、個人の収入のうちその者の担税力を増加させる利得に当たる部分を所得とする趣旨に出たものと解される。一時所得についてその所得金額の計算方法を定めた同法第34条第２項もまた、一時所得に係る収入を得た個人の担税力に応じた課税を図る趣旨のものであり、同項が『その収入を得るために支出した金額』を一時所得の金額の計算上控除するとしたのは、一時所得に係る収入のうちこのような支出額に相当する部分が上記個人の担税力を増加させるものではないことを考慮したものと解されるから、ここにいう『支出した金額』とは、一時所得に係る収入を得た個人が

16

自ら負担して支出したものといえる金額をいうと解するのが上記の趣
　　旨にかなうものである。また、同項の『その収入を得るために支出し
　　た金額』という文言も、収入を得る主体と支出をする主体が同一であ
　　ることを前提としたものというべきである。」

(2)　「一時所得に係る支出が所得税法第34条第２項にいう『その収入を
　　得るために支出した金額』に該当するためには、それが当該収入を得
　　た個人において自ら負担して支出したものといえる場合でなければな
　　らないと解するのが相当である。」

(3)　「所得税法施行令第183条第２項第２号についても、以上の理解と整
　　合的に解釈されるべきものであり、同号が一時所得の金額の計算にお
　　いて支出した金額に算入すると定める『保険料…の総額』とは、保険
　　金の支払を受けた者が自ら負担して支出したものといえる金額をいう
　　と解すべきであって、同号が、このようにいえない保険料まで上記金
　　額に算入し得る旨を定めたものということはできない。所得税法基本
　　通達34－４も、以上の解釈を妨げるものではない。」

(4)　本件支払保険料は、２分の１に相当する貸付金経理部分が、本件会
　　社等において被上告人らに対する貸付金として経理処理がされる一方
　　で、保険料経理部分については、本件会社等において保険料として損
　　金経理がされている。「そうすると、本件貸付金経理部分について
　　は、被上告人らにおいて当該部分に相当する保険料を自ら負担して支
　　出したものといえるのに対し、本件保険料経理部分についてはこのよ
　　うに解すべき事情があるとはいえず、当該部分についてまで被上告人
　　らが保険料を自ら負担して支出したものとはいえない。したがって、
　　本件支払保険料のうち本件保険料経理部分は、所得税法第34条第２項
　　にいう『その収入を得るために支出した金額』に当たるとはいえず、
　　これを本件保険金に係る一時所得の金額の計算において控除すること
　　はできないものというべきである。」

4．解説

　本件の争点は、生命保険契約等に基づく一時金にかかる一時所得の計算において、収入を得た個人以外の者が支払った保険料を、所法第34条第2項にいう「収入を得るために支出した金額」として控除することができるかどうかである。本件において、原告X等は、同項の文言上収入を得た本人が負担したものしか控除できないという限定はされていない、所令第183条第2項第2号は生命保険契約等に係る保険料の総額を控除できる旨規定している、さらに、所基通34－4は満期返戻金等の支払を受ける者以外の者が負担した保険料の額も含まれるとしている、などと主張した。

　一審及びその控訴審は、X等の主張を認めた。その理由は概ね次による。

---

① 　本件では、所得税法第34条第2項にいう「収入を得るために支出した金額」の解釈が問題となっているところ、憲法第84条は、法律の根拠に基づかずに租税を課すことはできないという租税法律主義の原則を定めている。そして、この定めの趣旨は、国民生活の法的安定性と予測可能性を保障することにあることからすると、租税法規はできるだけ明確かつ一義的であることが望ましく、その解釈に当たっては、法令の文言が重視されるべきである。

② 　所得税法第34条第2項は、一時所得の計算における控除の対象を「収入を得るために支出した金額（その収入を生じた行為をするため、又はその収入を生じた原因の発生に伴い直接要した金額に限る。）」と規定しているが、その文言上、所得者本人が負担した部分に限られるのか、所得者以外の者が負担した部分も含まれるのかは、必ずしも明らかでない。

③ 　所得税法施行令第183条第2項第2号本文は、生命保険契約等に基

づく一時金が一時所得となる場合、保険料又は掛金の「総額」を控除できるものと定めており、この文言からすると、所得者本人負担分に限らず保険料等全額を控除できるとみるのが素直である。そして、同号ただし書イないしニは、控除が認められない場合を、包括的・抽象的文言を用いることなく、法律と条文を特定して個別具体的に列挙しており、他に控除が認められない場合が存することをうかがわせる体裁とはなっていない。

④　このような所得税法及び同法施行令の規定を併せ考慮すれば、生命保険金等が一時所得となる場合、所得税法施行令第183条第2項第2号ただし書イないしニに列挙された場合以外は、所得者以外の者が負担した保険料等も控除できるものと解釈するのが自然である。

⑤　以上検討したように、所得税法第34条第2項、同法施行令第183条第2項第2号の規定の文言を重視すると、所得者以外の者が負担した保険料等を、所得者に対する給与課税の有無にかかわらず控除できるものと解するのが自然であること、所得税基本通達34-4は、所得者以外の者が負担した保険料等も明確に控除できると規定し、給与課税等の有無によって区別していないこと、そのような中、所得税法第34条第2項、同法施行令第183条第2項第2号の規定を被告の主張のように限定解釈又は類推解釈することは、法的安定性、予測可能性確保の観点からして相当性を欠くといわざるを得ないことなどを総合考慮すると、被告の主張する解釈を採用することはできず、養老保険契約に基づく満期保険金が一時所得となる場合、所得者以外の者が負担した保険料も控除できると解するのが相当である。

　これに対し、最高裁は、①所得税の計算方法は個人の収入のうちその者の担税力を増加させる利得に当たる部分を所得とする趣旨に出たものと解されること、②一時所得についても一時所得に係る収入を得た個人の担税力に応じた課税を図る趣旨のものであり、所法第34条第2項にい

う「支出した金額」とは、一時所得に係る収入を得た個人が自ら負担して支出したものといえる金額をいうと解するのが上記の趣旨にかなうものであること、③所令第183条第2項第2号及び所基通34−4についても、以上の理解と整合的に解釈されるべきであること、等を理由に原判決を破棄し納税者の請求を棄却した。

また、本判決は、通達の解釈においても、税の本質や税法の立法趣旨に整合する範囲で解釈すべきことを明確にしている。

この判決に対しては、所令第183条第2項第2号及び所基通34−4の文言の解釈について、その文理上の論拠が明らかではなく、その点において上告審判決は説得力を欠く[9]、といった批判がある。確かに本通達は、保険料の総額に、その一時金又は満期返戻金等の支払を受ける者以外の者が負担した保険料を含むとしており、平成19年版所得税基本通達逐条解説でも、「生命保険契約等に基づく生命保険金等の一時金……が、一時所得とされる場合に、その一時所得の金額の計算上控除される保険料等は、その一時金を取得した者自身が負担したものに限られるのか、それとも、その生命保険金等……の受給者以外の者が負担していたものも含まれるのかについては、法文上必ずしも明らかでないので、本通達において明らかにしたものである。」との解説があるだけであった[10]。こうしたことが実務を混乱させた感は否めない[11]。

しかしながら、包括的所得概念を採るわが国の所得税は、個人の担税力に応じて課される税である。したがって、個人の担税力を過大にも過少にも測定することは許されないと言うべきである。本件においてX等の増加した利得は、支払を受けた保険金の額からX等が負担した保険料を控除した金額とする本判決は、このような税の本質を重視したも

＊9　品川芳宣「FOCUS フォーカス租税判例紹介・評釈　養老保険契約の満期保険金に係る一時所得金額の計算上控除できる保険料の範囲」税研165号93頁（2012）。

＊10　河合厚他編『平成19年版所得税基本通達』（大蔵財務協会・2007）218頁。

＊11　本判決の須藤正彦裁判長の補足意見にも、同旨の指摘がある。

のであって、「規定の趣旨に即した解釈として、これらの判決の考え方が妥当であると考える*12」との評価が妥当であろう。

　また、本通達も、本判決が示した法の趣旨に反するものではない。本通達はその注書きにおいて、使用者が負担した保険料等で、その月中に負担する金額の合計額が300円以下であることにより、給与等として課税されなかったものの額を保険料等に含むものとしている。通達の文言を注書きまで含めて総合的に解釈すれば、本通達の趣旨は、原則的に給与課税がされたものを保険料等に含めることとし、例外的な取扱いとして、給与課税をされていない場合であっても、少額な保険料等については少額不追及の観点から保険料等の額に含むというのであって*13、本件のような高額でかつ給与課税がなされていないものまでを含むということは、そもそも想定していなかったのである。

　こうした解釈は、所得税基本通達逐条解説からも見て取れる。平成21年版所得税基本通達逐条解説は、先の平成19年版所得税基本通達逐条解説の解説に続けて、「すなわち、生命保険契約等の一時金についての一時所得の金額の計算に当たっては、その一時金の支払を受けた者が負担しなかった保険料等がある場合でも、原則として、その契約に係る保険料等の総額を控除することとなる。これは、契約者や受取人以外の者が保険料等を負担した場合には、その段階での給与課税や相続の際の相続税の課税などがなされていると考えられているからである。」とし、さらに「また、事業主が負担した保険料等で給与所得としての課税が行われていないものは、上記の控除する保険料等には含まれないのは当然のことであるが、あえて給与課税を行わないこととしている少額な保険料等については、本質的には給与課税を行うべきものであるため、たとえ給与課税がなされていなくても、控除する保険料等に含まれることを念のため明らかにしているものである。」と解説する*14。

....

＊12　金子前掲書179頁。

＊13　武田昌輔監修『DHC コンメンタール所得税法』（第一法規）2654頁参照。

この点については、本判決の補足意見においても、同様の解釈が示されている＊15。「……同通達は、その本文において、『支出した金額』に算入されるべき保険料又は掛金（以下、「保険料等」という。）の総額には、その一時金の支払を受ける者以外の者が負担した保険料等も含まれるとし、その注において、使用者が役員又は使用人のために負担した保険料等で一定金額以下の給与等として課税（以下『給与課税』という。）されなかったものの額もその総額に含まれるとするが、その定めは、役員又は使用人に保険料等の経済的利益が与えられる場合、原則的に給与課税されるもの、及びその額が一定金額以下のものであるために福利厚生等の目的とみられてあえて給与課税されないというものについて、『支出した金額』に算入するという考えに立つものといえる。そうである以上、その通達全体の意味内容は、当該収入（保険金等）を得た役員又は使用人の一時所得の算定に当たって、自ら保険料等を負担したといえるものを控除の対象とするという趣旨に解し得るところである。もとより、法規より下位規範たる政令が法規の解釈を決定付けるものではないし、いわんや一般に通達は法規の解釈を法的に拘束するものではないが、同通達は上記のような趣旨に理解されるものであって、要するに、同施行令同号も、同通達も、いずれも所得税法第34条第2項と整合的に解されるべきであるし、またそのように解し得るものである。」

　いずれにせよ、本判決は、我々税理士が通達を解釈する際には、税の本質と法令の趣旨を重視し、その趣旨に整合する範囲で解釈すべきことを明確にした重要な判決である。換言すれば、法令の趣旨を確認せず、まず通達の適用から検討しがちな現在の実務のあり方に警鐘を鳴らした判決であるともいえよう。

＊14　後藤昇他編『平成22年版所得税基本通達逐条解説』（大蔵財務協会・2009）229頁。
＊15　裁判長裁判官須藤正彦補足意見より。

総　論

5．通達の改正

本判決を受けて、本通達は次のように改正された。

所得税基本通達34−4（生命保険契約等に基づく一時金又は損害保険契約等に基づく満期返戻金等に係る所得金額の計算上控除する保険料等）

　　令第183条第2項第2号又は第184条第2項第2号に規定する保険料又は掛金の総額（令第183条第4項又は第184条第3項の規定の適用後のもの。）には、以下の保険料又は掛金の額が含まれる。（平11課所4−1、平24課個2−11、課審4−8改正）

(1)　その一時金又は満期返戻金等の支払を受ける者が自ら支出した保険料又は掛金

(2)　当該支払を受ける者以外の者が支出した保険料又は掛金であって、当該支払を受ける者が自ら負担して支出したものと認められるもの

(注)　1　使用者が支出した保険料又は掛金で36−32により給与等として課税されなかったものの額は、上記(2)に含まれる。

　　　2　相続税法の規定により相続、遺贈又は贈与により取得したものとみなされる一時金又は満期返戻金等に係る部分の金額は、上記(2)に含まれない。

　改正後の通達は、所得金額の計算上控除する保険料等につき、

①　支払を受ける者が自ら支出した保険料であること

②　使用者が支出した保険料等にあっては、所基通36−32によって給与等として課税されなかったもの（少額の保険料等）に限ること

を明確にした。ただし、この改正は、これまでの解釈を変更したものではなく、あくまで文言を明確にしたものである。この点につき、平成26年版所得税基本通達逐条解説は、「養老保険を利用して関係法人から役員に資金を移転する租税回避の事例があったことから、これを適正化するため、満期保険金に係る一時所得等の金額の計算上、その支払を受け

た金額から控除できる事業主が負担した保険料は、給与所得課税が行われたものに限る旨を法令上明確化された（平成23年分改正所例183,184）。本通達は、本改正を受けて従前の取扱いをさらに明確化したものである。」と解説する[16]。判決の補足意見において、「もっとも、本件のような類型の養老保険の保険金支払に係る課税について、若干の混乱が生じたことには、所得税法施行令第183条第2項第2号や所得税基本通達34-4の規定振りが、いささか分かりにくい面もあることが一因をなしているようにも思われる。」との指摘が付されたことも、通達改正の一因になったと考えられる[17]。

---

[16]　森谷義光他編『平成26年版所得税基本通達逐条解説』（大蔵財務協会・2014）255頁。
[17]　前掲須藤正彦補足意見より。

総　論

3　通達改正の問題

1．問題の所在

　いわゆる馬券払戻金の所得区分について、最高裁平成27年3月10日判決（判例タイムズ1416号73頁）（以下「平成27年最高裁」という）は、以下のように判示し、雑所得に該当することもあり得るとした。

(1)　被告人は、自宅のパソコン等を用いてインターネットを介してチケットレスでの購入が可能で代金及び当たり馬券の払戻金の決済を銀行口座で行えるという日本中央競馬会が提供するサービスを利用し、馬券を自動的に購入できる市販のソフトを使用して馬券を購入していた。

(2)　被告人は、同ソフトを使用して馬券を購入するに際し、馬券の購入代金の合計額に対する払戻金の合計額の比率である回収率を高めるように、インターネット上の競馬情報配信サービス等から得られたデータを自らが分析した結果に基づき、同ソフトに条件を設定してこれに合致する馬券を抽出させ、自らが作成した計算式によって購入額を自動的に算出していた。この方法により、被告人は、毎週土日に開催される中央競馬の全ての競馬場のほとんどのレースについて、数年以上にわたって大量かつ網羅的に、1日当たり数百万円から数千万円、1年当たり10億円前後の馬券を購入し続けていた。

(3)　被告人は、このような購入の態様をとることにより、当たり馬券の発生に関する偶発的要素を可能な限り減殺しようとするとともに、購入した個々の馬券を的中させて払戻金を得ようとするのではなく、長期的に見て、当たり馬券の払戻金の合計額と外れ馬券を含む全ての馬

25

券の購入代金の合計額との差額を利益とすることを意図し、実際に本件の公訴事実とされた平成19年から平成21年までの3年間は、平成19年に約1億円、平成20年に約2,600万円、平成21年に約1,300万円の利益を上げていた。

(4)　所得税法上、営利を目的とする継続的行為から生じた所得は、一時所得ではなく雑所得に区分されるところ、営利を目的とする継続的行為から生じた所得であるか否かは、文理に照らし、行為の期間、回数、頻度その他の態様、利益発生の規模、期間その他の状況等の事情を総合考慮して判断するのが相当である。

(5)　所得税法の沿革を見ても、およそ営利を目的とする継続的行為から生じた所得に関し、所得や行為の本来の性質を本質的な考慮要素として判断すべきであるという解釈がされていたとは認められない上、いずれの所得区分に該当するかを判断するに当たっては、所得の種類に応じた課税を定めている所得税法の趣旨、目的に照らし、所得及びそれを生じた行為の具体的な態様も考察すべきであるから、当たり馬券の払戻金の本来的な性質が一時的、偶発的な所得であるとの一事から営利を目的とする継続的行為から生じた所得には当たらないと解釈すべきではない。また、画一的な課税事務の便宜等をもって一時所得に当たるか雑所得に当たるかを決するのは相当でない。

(6)　被告人が馬券を自動的に購入するソフトを使用して独自の条件設定と計算式に基づいてインターネットを介して長期間にわたり多数回かつ頻繁に個々の馬券の的中に着目しない網羅的な購入をして当たり馬券の払戻金を得ることにより多額の利益を恒常的に上げ、一連の馬券の購入が一体の経済活動の実態を有するといえるなどの本件事実関係の下では、払戻金は営利を目的とする継続的行為から生じた所得として所得税法上の一時所得ではなく雑所得に当たるとした原判断は正当である。

　本判決を受けて、国税庁は、平成27年5月29日に、所基通34-1を改

総　論

正した。通達改正の理由を、以下のように公表している＊18。

2　通達改正の概要等

(1)　最高裁判決の概要

　競馬の馬券の購入を機械的、網羅的、大規模に行っており、かつ、そうした購入を実際に行っていることが客観的に認められる記録が残されているなどの場合において、①競馬の馬券の払戻金は、一時所得と雑所得のいずれに該当するか、②所得金額の計算上控除すべき金額は、的中した馬券の購入金額に限られるか否か、が争われていた裁判で、最高裁平成27年3月10日判決は、競馬の馬券の払戻金はその払戻金を受けた者の馬券購入行為の態様や規模等によっては、一時所得ではなく、雑所得に該当する場合があり、その場合においては外れ馬券も所得金額の計算上控除すべき旨、判示しました。

(2)　通達改正の概要

　この最高裁判決を受け、パブリックコメントの手続を行ったうえで、競馬の馬券の払戻金に係る課税上の取扱いを定めた所得税基本通達34－1を改正しました。

これにより、改正された通達（以下「改正通達」という）は、以下のとおりとなった。

所得税基本通達

（一時所得の例示）

34－1　次に掲げるようなものに係る所得は、一時所得に該当する。

(2)　競馬の馬券の払戻金、競輪の車券の払戻金等（営利を目的とする継

＊18　国税庁ホームページより。
　　　https://www.nta.go.jp/sonota/sonota/osirase/data/h27/saikosai_hanketsu/01-02.pdf#search=%27%E6%89%80%E5%BE%97%E7%A8%8E%E5%9F%BA%E6%9C%AC%E9%80%9A%E9%81%94341+%E6%94%B9%E6%AD%A3%27

続的行為から生じたものを除く。）

（注）1　馬券を自動的に購入するソフトウエアを使用して独自の条件設定と計算式に基づいてインターネットを介して長期間にわたり多数回かつ頻繁に個々の馬券の的中に着目しない網羅的な購入をして当たり馬券の払戻金を得ることにより多額の利益を恒常的に上げ、一連の馬券の購入が一体の経済活動の実態を有することが客観的に明らかである場合の競馬の馬券の払戻金に係る所得は、営利を目的とする継続的行為から生じた所得として雑所得に該当する。

　　　2　上記（注）1以外の場合の競馬の馬券の払戻金に係る所得は、一時所得に該当することに留意する。

　国税庁の解釈の特徴は、雑所得に該当する場合の、その払戻金を受けた者の馬券購入行為の態様や規模等を、最高裁判決と同様の場合に限るとしたことである。

　この解釈に対し、パブリックコメントには、120通の意見が寄せられた。中でも、最高裁判決の趣旨について、国税庁の限定的な解釈に、次のような疑問が寄せられていた[19]。

・本件改正後34－1（注）2は、同（注）1に当たる場合以外は、一時所得に当たるとしている。しかし、本件の最高裁の判例は、これ以外の場合は、全て一時所得に当たると判示したものではないのではないか。

・今回の通達改正の内容は、裁判で負けたのとほとんど同じ事例以外は全て一時所得にすると言っているようにしかみえない。

・最高裁判決では、「営利を目的とする継続的行為から生じた所得であるか否かは、文理に照らし、行為の期間、回数、頻度その他の態様、利益発生の規模、期間その他の状況等の事情を総合考慮して判断するのが相当である。」という規範を定立して、この規範に基づき適切な

---

*19　電子政府の総合窓口 e-Gov
　　http://search.e-gov.go.jp/servlet/Public?CLASSNAME=PCMMSTDETAIL&id=410270009&Mode=2

課税を行うことを国に求めているにもかかわらず、今回の通達改正案
では全くその点が考慮されていない。
・今回の通達改正案は、最高裁の判決によるものであるが、現在、馬券
の払戻金の課税に関する訴訟が複数提起されており、（注）１の条件
のみが雑所得であると限定的に改正するのは早すぎるのではないか。
判決に沿った弾力性のある内容にすべきである。

　これに対し、国税庁は、「今回の通達改正案は、最高裁判決を踏ま
え、競馬の馬券の払戻金に係る所得であっても、営利を目的とする継続
的行為から生じたものについては、一時所得に該当しないことを明らか
にするとともに、本件判決と同様の馬券購入行為の態様や規模等により
得られた馬券の払戻金については、営利を目的とする継続的行為から生
じた所得として雑所得に該当することを明らかにしたものであり、最高
裁判決の内容に沿ったものと考えます。」との考えを示し、通達の改正
に踏み切った。

2．改正通達と異なる判断

　ところで、改正通達発遣時には、馬券払戻金の所得区分が争われる事
件が他にも継続中であった。そのような中、東京高裁平成28年４月21日
判決[20]は、改正通達とは異なる判断を示し、さらにその上告審である
最高裁平成29年12月15日判決[21]（以下「平成29年最高裁」という）
は、控訴審の判断を是認し、課税庁の主張を一蹴した。

　こうした結果から見て、パブリックコメントに付された「（注）１の
条件のみが雑所得であると限定的に改正するのは早すぎるのではない
か」との意見は、的を射た指摘であったといえよう。

　以下では、当該事案を紹介し検討する。

*20　TAINS・Z888-1997
*21　最高裁平成29年12月15日判決（裁判所ホームページ最高裁裁判判例集）

(1) 事案の概要

① 本件は、競馬の勝馬投票券（以下「馬券」という。）の的中による払戻金に係る所得を得ていた控訴人が、平成17年から平成21年までの各年分の所得税に係る申告期限後の確定申告及び平成22年分の所得税に係る申告期限内の確定申告をし、その際、上記各年において控訴人が得た馬券の的中による払戻金に係る所得（以下「本件競馬所得」という。）は雑所得に該当し、外れ馬券の購入代金は必要経費として雑所得に係る総収入金額から控除することができるとして、総所得金額及び納付すべき税額を計算していたところ、所轄の稚内税務署長から、本件競馬所得は一時所得に該当し、外れ馬券の購入代金を一時所得に係る総収入金額から控除することはできないとして、上記各年分の所得税に係る更正（以下「本件各更正処分」という。）及び同各更正に係る無申告加算税ないし過少申告加算税の賦課決定（以下「本件各賦課決定処分」という。）を受けたことから、これらの各処分（本件各更正処分については総所得金額及び納付すべき税額が確定申告額を超える部分）の取消しを求めた事案である。

　原審は、本件競馬所得は一時所得に該当し、外れ馬券の購入代金を一時所得に係る総収入金額から控除することはできず、本件各更正処分及び本件各賦課決定処分はいずれも適法であるとして、控訴人の請求をいずれも棄却した。

② 控訴人は、自宅のパソコン、携帯電話等を用いたインターネットを介しての馬券の購入が可能で購入代金及び的中馬券の払戻金の決済を銀行口座で行うことができるという JRA が提供するサービス（A－PAT）を利用し、平成17年から平成22年までの 6 年間にわたり、各節に開催される中央競馬のレースについて、各節当たりおおむね数百万円から数千万円、1 年当たり 3 億円から21億円程度の馬券を購入し続けていた。JRA に記録が残る平成21年の 1 年間においては、控訴人は、同年中に開催された中央競馬の全レース3,453レースのうち

2,445レース（全レースの71％）で馬券を購入し、そのうちの的中したレースでは、平均して2〜3種類の勝馬投票法に係る馬券を的中させていた。このような馬券の購入により、控訴人は、平成17年に約1,800万円、平成18年に約5,800万円、平成19年に約1億2,000万円、平成20年に約1億円、平成21年に約2億円、平成22年に約5,500万円の利益（的中馬券の払戻金の合計額が外れ馬券を含む全ての有効馬券の購入代金の合計額を上回る額）を上げており、いずれの年の回収率（外れ馬券を含む全ての有効馬券の購入代金の合計額に対する的中馬券の払戻金の合計額の比率）も100％を超えていた。

③　控訴人の馬券購入方法は、JRAに登録された全ての競走馬の特徴（潜在能力、距離適性、馬場適性、競馬場適性、道悪の巧拙、器用さ、性格、癖等）、騎手の特徴（馬を動かす技術、馬を制御する技術、コース取りの技術、位置取りのセンス、ゲートを出す技術、勝負強さ、冷静さ、集中力、手抜きの頻度等）、競馬場のコースごとのレース傾向等に関する情報を継続的に収集、蓄積する。そして、その情報を自ら分析して評価し、レースごとに、①馬の能力、②騎手（技術）、③コース適性、④枠順（ゲート番号）、⑤馬場状態への適性、⑥レース展開、⑦これらの補正、⑧その日の馬のコンディション等の考慮要素について各競走馬を評価、比較することにより、レースの着順を予想する。その上で、予想の確度の高低と予想が的中した際の配当金額（オッズ）の大小との組合せにより自ら定めた購入パターン（A〜Dの4つの基本パターンと、更に基本パターンAを細分化した9つの詳細パターン、基本パターンBを細分化した3つの詳細パターンがあり、基本パターンDは馬券の購入を諦めるというもの）に従い、当該レースにおける馬券の購入金額、購入する馬券の種類及び割合等を決定する。馬券購入の回数及び頻度は、運による影響を減殺するために、年間を通じてほぼ全てのレースで馬券を購入することを目標とし、上記の購入パターンを適宜併用することで年間トータルでの

収支がプラスになるように工夫するというものであった。

(2) 裁判所の判断

　本件の争点は、①本件競馬所得の一時所得該当性及び②外れ馬券の必要経費性であるが、通達にかかる問題は専ら①の争点である。

　原審である東京地裁平成27年5月14日判決[22]は、以下のように判示し、本件所得は一時所得に該当するとした。

---

①　原告が、数年間にわたって各節に継続して、相当多額の中央競馬の馬券を購入していたことは確かであるが、原告は具体的な馬券の購入を裏付ける資料を保存していないため、実際にどの馬券を購入したのか、どのような数、種類の馬券を購入していたのか、競馬場やレースについて機械的、網羅的に馬券を購入していたのか不明であり、原告が陳述するような方法で馬券を購入していたのかについては、客観的な証拠がなく、これを認めることができない。

②　原告は、コンピュータソフトを使用して自動的に馬券を購入していたというわけではなく、騎手の能力を評価して四半期に1回程度改訂するという騎手評価一覧や中央競馬の競馬場毎に作成したコース別レースシミュレーションは作成していたようであるが、中央競馬の各競馬場で行われるレースをテレビ（録画を含む。）で見たり、競馬新聞、競馬雑誌を購入したりして競走馬に関する情報を集めた上、集めた情報に基づき、中央競馬に登録された競走馬について「2,400mくらいのレースならかなりの能力がありGI級」「芝コースは苦手だが、ダートコースの短距離戦が得意でオープンクラスまで行ける能力がある」「芝の短距離戦に適性が高く重賞を勝てる能力があるが、外側にほかの馬がいると走る気をなくす悪癖がある」などいった内容の絶対評価を行って、レース毎に、①馬の能力、②騎手（技術）、③コース

---

*22　TAINS・Z265-12665

適性、④枠順（ゲート番号）、⑤馬場状態への適性、⑥レース展開、⑦補正、⑧その日の馬のコンディションという考慮要素に基づいて各競走馬を評価した後、上記のコース別レースシミュレーションによって補正をし、レースの結果を予想して、予想の確度に応じた馬券の購入パターンにより、馬券の種類に応じて購入条件となる倍率を決めた購入基準に基づき、どのように馬券を購入するのかを個別に判断していたというのであり、規模の点を別にすれば、このような馬券購入態様は、一般的な競馬愛好家による馬券購入の態様と質的に大きな差があるものとは認められない。

③　そもそも競馬における馬券購入は営利を目的とする行為とはなり難い性質のものであるところ、原告が数年間にわたって各節に継続して相当多額の馬券を購入し、結果的に多額の利益を得ていたことは確かであるが、上記のような競馬における馬券購入の性質からすると、それらのみをもって直ちに、本件競馬所得が営利を目的とする継続的行為から生じた所得に該当するものと認めることはできない。

④　原告による馬券の購入は、原告の陳述によっても、レースの結果を予想して、予想の確度に応じて馬券の購入金額を決め、どのように馬券を購入するのかを個別に判断していたというものであって、その馬券購入の態様は、一般的な競馬愛好家による馬券購入の態様と質的に大きな差があるものとは認められず、結局のところ、レース毎に個別の予想を行って馬券を購入していたというものであって、自動的、機械的に馬券を購入していたとまではいえないし、馬券の購入履歴や収支に関する資料が何ら保存されていないため、原告が網羅的に馬券を購入していたのかどうかを含めて原告の馬券購入の態様は客観的には明らかでないことからすると、原告による一連の馬券の購入が一体の経済活動の実態を有するというべきほどのものとまでは認められない。

⑤　そうすると、本件競馬所得は、結局のところ、個別の馬券が的中したことによる偶発的な利益が集積したにすぎないものであって、営利を目的とする継続的行為から生じた所得に該当するということはでき

ない。

　東京地裁は、①原告は具体的な馬券の購入を裏付ける資料を保存していないため、実際にどの馬券を購入したのか、どのような数、種類の馬券を購入していたのか、競馬場やレースについて機械的、網羅的に馬券を購入していたのかが不明であること、②コンピュータソフトを使用して自動的に馬券を購入していたというわけではなく、レースの結果を予想して、予想の確度に応じて馬券の購入金額を決め、どのように馬券を購入するのかを個別に判断していたというものであって、その馬券購入の態様は、一般的な競馬愛好家による馬券購入の態様と質的に大きな差があるものとは認められないこと、を主な理由に雑所得には該当しないと判断した。国税庁の通達改正の動きが、その判断に影響したのかもしれない。
　これに対し、控訴審である東京高裁平成28年4月21日判決は、原審の判断を取り消して、雑所得に該当するとした。

　控訴人は、平成17年から平成22年までの6年間にわたり、多数の中央競馬のレースにおいて、各レースごとに単一又は複数の種類の馬券を購入し続けていたにもかかわらず、上記各年における回収率がいずれも100％を超え、多額の利益を恒常的に得ていたことが認められるのであり、この事実は、控訴人において、期待回収率が100％を超える馬券を有効に選別し得る何らかのノウハウを有していたことを推認させるものである。そして、このような観点からすれば、控訴人が具体的な馬券の購入を裏付ける資料を保存していないため、具体的な購入馬券を特定することはできないものの、控訴人は、その有するノウハウを駆使し、十分に多数のレースにおいて期待回収率が100％を超える馬券の選別に成功したことにより、上記のとおり多額の利益を恒常的に得ることができたものと認められる。

総　論

　以上を要するに、控訴人は、期待回収率が100％を超える馬券を有効に選別し得る独自のノウハウに基づいて長期間にわたり多数回かつ頻繁に当該選別に係る馬券の網羅的な購入をして100％を超える回収率を実現することにより多額の利益を恒常的に上げていたものであり、このような一連の馬券の購入は一体の経済活動の実態を有するということができる。なお、別件最高裁判決によれば別件当事者が馬券を自動的に購入するソフトを使用する際に用いた独自の条件設定と計算式も、期待回収率が100％を超える馬券を有効に選別し得る独自のノウハウといい得るものであり、控訴人と別件当事者の馬券の購入方法に本質的な違いはないものと認められる。

　したがって、本件競馬所得は、「営利を目的とする継続的行為から生じた所得」として、一時所得ではなく雑所得に該当するというべきである。

　さらに、その上告審である最高裁は、次のように判示し、高裁の判断を是認した。

①　所得税法上、利子所得、配当所得、不動産所得、事業所得、給与所得、退職所得、山林所得及び譲渡所得以外の所得で、営利を目的とする継続的行為から生じた所得は、一時所得ではなく雑所得に区分されるところ（第34条第1項、第35条第1項）、営利を目的とする継続的行為から生じた所得であるか否かは、文理に照らし、行為の期間、回数、頻度その他の態様、利益発生の規模、期間その他の状況等の事情を総合考慮して判断するのが相当である（最高裁平成26年（あ）第948号同27年3月10日第三小法廷判決・刑集69巻2号434頁参照）。

　これを本件についてみると、被上告人は、予想の確度の高低と予想が的中した際の配当率の大小の組合せにより定めた購入パターンに従って馬券を購入することとし、偶然性の影響を減殺するために、年間を通じてほぼ全てのレースで馬券を購入することを目標として、年

35

間を通じての収支で利益が得られるように工夫しながら、6年間にわたり、1節当たり数百万円から数千万円、1年当たり合計3億円から21億円程度となる多数の馬券を購入し続けたというのである。このような被上告人の馬券購入の期間、回数、頻度その他の態様に照らせば、被上告人の上記の一連の行為は、継続的行為といえるものである。

　　そして、被上告人は、上記6年間のいずれの年についても年間を通じての収支で利益を得ていた上、その金額も、少ない年で約1,800万円、多い年では約2億円に及んでいたというのであるから、上記のような馬券購入の態様に加え、このような利益発生の規模、期間その他の状況等に鑑みると、被上告人は回収率が総体として100％を超えるように馬券を選別して購入し続けてきたといえるのであって、そのような被上告人の上記の一連の行為は、客観的にみて営利を目的とするものであったということができる。

　　以上によれば、本件所得は、営利を目的とする継続的行為から生じた所得として、所得税法第35条第1項にいう雑所得に当たると解するのが相当である。

② 　所得税法は、雑所得に係る総収入金額から控除される必要経費について、雑所得の総収入金額に係る売上原価その他当該総収入金額を得るため直接に要した費用の額等とする旨を定めているところ（第35条第2項第2号、第37条第1項）、本件においては、上記①のとおり、被上告人は、偶然性の影響を減殺するために長期間にわたって多数の馬券を頻繁に購入することにより、年間を通じての収支で利益が得られるように継続的に馬券を購入しており、そのような一連の馬券の購入により利益を得るためには、外れ馬券の購入は不可避であったといわざるを得ない。

　　したがって、本件における外れ馬券の購入代金は、雑所得である当たり馬券の払戻金を得るため直接に要した費用として、同法37条1項にいう必要経費に当たると解するのが相当である。

(3) **検討**

ア．事案の異同

　平成29年最高裁と、通達改正の原因となった平成27年最高裁の事案には、共通する点と異なる点がある。

	①　平成27年最高裁	②　平成29年最高裁
共通する点	・自宅のパソコン等を用いてインターネットを介してチケットレスで馬券を購入している。 ・中央競馬の全ての競馬場のほとんど（②の事案では全レースの70.8％）のレースについて、数年以上にわたって大量の馬券を購入している。 ・馬、騎手、競馬場のコース等に関する情報を継続的に収集している。 ・馬券の購入にあたって、偶然の影響を減殺するよう工夫している。 ・回収率が100％を超えるよう馬券を選別している。 ・年間を通じての収支で利益を得ている。	
異なる点	・情報の分析及び馬券の購入は、ソフトが自動的に行っている。 ・馬券購入に用いていたパーソナルコンピュータに、購入した馬券の種類や金額とともに、的中した馬券に係る払戻金の額が保存されている。	・情報の分析及び馬券の購入は、納税者自らの判断に基づく独自のノウハウにより行っている。 ・具体的な馬券の購入を裏付ける資料を保存しておらず、実際にどの馬券を購入したのか、どのような数、種類の馬券を購入していたのか、競馬場やレースについて機械的、網羅的に馬券を購入していたのか不明である。

　改正通達は、
・馬券を自動的に購入するソフトウエアを使用していること
・個々の馬券の的中に着目しない網羅的な購入をしていること

を、その要件であるかのようにしているが、この点において、本件はその要件を充たしていない。突き詰めれば、平成29年最高裁は、改正通達の解釈では認められない馬券の購入方法等の形態であっても、雑所得に該当するケースがあることを示したことになる。

イ．平成27年最高裁の判断について
　そもそも、平成27年最高裁は、改正通達が示す限定的な判断であったのか。本事案において最高裁は、営利を目的とする継続的行為から生じた所得であるか否かは、行為の期間、回数、頻度その他の態様、利益発生の規模、期間その他の状況等の事情を総合考慮して判断するべきものであることを明確にし、次の事実を重視した。

・被告人は、馬券を自動的に購入できる市販のソフトを使用して馬券を購入するに際し、馬券の購入代金の合計額に対する払戻金の合計額の比率である回収率を高めるように、インターネット上の競馬情報配信サービス等から得られたデータを自らが分析した結果に基づき、同ソフトに条件を設定してこれに合致する馬券を抽出させ、自らが作成した計算式によって購入額を自動的に算出していた。

・被告人は、毎週土日に開催される中央競馬の全ての競馬場のほとんどのレースについて、数年以上にわたって大量かつ網羅的に、1日当たり数百万円から数千万円、1年当たり10億円前後の馬券を購入し続けていた。

・被告人は、このような購入の態様をとることにより、当たり馬券の発生に関する偶発的要素を可能な限り減殺しようとするとともに、購入した個々の馬券を的中させて払戻金を得ようとするのではなく、長期的に見て、当たり馬券の払戻金の合計額と外れ馬券を含む全ての馬券の購入代金の合計額との差額を利益とすることを意図し、実際に利益を上げていた。

　つまり、平成27年最高裁は、

総　論

①　回収率を高めるように収集したデータを分析し、

②　その分析結果に基づいて、恒常的かつ継続的に大量の馬券を購入し続けて、

③　年間を通じての収支で多額の利益を継続して上げている、

ことを理由に、雑所得該当性を判断しているのである。

　換言すれば、本件以外の馬券の購入方法等であっても、①～③の事情をすべて充たす場合には、雑所得となりうるケースもあるということになる。ところが国税庁は、雑所得の該当性を、本件被告の馬券の購入方法と同様のものだけに限るとした。

ウ．平成29年最高裁の意義

　最高裁は、営利を目的とする継続的行為から生じた所得であるか否かの判断の方法について、平成27年最高裁の判断を踏襲したうえで、本件においては次の事実に着目した。

・被上告人は、予想の確度の高低と予想が的中した際の配当率の大小の組合せにより定めた購入パターンに従って馬券を購入することとした。

・偶然性の影響を減殺するために、年間を通じてほぼ全てのレースで馬券を購入することを目標として、年間を通じての収支で利益が得られるように工夫しながら、6年間にわたり、1節当たり数百万円から数千万円、1年当たり合計3億円から21億円程度となる多数の馬券を購入し続けた。

・被上告人は、上記6年間のいずれの年についても年間を通じての収支で利益を得ていた上、その金額も、少ない年で約1,800万円、多い年では約2億円に及んでいた。

　その上で、本判決は、「上記のような馬券購入の態様に加え、このような利益発生の規模、期間その他の状況等に鑑みると、被上告人は回収率が総体として100％を超えるように馬券を選別して購入し続けてきた

39

といえるのであって、そのような被上告人の上記の一連の行為は、客観的にみて営利を目的とするものであったということができる。」と判断した。最高裁が着目したこれらの事情は、先に示した①〜③の事情と合致する。

　すなわち平成29年最高裁は、平成27年最高裁が示した①〜③の事情を、雑所得該当性の判断材料としたものと考えられる。本判決は、これにより、馬券払戻金の所得区分を明確にするとともに、改正通達の解釈誤りを明確にしたのであって、その意義は大きいといえよう。

　なお、改正通達の解釈と直接関連はしないが、平成29年最高裁は、「したがって、本件における外れ馬券の購入代金は、雑所得である当たり馬券の払戻金を得るため直接に要した費用として、同法第37条第1項にいう必要経費に当たると解するのが相当である。」と判示した。いうまでもなく、所得税法第37条にいう必要経費とは、売上原価その他当該総収入金額を得るため直接に要した費用の額（以下「個別対応費用」という）、及びその年における販売費、一般管理費その他これらの所得を生ずべき業務について生じた費用の額（ただし、償却費以外の費用でその年において債務の確定しないものを除く）である。本判決は、外れ馬券の購入費についても、個別対応費用に該当することを明確にした点においても注目に値する*23。

3．東京高裁の異なる判断

　平成29年最高裁の前審である東京高裁は、この事案は雑所得に当たると判断したが、同高裁は、平成29年9月28日、異なる事案においては、一時所得に該当するとの判断を示している*24。1年6か月足らずの期

＊23　平成27年最高裁は、「外れ馬券を含む全ての馬券の購入代金の費用が当たり馬券の払戻金という収入に対応するということができ、本件外れ馬券の購入代金は同法第37条第1項の必要経費に当たると解するのが相当である。」と判示しているが、直接に要した費用に該当するかどうかは、必ずしも明確ではなかったと考えられる。

＊24　TKC法律情報データベース・文献番号25547535。

間で、異なる判断を示したことになるが、実務の観点からは、その違い
を検証することで、裁判所の考える雑所得該当性の判断基準をより明確
にすることができると考える。

　同判決は、一時所得に該当する理由を以下のように判示する（なお以
下では、平成27年最高裁の被告人を「別件当事者」という）。

---

①　別件当事者及び控訴人による各馬券購入方法は、PAT加入者とし
　てインターネットを経由して馬券を購入していたこと、競馬予想プロ
　グラムにより、独自の条件設定と計算式を用いて買い目を抽出してい
　たこと、長期間にわたり多数回かつ頻繁に馬券を購入していたことの
　各点において共通する。

　　しかしながら、別件当事者は、過去のレースの結果に現れた特定の
　ファクターごとの統計上の傾向が今後も同様に現れると仮定して、
　レースの着順予想をするのではなく、過去のレースで投下資本を超え
　る配当が得られた買い目の抽出条件をこれから行われるレースの買い
　目の抽出条件とし、かつ、オッズの高い馬券（的中する確率は低い
　が、当たれば高配当を期待できる馬券）の当たり外れによる影響を排
　除した網羅的な馬券の購入方法を採用することで、長期的に安定した
　利益を得ようとしていたのに対し、控訴人は、コンピュータを駆使し
　て着順予想の精度を高めることで予想的中率を向上させ、かつ、予想
　的中率にオッズを掛け合わせることで、自ら算出した予想的中率と比
　較して他の馬券購入者が低く評価している出走馬の馬券を購入して高
　配当を得ようとする射倖性の高い馬券の購入方法を採用していたもの
　であ（る。）

②　また、控訴人の場合、最終的な馬券購入の判断は競馬予想プログラ
　ムではなく控訴人自身が行っており、必ずしも競馬予想プログラムが
　抽出した買い目どおりに無差別かつ網羅的に馬券を購入していたわけ
　ではない。

③ さらに、平成20年から平成27年の8年間のうち3年は払戻金が馬券の購入金額を下回るなど、控訴人は、競馬予想プログラムを用いた馬券の購入により恒常的に利益を上げていたとはいえない。

④ 以上によれば、控訴人による馬券の購入は、予想的中率及び期待値算出のために多くの演算処理を行うこと、馬券の購入が長期間にわたり多数回かつ頻繁であることを除けば、買い目の的中に着目した一般の競馬愛好家による馬券の購入と異なるところはなく、一連の馬券の購入が一体の経済活動の実態を有することが客観的に明らかであるとはいえないから、これによる所得（本件競馬所得）は、一時的・偶発的所得としての性質を失わず、一時所得の非継続性要件及び非対価性要件をいずれも満たすというべきである。

本判決は、要約すると、
・別件当事者は、回収率に着目した馬券の購入方法を採用し、長期的に安定した利益を得ようとしていたが、本件控訴人は、予想的中率を向上させ、高配当を得ようとする射幸性の高い馬券の購入方法を採用していた
・必ずしも競馬予想プラグロムが抽出した買い目どおりに無差別かつ網羅的に馬券を購入したわけではない
・8年間のうち3年は損失を計上するなど、恒常的に利益を上げていたとはいえない
ことを理由に雑所得該当性を否認している。

先に示した平成28年4月21日判決においても、東京高裁は、
・控訴人は、期待回収率が100％を超える馬券を有効に選別し得る独自のノウハウに基づいて長期間にわたり多数回かつ頻繁に当該選別に係る馬券の網羅的な購入をして100％を超える回収率を実現することにより多額の利益を恒常的に上げていたものであり、このような一連の馬券の購入は一体の経済活動の実態を有するということが

42

できる

としており、両者はいずれも、①回収率に着目した馬券の購入であった
かどうか、②その購入方法により恒常的に結果が出たかどうか、を重視
しているといえる。つまり、購入の方法は形式に捉われるものではな
く、回収率に着目した長期的かつ網羅的な馬券の購入方法により、多額
の利益を恒常的にあげるという結果が出ることを求めていると考えられ
る。この考え方は、最高裁の判断とも通ずるところである。

4．実務へのあてはめ

　確定申告期に、納税者から馬券の払戻金の所得区分を相談された場
合、どのような対応を採るべきか。改正通達とは異なる最高裁の判断が
示された以上、税の専門家である税理士は、司法の判断を尊重し、所得
税法の趣旨に沿った判断をしなければならない。

　一時所得は、一時的、偶発的に生じた所得で、他の所得分類に該当し
ない所得をいう。その特徴は、一時的・偶発的・恩恵的に発生し、対価
性がない点にある。

　これに対し、雑所得は、他の9種類の所得分類に該当しないすべての
所得をいう。その特徴は、種々様々の性質をもった所得の寄せ集めとい
う点にある[25]。したがって、一時所得に該当しない所得は、すべて雑
所得に該当することになる。

　一時所得は、「一時的・偶発的・恩恵的」であるかどうか、すなわ
ち、継続性、営利性、対価性の有無によって判断する。馬券の払戻金の
所得区分も、事案ごとにこの方法によって判断されなければならない。

　これまでの検証を基に、その判断のポイントを列挙する。これらのポ
イントをすべて充たせば、継続性、営利性、対価性があり、雑所得に該
当すると判断されることになると考えられる。

＊25　武田前掲書2677頁。

① 期待回収率が100％を超える馬券を有効に選別しうる独自のノウハウを有すること

　独自のノウハウとは、改正通達の要件とされた、「馬券を自動的に購入するソフトウエアを使用して独自の条件設定と計算式に基づく方法」に限られるものではない。平成29年最高裁の事案では、納税者は、ソフトウエアを使用せず、予想の確度の高低と予想が的中した際の配当率の大小の組合せにより、自らが定めた購入パターンに従って、個別のレースごとに自らが予想をして馬券を購入しているが、回収率が100％を超える実績があることから、その購入方法が、独自のノウハウと認められた。

　すなわち、雑所得と言い得るには、ソフトウエアの使用の有無を問わず、例え納税者の主観が混じったとしても、一定の方法に従って馬券を購入し、年間を通じて回収率が100％を超える結果を出せるノウハウが必要ということになる。

② そのノウハウに基づき馬券を恒常的かつ継続的に大量に購入すること

　平成29年最高裁の事案では、納税者は、各節に開催される中央競馬のレースについて、各節当たりおおむね数百万円から数千万円、１年当たり３億円から21億円程度の馬券を購入し続けていた。馬券を購入したレースは、中央競馬の全レースの７割を超えている。なお、納税者は、数年間にわたって各節に継続して、相当多額の中央競馬の馬券を購入していたことは確かではあったが、実際にどの馬券を購入したのか、どのような数、種類の馬券を購入していたのかは不明であった。

平成27年最高裁の事案では、被告人は、毎週土日に開催される中央競馬の全ての競馬場のほとんどのレースについて、数年以上にわたって大量かつ網羅的に、1日当たり数百万円から数千万円、1年当たり10億円前後の馬券を購入し続けていた。

　これらを総合すると、雑所得と言い得るには、少なくとも全レースの7割を超える程度のレースにおいて、年間数億円程度の馬券の購入を、数年にわたり継続する必要がある。

> ③　多額の利益を数年に渡り継続して上げているという結果があること

　平成27年最高裁、平成29年最高裁、さらには平成29年9月28日東京高裁の判断は、いずれも、年間を通じての収支で利益を上げるとともに、その利益発生の規模及びその期間を重視する。また、東京高裁は、損失が生じた年があることを捉えて、恒常的に利益を上げていたとはいえないとしている。

　これらを総合すると、雑所得と言い得るには、少なくとも数千万円を超える利益を、数年に渡り継続して計上する必要がある。

　平成27年最高裁は、本件被控訴人の種々の事情から、営利性、継続性の有無を判断したのであって、決してその事情を雑所得該当性の要件としたものではない。筆者の私見ではあるが、おそらく国税庁も、多くの批判を受けるまでもなく、そのことは十分理解していたであろう。ただ、仮にそのような理解を示すと、申告件数の増加、損失が生じた年の損益通算の問題等実務が混乱する虞があるため、あえて限定的な理解を示したのではないだろうか。

　しかし、二つの最高裁判決を含む司法の判断は、上記3つの要件をすべて求めている。したがって、馬券の払戻金の所得区分が、雑所得と判断されるケースはそう多くはなく、申告件数の増加、あるいは損益通算

の問題等の実務の混乱も避けられると考えられる。

いずれにせよ、改正通達とは異なる形態の馬券の購入方法であって
も、雑所得に該当するケースがあることには十分注意しなければならな
い。

総　論

4　通達とは異なる解釈をする場合の税理士の責任

　ここまで、通達の取扱いと、裁判所の判断が異なるケースを検証してきた。そして、法令の趣旨に従って通達を解釈適用することの重要性と、場合によっては、税理士が通達と異なる判断をするケースもありうることを解説した。

　それでは、実際に税理士が実務において通達とは異なる取扱いをした場合には、どのような責任があるのだろうか。またどのような点に注意すべきであろうか。そのポイントを、大阪高裁平成10年3月13日判決*26を題材に検討する。

1．事案の概要

　本件は、納税者Aが、顧問税理士Bの指導により行った法人税の確定申告について、Bの債務不履行又は過失により、法人税法施行令、法人税基本通達に反する損金処理等が行われる結果となり、更正処分及び過少申告加算税の賦課処分を受け、過少申告加算税、延滞税等相当額の損害を被ったとして、Bに対し、債務不履行もしくは不法行為に基づき、損害賠償を求めた事案である。争点は、Bが基本通達に基づかない貸倒損失の損金処理をしたことにあった。

　裁判所の認定した事実は次のとおりである。

　　被告は、基本通達により、貸金について担保がある場合には、その担保を処分した後でなければ貸倒損失として、損金処理ができない旨が定められており、税務当局は原則として右基本通達にしたがって課税するであろうことは承知していたが、当時はいわゆるバブル経済の崩壊によ

＊26　TAINS・Z999-0015

47

り不動産等の価格が下落するという異常な経済状況下にあり、担保物の換価に日時を要することは自明であって、Hの説明によっても、現実に損失が生じているというので、担保物の処分前であっても貸倒れとして損金処理しても、基本通達の文言にかかわらず税務当局から右処理が認められる可能性があると判断し、原告に対し、積極的にKに対する貸付金の一部を損金処理する方法をとることを指導した。

すなわち、被告は、原告に対し、基本通達9－6－2により回収不能の貸金について担保物があるときは担保物を処分した後でなければ貸倒れとして損金処理できないが、バブル経済崩壊という異常な経済状況を考慮すると、担保物処分前でも税務当局によって貸倒損失として損金処理が認められる可能性があり、仮に、税務署で右損金処理が認められなくても国税不服審判所で審判してもらおう、そうすれば右処理を認めてもらえる可能性があり、また、税の納付を延期することができる等と説明し、Kに対する貸付金債権3億399万744円について、担保である株式及び不動産の処分見込価格を株式について3,963万円、不動産を2億825万円の合計2億4,788万円と評価し、これを超える5,611万744円を貸倒損失として計上することとするように指導した。

その際、被告は、基本通達も事情の変化に即応して解釈されるものであるから、損金処理が認められる可能性はかなりあると説明した。

2．裁判所の判断

① 税理士は、税務に関する専門家として、独立した公正な立場において、申告納税制度の理念にそって、納税義務者の信頼に応え、租税に関する法令に規定された納税義務者の適正な実現を図ることを使命とするものである（税理士法第1条）。

税理士は、税務の専門家であるから、依頼者から税務に関する相談を受けたときは、税務に関する法令、実務に関する専門的知識に基づ

いて、依頼者の依頼の趣旨に則り、適切な助言や指導を行う義務がある 義務 A 。

② 被告は、原告との間で顧問契約を締結し、決算の方針の決定、決算書類及び確定申告書類の作成に関して助言と指導を行ってきた者であるから、原告の行う確定申告について、税務に関する法令、実務に関する専門的知識、特に、基本通達は、税務に関する法令の解釈や運用に関する指針として重要なものであり、これらを十分に調査・検討の上、違法・不当な申告を行うことにより原告が修正申告を余儀なくされたり、更正処分や過少申告加算税の賦課処分を受ける等により損害を被ることのないように指導及び助言をする義務がある。税理士は、右のように税理士法所定の使命を担うほか、依頼者との間には委任の関係があるから、受任者として委任の本旨に従った善良な管理者としての注意義務を負っており、依頼者の希望が適正でないときには依頼者の希望にそのまま従うのではなく、税務に関する専門家の立場から依頼者に対し不適正の理由を説明し法令に適合した適切な助言や指導をして、依頼者が法令の不知や税務行政に対する誤解等によって生じる損害を被ることのないようにすべき注意義務があるというべきである 義務 B 。

③ 又、税理士は、委任契約の受任者として法令の許容する範囲内で依頼者の利益を図るべきであるところ、依頼者から基本通達に反する税務処理を求められたり、専門家としての立場からそれなりの合理的理由があると判断して基本通達と異なる税務処理を指導助言したりする場合において、基本通達が、国税庁長官が制定して税務職員に示達した税務処理を行うための基準であって法令ではないし、個々の具体的事案に妥当するかどうかの解釈を残すものであるから、確定申告をするに当たり形式上基本通達に反することが直ちに許されないというものではないものの、税務行政が基本通達に基づいて行われている現実からすると、当該具体的事案について基本通達と異なる税務処理をして確定申告をすることによって、当初の見込に反して結局のところ更

正処分や過少申告加算税の賦課決定を招くことも予想されることから、依頼者にその危険性を十分に理解させる義務があるというべきである 義務C 。

④ そして、税務当局が基本通達に依拠して税に関する事項を取り扱っている以上、これに反する処理をしても、右処理が税務当局に受け入れられる可能性は少なく、基本通達に反する損金処理を行って納付すべき法人税額を少なく申告しても、税務当局によって更正処分がなされ、納税者は過少申告加算税を賦課される等の不利益を被る可能性が高い。

したがって、税理士としては、依頼者から回収の困難な債権があるとして、税の軽減方法について相談を受けたとしても、安易な見通しや自己の意見に基づいて、基本通達に反するような処理を行うことを指導・助言すべきではない。仮に、基本通達に反するような処理を行うことを指導する場合には、基本通達の趣旨、これに反する処理をした場合のリスク（税務調査、更正処分、過少申告加算税の賦課等）を十分に、具体的に説明した上で依頼者の承諾を得、かつ、基本通達に反する処理を行うことに相当な理由があり、その必要性が肯定される場合でなければ、そのような処理を行うことを指導・助言すべきでない。

そして、事前に税務当局の意向を打診するなどして依頼者に対して指導する処理方法が受け入れられる可能性について客観的に検討する必要もある。

⑤ 被告は、バブル経済の崩壊により不動産・株式の暴落という異常な経済状況のもとでは、右基本通達の文言に反して担保物の処分前でも貸倒として損金処理することは合理的であると考えたのであり、被告の考えにも一理あるものと言わなければならないが、一方で、債権償却特別勘定に繰入れて損金処理する方法があり、右債権償却特別勘定に繰入れて損金処理することは、一審被告が異常事態と受けとめたバブル経済の崩壊による不動産や株式の暴落という経済状態に対応する

ことができる一つの方法であるから、基本通達が法人税法本来の趣旨に反し妥当性を欠くに至ったと断定することは困難であり、被告の指導した処理方法が税務当局によって認められる可能性は高くなく、かつ、必ずしもその必要性は高くないといわざるを得ない。

⑥　被告が原告に対して基本通達に反してKに対する債権の一部を損金に算入する処理を行って、法人税の額を少なく申告しても、これが認められる可能性は低く、更正処分が行われ、基本通達にもとづいた処理の場合と同額まで税額が増やされ、その他に過少申告加算税の賦課処分も受ける可能性が高いことを説明し、指導していれば、原告は、基本通達に反する処理に基づく確定申告を行うことはなかったと認められる。したがって、被告が前記のような説明で、原告に対し右の損金処理を指導したことは顧問税理士として税務相談もしくは確定申告に関する書類作成に対する指導・助言義務に反し、税務相談における債務不履行といわざるを得ない。

※（判決中 義務 A・B・C の記載は、筆者による）

3．解説

　本件は、税理士が、担保物の提供を受けている回収不能の貸金につき、その担保物の処分をしないまま、貸倒れとして損金処理をした事案である。税理士は、依頼者に対し、通達に従えば損金処理はできないが、バブル経済崩壊という異常な経済状況を考慮すると、担保物処分前でも税務当局によって貸倒損失として損金処理が認められる可能性があると説明していた。

　裁判所は、本件税理士には、A・B・Cの善管注意義務があったとした上で、税理士が依頼者に対して基本通達に反する処理を行っても、これが認められる可能性は低く、更正処分が行われる等の可能性が高いことを説明等していれば、依頼者は、基本通達に反する処理に基づく確定申

告を行うことはなかったとして、損害賠償請求を認めた。

　ただ、裁判所は、「被告は、バブル経済の崩壊により不動産・株式暴落という異常な経済状況のもとでは、右基本通達の文言に反して担保物の処分前でも貸倒れとして損金処理することは合理的であると考えたのであり、被告の考えにも一理あるものと言わなければならない」と判示しており、通達と異なる取扱いをしたことをもって直ちに善管注意義務に反するとしたものではない。すなわち裁判所は、通達とは異なる取扱いをするのであれば、

①　通達の趣旨

②　通達と異なる処理をすることによるリスク

を依頼者に十分に具体的に説明した上で、

③　依頼者の承諾を得て

④　通達と異なる処理をすることに相当な理由があり

⑤　その必要性が肯定される

場合でなければその処理を行うべきではないとした。そして、本件は以下の理由により基本通達は合理的であり、これと異なる取扱いをすることに相当の理由はないとした。

　　・法人税法は、一部例外を除いて資産の評価損の損金算入を認めておらず、担保物を処分することなく貸金等の金額から処分見込価額を控除した金額を貸倒処理すれば、結果的に当該貸金を評価して評価損を損金算入したことになる。このため、法基通9－6－2は、これを処分した後でなければ、貸倒れとして損金処理をすることができないと定めている。その一方で、これらの取扱いでは、経済実態にそぐわない面があるため、本件当時は、債権償却特別勘定に関する取扱いを定めてその調整を図っており、基本通達は全体として合理的なものとなっていることは明らかである。

　通達は法令ではなく、税理士あるいは納税者がこれに拘束されるものではない。そうとはいえ、我々税理士は、通達の解釈が法令解釈の範囲

内である限り、これに反する安易な見通しや自己の見解に基づく独自の解釈に対しては、損害賠償責任が厳しく追及される虞があることを肝に銘じておく必要がある。同時に、通達と異なる取扱いをする必要があるケースであっても、依頼者にその理由とリスクを十分に説明し、納得を得ることが重要である。

5 通達の適用にあたって注意すべき事項

　主な通達の制定あるいは全部改正の時期は、それぞれ、

・所得税基本通達　－　昭和45年7月1日制定

・法人税基本通達　－　昭和44年5月1日制定

・相続税法基本通達　－　昭和34年1月28日全部改正

・財産評価基本通達　－　昭和39年4月25日制定

・消費税法基本通達　－　平成7年12月25日制定

であり、消費税法基本通達を除き、いずれも50年を超える時が経過し、消費税法基本通達にあっても20年を超える時が経過した。

　また、近年我が国は、インターネットの普及・定着、経済社会のグローバル化・ICT化等の流れを受け、経済取引の形態は変化し、新しいビジネスモデルが誕生し、就労形態も多様化する等、めざましいスピードで変化している。今後も、AI技術の進歩、さらなる経済社会のグローバル化等が予想されるが、こうした変化が税制に及ぼす影響は計り知れない。

　例えば、先に③で見た、馬券の払戻金の所得区分に関する事案について、通達が制定された時に、本事案のような馬券の購入方法が予測されていたであろうか。また、数億円を超える馬券の払戻金を継続的に得る者が現れると予測されていたであろうか。おそらく当時は、競馬場を訪れ、競馬の予想紙等の情報を基に、窓口で自分の予想する馬券を購入する姿が想定されていたに違いない。

　同様に②で見た、生命保険契約等に基づく一時金等に係る所得金額の計算上控除する保険料等に関する事案においても、通達の発遣時に、通達の文言を利用するかのような高額の保険商品が販売されると予測されていなかったことが、「養老保険を利用して関係法人から役員に資金を

総　論

移転する租税回避の事例があったことから、これを適正化するため、満
期保険金に係る一時所得等の金額の計算上、その支払を受けた金額から
控除できる事業主が負担した保険料は、給与所得課税が行われたものに
限る旨を法令上明確化された。」との平成26年版所得税基本通達逐条解
説から見て取れる。

　他の通達でも、このようなケースがあることは容易に予想できる。も
ちろんいずれの通達も、法改正に伴う改正、あるいは司法判断を受けて
の解釈の変更、さらには個別通達の発遺等が適宜行われてきた。ただ、
通達の改正は、特に解釈を変更する場合には、変更のきっかけとなった
事案が積み重なる時間が必要であり、その事案の検証、さらには改正の
ための手続等に相当な期間を要することとなる。その点から、通達の硬
直性は否めない。

　法律の解釈は、時代によって変わるものである。例えば、民法第900
条第４号ただし書きの規定が憲法第14条第１項に違反するかどうかが争
われた事案（いわゆる婚外子の遺産相続分を嫡出子の半分とする民法の
規定の合憲性が争われた事案）＊27では、最高裁が最初の判断＊28から約
19年の時を経て、その判断を変更したことは記憶に新しい。この中で、
最高裁は、

　　・法律婚主義の下においても、嫡出子と嫡出でない子の法定相続分を
　　　どのように定めるかということについては、それぞれの国の伝統、
　　　社会事情、国民感情、さらに、その国における婚姻ないし親子関係
　　　に対する規律、国民の意識等を総合的に考慮して決せられるべきも
　　　のであり、また、これらの事柄は時代と共に変遷するものでもある
　　　から、その定めの合理性については、個人の尊厳と法の下の平等を
　　　定める憲法に照らして不断に検討され、吟味されなければならない
　　ことを明確にし、法の解釈は、時代の変遷に合わせて不断に検討されな

＊27　最高裁平成25年９月４日決定（民集第67巻第６号1320頁）。
＊28　最高裁平成７年７月５日決定（民集第49巻第７号1789頁）。

ければならないとした。そうであるならば、侵害規範である税法こそ、通達も含め、その時代によって解釈が変えられて、当然である。

　税理士が、実務の現場に通達を適用する場合には、その通達が、いつ、どのような時代を背景に、どのような理由で制定されたのか等を確認したうえで適用しなければならない。そして、もしその解釈が、時代に合っていないと考えるのであれば、法令の趣旨に立ち返り、自ら法令を解釈すべきである。国税庁もまた、所得税基本通達及び法人税基本通達の前文において、「したがって、この通達の具体的な運用に当たっては、法令の規定の趣旨、制度の背景のみならず条理、社会通念をも勘案しつつ、個々の具体的事案に妥当する処理を図るように努められたい。」と、同様の理解を示す。

　あるいは、その解釈により、納税者の税額が増えることになる場合があるかもしれない。また、「国税庁の法解釈に従って処理をすることに何の問題があるのか」、「仮に通達が租税回避スキームに利用されたとしても、その責任はそのような解釈を示した国税庁にある」といった批判を受けるかもしれない。

　しかし、法人税基本通達の前文は、通達の形式的な解釈、法の趣旨から逸脱した運用等を厳に慎むよう、以下のように述べる。

　<u>「いやしくも、通達の規定中の部分的字句について形式的解釈に固執し、全体の趣旨から逸脱した運用を行ったり、通達中に例示がないとか通達に規定されていないとかの理由だけで法令の規定の趣旨や社会通念等に即しない解釈におちいったりすることのないように留意されたい。」</u>

　この考え方は、法人税のみならず、すべての通達に共通する理念であって、税務職員だけでなく、税理士も肝に銘じておくべきである。

　さらに、わが国唯一の税務の専門家である税理士には、独立した公正な立場において、申告納税制度の理念にそって、納税義務者の信頼にこたえ、租税に関する法令に規定された納税義務の適正な実現を図るとい

う使命がある。その使命を果たすために、我々は、常に適正な通達の適用を意識しなければならない。

　ただ、自らの解釈で通達とは異なる判断をする場合には、①その判断の理由、その解釈が認められない場合のリスク等を納税者に説明し、依頼者の承諾を得る必要があること、また、②通達の解釈が法令解釈の範囲内である限り、これに反する安易な見通しや自己の見解に基づく独自の解釈は慎重であるべきであること、には注意を要する。

　いずれにせよ、通達を巡る紛争は、税目を問わず増加している。そこで、各論においては、個別の紛争事例を取り上げて、法令の趣旨、通達の趣旨、通達の実務への当てはめ等につき解説する。

各　論

1 所得税に関する事案
2 法人税に関する事案
3 相続税に関する事案
4 消費税に関する事案

各　論　■1所得税に関する事案

1 所得税に関する事案

1. 使用人から執行役*¹への就任に伴い打切り支給された退職給与の所得区分
（大阪高裁平成20年9月10日判決）*²

(1)　関係法令

○所得税法第30条（退職所得）

　　退職所得とは、退職手当、一時恩給その他の退職により一時に受ける給与及びこれらの性質を有する給与に係る所得をいう。

趣　旨

　退職手当等は、一般に、過去長期間にわたる勤労の対価という性格をもつとともに、退職後の生活の原資に充てられるという特性を有し、その担税力は他の所得に比して低いので、他の所得とは区分し、退職所得控除や2分の1分離課税といった優遇措置が設けられた*³。

(2)　適用通達

○所基通30−2（引き続き勤務する者に支払われる給与で退職手当等とするもの）

　　引き続き勤務する役員又は使用人に対し退職手当等として一時に支払

＊1　執行役とは、委員会設置会社において、取締役会の意思決定に基づいて業務執行を担当する役員のことをいう（会社法第418条）。
＊2　TAINS　Z258-11020
＊3　武田昌輔監修『コンメンタール所得税法』（第一法規）2281頁の3

61

われる給与のうち、次に掲げるものでその給与が支払われた後に支払われる退職手当等の計算上その給与の計算の基礎となった勤続期間を<u>一切加味しない</u>条件の下に支払われるものは、30-1にかかわらず、退職手当等とする。

（昭51直所3-1、直法6-1、直資3-1、平16課個2-23、課資3-7、課法8-8、課審4-33改正）

(1)　新たに退職給与規程を制定し、又は中小企業退職金共済制度若しくは確定拠出年金制度への移行等相当の理由により従来の退職給与規程を改正した場合において、使用人に対し当該制定又は改正前の勤続期間に係る退職手当等として支払われる給与

(注)
1　上記の給与は、合理的な理由による退職金制度の実質的改変により精算の必要から支払われるものに限られるのであって、例えば、使用人の選択によって支払われるものは、これに当たらないことに留意する。
2　使用者が上記の給与を未払金等として計上した場合には、当該給与は現に支払われる時の退職手当等とする。この場合において、当該給与が2回以上にわたって分割して支払われるときは、令第77条（（退職所得の収入の時期））の規定の適用があることに留意する。

(2)　<u>使用人から役員になった者に対しその使用人であった勤続期間に係る退職手当等として支払われる給与</u>（退職給与規程の制定又は改正をして、使用人から役員になった者に対しその使用人であった期間に係る退職手当等を支払うこととした場合において、その制定又は改正の時に既に役員になっている者の全員に対し当該退職手当等として支払われる給与で、その者が役員になった時までの期間の退職手当等として相当なものを含む。）

(3)　役員の分掌変更等により、例えば、常勤役員が非常勤役員（常時勤務していない者であっても代表権を有する者及び代表権は有しないが実質的にその法人の経営上主要な地位を占めていると認められるものを除く。）になったこと、分掌変更等の後における報酬が激減（おおむね50％以上減少）したことなどで、その職務の内容又はその地位が

激変した者に対し、当該分掌変更等の前における役員であった勤続期間に係る退職手当等として支払われる給与

(4) いわゆる定年に達した後引き続き勤務する使用人に対し、その定年に達する前の勤続期間に係る退職手当等として支払われる給与

(5) 労働協約等を改正していわゆる定年を延長した場合において、その延長前の定年（以下この(5)において「旧定年」という。）に達した使用人に対し旧定年に達する前の勤続期間に係る退職手当等として支払われる給与で、その支払をすることにつき相当の理由があると認められるもの

(6) 法人が解散した場合において引き続き役員又は使用人として清算事務に従事する者に対し、その解散前の勤続期間に係る退職手当等として支払われる給与

解　説

・本通達は、いわゆる打切支給の退職金のうち、退職所得として取り扱うことが認められるものを明らかにしたものである。

・打切支給の退職金は所得税法上の退職所得の定義からすると、本来は退職所得に該当しないとも考えられるが、退職に準ずる事実が生じた場合や、その支給をすることについて相当の理由がある場合など、その実質からみて給与所得として取り扱うことは妥当ではなく、退職所得として取り扱うことが実情に即したものであることから、この範囲を示したものである。

・本通達は退職所得として取り扱うものを明らかにしたものであって、本通達に合致しないものが、その合致しないことをもって直ちにその退職所得性を否定されるものではない[4]。

＊4　三又修他編『平成29年版　所得税基本通達逐条解説』（大蔵財務協会・2017）168頁。

(3) 事案の概要

被控訴人が、その従業員6名（以下、「乙ら」という。）が執行役（廃止前の商法特例法に基づく）に就任するに当たって就業規則及び退職金規程に従って平成15年7月に支給した退職金（以下「本件各金員」）について、課税庁が、本件各金員は「打切り支給」には該当せず、退職所得ではなく給与所得であるとして源泉所得税の納税告知処分及び不納付加算税の賦課決定処分をしたため、被控訴人が審査請求を経て当該処分の取消しを求めた事案である。

原審は、本件各金員は退職所得に該当するとして課税処分を取り消したため、課税庁が控訴したものである。

(4) 争点

① 従業員から執行役への地位の変更が、退職（勤務関係の終了）と同等の事情であると認められるか。

② 従業員から役員に就任する際に支給される退職手当等につき、「当該給与が支払われた後に支払われる退職手当等の計算上当該給与の計算の基礎となった勤続期間を一切加味しない条件の下に支払われるもの（＝打切り支給）」であることが内規等により明確になっていない場合、当該支給される金員は、退職所得とは認められないか。

(5) 課税庁の主張

① 退職所得が、本来は給与所得として課税されるものであるのに、税負担の軽減という優遇措置を特別に講ぜられていることからすれば、退職所得は、本来、退職（すなわち、当該事業所との勤務関係の終了）という実態を伴わなければならない…退職せず、引き続き在職するにもかかわらず、退職と同一に取り扱うことが相当といえる場合というのは、限定的に解釈されなければならない。

② 引き続き在職するなどして勤務関係が継続している者に対して支給

各　論　■1所得税に関する事案

される金員が退職所得に該当するかの判定に当たっては、それが、(i)退職の事実があったと同等の事情の下に支給され、かつ、(ii)本来の退職者が受けるべき退職金（＝それまでの勤務の精算金的性質を有する金員）と同等の算出方法によって支給されたかといった、退職手当等として当然の性質を有しているか否かの検討を行わなければならない。この点、打切り支給でなければ精算金的性質を有するとはいえず、…実質的に退職があったのと同視することもできないから、打切り支給でない給与は、所得税法第30条第1項にいう「これらの性質を有する給与」には当たらない。

③　退職の事実がないのに退職所得としての優遇措置を受けられること及び公平な課税の観点からして、打切り支給である旨は、社内の名文の規定により定められていることを要するというべきである。したがって、当該支払時点において、打切り支給である旨が就業規則等に明記されている場合（以下「打切り支給明記要件」という。）でなければ、「これらの性質を有する給与」に当たらないと解すべきである。

(6)　納税者の主張

①　下記の事実により原告と受給者との勤務関係は終了している。

❶　受給者は執行役に就任しており、執行役と会社との間の契約関係は、雇用契約ではなく、取締役と同様、委任契約である。

❷　原告会社における役員は、閉鎖的な中小企業とは異なり、従業員と同視しうるものではなく、従業員からの役員への就任には永年の従業員としての勤続期間を経た上で、多数の従業員の中から選抜される必要があり、そのような観点からすれば、…執行役就任をもって従業員としての勤務の延長と評価することの不当性は明らかである。

❸　原告は5,894名もの株主を有する上場企業であり、原告の役員にとって株主代表訴訟が提起される危険は、抽象的なものではなく、

65

現実的かつ重大なものである。

❹ 原告会社の執行役の退職慰労金については、報酬委員会（平成15年6月26日の株主総会決議に基づき設置）の決定によることとされている。

❺ その他、本件各金員の受給者は、執行役への就任に伴い雇用保険及び労災保険の被保険者としての資格を喪失し、自動的に従業員持株会からも退会し、持分の払い戻しを受けている。

② 打切り支給とは、使用人が役員に就任した事案に即していえば、将来、役員を辞任した際に支給される退職慰労金が使用人としての勤続期間を加味して算出されるか否かという将来事実を、使用人としての退職金支給時における事実によって推認しようとするものであるところ、打切り支給である旨を明記した社内規則の有無という事実は、将来において支給される役員退職慰労金の算出方法を推認する根拠としては極めて脆弱である。

③ 雇用契約の終了前後において受給者の勤務関係に重大な変動があったこと、本件各金員が、退職金規程に基づき、受給者の長期間の勤労に対する対価として支払われたものでることなどに照らせば、本件各金員は、少なくとも、所得税法第30条第1項にいう「これらの性質を有する給与」に該当するというべきである。

(7) 裁判所の判断

① 認定事実によれば、乙らの従業員から執行役に就任するという身分関係の異動は、形式的、名目的なものではなく、当該勤務関係の性質、内容、労働条件等において重大な変動があって、形式的には継続している勤務関係が実質的には単なる従前の勤務関係の延長とは見られないなどの特別の事実関係が認められ、本件各金員は、このような新たな勤務関係に入ったことに伴い、それまでの従業員としての継続的な勤務に対する報償ないしその間の労務の対価を一括精算する趣旨

のもとに一時金として支給されたものであるから、少なくとも所得税法第30条第1項の「これらの性質を有する給与」に該当する。

② 一部上場企業として従業員300数十名、株主約5,900名を要する被控訴人においては、小規模閉鎖会社においてまま見られるような使用人と役員との間の地位、処遇、法律関係等の混淆があるとは考え難く、…同人らは、被控訴人との雇用契約の解消により、労働契約上の保護の対象ではなくなり、雇用保険の被保険者としての資格を喪失し、従業員持株会を退会し、次いで、被控訴人との委任契約の締結に伴い、選任方法、任期、解任、会社及び第三者に対する責任、株主代表訴訟の対象となるほか、執行役会規程に則り職務を遂行し、その報酬は業績連動役員報酬制度実施要領の適用を受け、役員損害賠償責任保険契約の被保険者となるなど、使用人とは厳然と区別された地位に就いており、このような執行役に期待される経営専門性、職務の複雑性、職責の重大性にかんがみれば、…使用人から執行役に就任した者が、執行役に就任後も…引き続き使用人時代と同一の職名の下に同一の業務を執行し、さらに、その報酬額が使用人時代の給与額と遜色がなくとも、その法的地位がもはや使用人として律されるものでないことは明らかであって…実質的にも使用人としての地位を喪失し、雇用契約、就業規則に基づく使用人としての退職金債権も現実化していることは否定できない。

③ 退職手当等の実体を有する給与でありながら、打切り支給明記要件を欠くという一事をもって、それが本来具有する実体を変じて退職手当性を喪失するというのは、退職手当等の判断が事柄の実体に即して判断されるべきとの要請に背理するし、もとより、所得税法第30条第1項も、そのような要件は要求していない。

④ 所得税法基本通達30－2が打切り支給を要件としているのは、事業所等との間の勤務関係が継続している間に支給される給与については、過去の勤務を一括して精算して支給される趣旨であることを示す

「退職」という客観的な指標がないため、税務職員の判断が区々となって、納税者間の不公平を招来することを避けるために、その給与の精算的要素を明確に看取するために有用な分別指標として、画一的で客観的な基準を設けたにとどまり、それ以上に打切り支給明記要件欠く場合に、そのことだけを理由として退職手当性を否定する趣旨ではないと解される。

⑤　使用人から役員への内部昇任により引き続き同一事業所に勤務を継続する場合、役員としての退職慰労金の算定において、当然に使用人時代の過去の勤務期間をも考慮する…制度を採用している場合は、その勤務期間が二重に評価されることを前提としているから、それ以前に支給される使用人としての退職に伴う一時給付に一括精算の趣旨がなく、退職所得等の該当性が否定される場合もあるというのが相当である。

⑥　控訴人は、被控訴人の内規により執行役の退任時の退職慰労金の算定に当たり、使用人としてのそれを含めたすべての在職年数を考慮されるから、本件各金員は中間段階での一時金（賞与）に過ぎず、精算金的性質を有しないと主張する。しかし、本件内規は、被控訴人が委員会等設置会社に移行したことに伴って当然にその効力を失い、乙らが執行役に就任した当時、…退職慰労金算出にかかる内規は存在しなかったというのが正確であって、執行役の退任時に、本件内規により退職慰労金の算定に使用人としての在職期間が加味されることになっていたという前提自体が採用に由ないものである。

⑦　委員会等設置会社にあっては、常置期間である報酬委員会が取締役及び執行役が受ける報酬を決定する権限を有しているのであるから、報酬委員会が権限を有する執行役の報酬（退職金を含む）の算定基準として、会社組織上その支給決定権限を異にする監査役設置会社であったころに定められた本件内規が適用される余地はない。

各　論　■1所得税に関する事案

(8)　解説

　本事案は、被控訴人（納税者）が、その従業員から執行役に就任した者に対して支給した退職手当金について、課税庁が本通達にいう「打切り支給」に該当しない給与であるとして退職所得性を否認し、源泉所得税の課税処分を行ったことに基因して生じたものである。

　課税庁は、被控訴人が本件各金員を支給した時に存在した退職給与規程及び役員の定年及び退職慰労金等についての内規（以下、単に「内規」という。）によれば、役員に対する退職慰労金は、役員退任時に使用人としての勤続年数を含む全ての勤続年数を基礎として算定される仕組みとなっていることを理由として、執行役就任時（この時点で勤務関係は終了していない）に支給された本件金員は、従業員としての勤務期間に対する精算金的性質を有しておらず、本通達にいう打切り支給に該当しないため退職所得には該当しないと主張した。

　さらに、課税庁は、退職所得という税の優遇措置を受けるための要件は課税の公平の観点からも限定的に解釈されなければならず、退職手当等が打切り支給である旨は、社内の明文の規定に定められていなければならないと主張（打切り支給明記要件説）した。

　判決は、認定事実に基づき、被控訴人のような上場企業にあっては、小規模閉鎖会社においてまま見られるような使用人と役員との地位、処遇、法律関係等の混淆があるとは考えにくく、乙らは執行役就任により使用人とは厳然と区別された地位に就いた（すなわち、退職したと同等の事情にある）とし、本件金員は少なくとも所法第30条第1項にいう「これらの性質を有する給与」に該当するとした。

　また、被控訴人が委員会設置会社となり報酬委員会が設置されたことで従来あった内規は当然にその効力を失い、本件各金員の支給時において従業員が役員に就任した場合の退職手当等の算定方法を定める明文規定は存在しなかったと認定した。その上で、通達にある打切り支給の要件は、勤務期間が継続している間に支給される給与については「退職」

という客観的な指標がないため、その給与の精算金的な要素を明確に看取するために設けられた客観的な基準にすぎず、打切り支給明記要件を欠く場合に、そのことだけを理由として退職手当性を否定する趣旨ではないと結論づけた。

ただ、判決は、実際に退職した時の役員としての退職慰労金の算定において、当然に使用人時代の勤務期間をも考慮する制度を採用している場合は、役員就任時に支給される一時金に一括精算の趣旨がないことになり、退職所得性が否定される場合もあるとしており、「打切り支給明記要件」は必ずしも必要でないとしながら、「打切り支給要件」を完全に否定しているわけではないことに留意しなければならない。

なお、原審である大阪地裁平成20年2月29日判決[5]は、本通達にいう打切支給要件は、退職所得該当性の必須の要件ではないと判示した。

これに対し、控訴審は、打切支給要件が退職所得該当性の要件になるか否かの法的判断は示さずに、役員退任時に使用人であった期間を通算して退職手当金等を算定する制度は存在しなかったという事実認定によって、退職所得該当性を認めた。今後は、中小企業においても、本判決の判断が妥当するかどうか、さらには通達の打切支給要件は退職所得該当性の要件となりうるかについて、さらに検討が必要となる。その判断に当たっては、所得税法基本通達逐条解説が、「本通達に合致しないものが、その合致しないことをもって直ちにその退職所得性を否定されるものではない」旨明示している[6]ことも、参考にする必要がある。

---

[5]　TAINS　Z258-10910

[6]　三又前掲書168頁

各　論　■1所得税に関する事案

2．農地転用決済金・協力金等と譲渡費用
平成18年4月20日第一小法廷判決*1

　本件は、通達の解釈をめぐる直接の紛争事例ではない。ただ、本判決を受けて、土地改良区内の農地の転用目的での譲渡に際して土地改良区に支払われた農地転用決済金等がある場合における譲渡費用の取扱いについて（法令解釈通達）」が発遣されている。

　従来、譲渡費用の範囲についての解釈は、専ら所基通33－7に委ねられてきたところであるが、本判決は、その解釈に直接関係する判断であった。国税庁は、その最高裁の判断を受けて、同通達を改正することはせず、個別通達で対応した。本項は、その措置の適否を含め、所基通33－7の趣旨及び新しく発遣された個別通達の趣旨も含め、解説するものである。

(1)　関係法令
○所得税法第33条（譲渡所得）

> 　譲渡所得とは、資産の譲渡（建物又は構築物の所有を目的とする地上権又は賃借権の設定その他契約により他人に土地を長期間使用させる行為で政令で定めるものを含む。以下この条において同じ。）による所得をいう。
> 3　譲渡所得の金額は、次の各号に掲げる所得につき、それぞれその年中の当該所得に係る総収入金額から当該所得の基因となった資産の取得費及びその資産の譲渡に要した費用の額の合計額を控除し、その残額の合計額（当該各号のうちいずれかの号に掲げる所得に係る総収入金額が当該所得の基因となった資産の取得費及びその資産の譲渡に要した費用の額の合計額に満たない場合には、その不足額に相当する金

* 1　TAINS　256-10373

額を他の号に掲げる所得に係る残額から控除した金額。以下この条において「譲渡益」という。）から譲渡所得の特別控除額を控除した金額とする。

　一　資産の譲渡（前項の規定に該当するものを除く。次号において同じ。）でその資産の取得の日以後5年以内にされたものによる所得（政令で定めるものを除く。）

　二　資産の譲渡による所得で前号に掲げる所得以外のもの

趣　旨

　わが国の所得税は、包括的所得概念の立場にたち、保有資産の増加益（キャピタル・ゲイン）については、その資産の所有者の手を離れるのを機会に、その保有期間中の値上がり益を所得の実現があったものとして計算する[2]。

　譲渡所得の金額は、譲渡の収入金額から取得費及び譲渡費用の合計額を控除し、その控除後の残額（その残額からさらに特別控除額を控除する場合がある）を課税対象とするものである。

(2)　適用通達
○所基通33-7（譲渡費用の範囲）

　法第33条第3項に規定する「資産の譲渡に要した費用」（以下33-11までにおいて「譲渡費用」という。）とは、資産の譲渡に係る次に掲げる費用（取得費とされるものを除く。）をいう。

(1)　資産の譲渡に際して支出した仲介手数料、運搬費、登記若しくは登録に要する費用その他当該譲渡のために直接要した費用

(2)　(1)に掲げる費用のほか、借家人等を立ち退かせるための立退料、土地（借地権を含む。以下33-8までにおいて同じ。）を譲渡するため

───────────────
＊2　武田前掲書2492頁

その土地の上にある建物等の取壊しに要した費用、既に売買契約を締結している資産を更に有利な条件で他に譲渡するため当該契約を解除したことに伴い支出する違約金その他当該資産の譲渡価額を増加させるため当該譲渡に際して支出した費用

(注) 譲渡資産の修繕費、固定資産税その他その資産の維持又は管理に要した費用は、譲渡費用に含まれないことに留意する。

解 説

・譲渡所得とは、資産の値上がり益が資産の譲渡行為によって実現した時に所得として課税するものである。

・譲渡資産の保有期間中に支出した修繕費、固定資産税その他資産の維持管理に要した費用は、その資産に係る収益に対応する費用であって、譲渡に要した費用には該当しない。

・本通達では、所法第33条第3項にいう「資産の譲渡に要した費用」を例示的に掲げている。

・当該譲渡に際して支出した費用が譲渡に要した費用に該当することとされているのは、譲渡所得が実現した所得に対して課税するものであることから、その所得を実現させるための譲渡行為によってより多くの所得を得るために寄与したと認められる費用は、取得費とされるものを除き譲渡に要した費用に含めることとしている。

・本最高裁判決を受けて、農地転用決済金を支払った場合については、個別通達による取扱いが定められた[3]。

(3) 事案の概要

控訴人(納税者)は、所得税の確定申告及び修正申告において、長期譲渡所得の金額の計算上、土地改良区へ支払った決済金及び協力金(以下「本件決済金等」という。)は譲渡費用に当たるとして申告したとこ

----

[3] 三又他前掲書219頁

ろ、被控訴人（課税庁）はこれを否認し、増額更正及び過少申告加算税賦課決定処分を行った。

本件は、控訴人が、本件決済金等は譲渡費用に当たるとして、更正処分及び過少申告加算税賦課決定の取消しを求めた事案である。

⑷　争点

本件の争点は、土地改良区内にある農地を譲渡した者が、土地改良法第42条第2項及びこの規定を受けて土地改良区が定める地区除外等処理規程により支払うべきとされる農地転用決済金（以下、「本件決済金」という。）並びに土地改良区が定める施設等使用規程に基づき支払うべきとされる施設等使用負担金・協力金（以下、「本件協力金等」、本件決済金と合わせて「本件決済金等」という。）を支払った場合、本件決済金等は、譲渡所得の金額の計算上、譲渡費用として控除することはできるか否かにある。

⑸　納税者の主張

①　譲渡所得及び譲渡費用の概念について

譲渡所得とは、資産の移転が行われ、資産に代替する貨幣財等が所有者に帰属した時を課税適状とし、当該貨幣財等を総収入金額とし、そこから資産の取得に要した取得費を控除した金額を「その資産につきすでに生じている増加益のうち実現した増加益」として課税するものである。

また、いったん帰属した貨幣財等のうちからすでに支出処分した経費のうち譲渡に要した費用及び譲渡以前であっても譲渡の準備のために支出された譲渡との因果関係が明白な費用及び譲渡価額を増加させるために支出された費用は、実現した増加益から控除した金額をもって税負担が可能な所得（担税力ある所得）として課税することとされる。

このように考えると、現行の所得税法の下においては、譲渡所得の本

質は、被告が主張するような「その資産にすでに生じている抽象的な増加益」から、「その資産にすでに生じている増加益のうち実際の取引によって実現した増加益」に変更され、これに応じて課税所得も税負担を求めるにふさわしい貨幣財を伴った担税力ある所得として考えなければならない。

② 本件決済金等について

原告は本件土地について農地法第5条の規定による許可申請をし、平成9年10月21日に許可を受けているが、農地法第5条の規定による許可申請に当たって添付を求められる土地改良区の意見書は、決済金の支払と引き換えに交付される仕組みとなっているのであるから、本件決済金等は本件譲渡と直接関係のある費用として譲渡費用に該当するというべきである。

被告は、本件決済金等は、本件土地を転用しないで譲渡すれば支払不要であるから直接かつ通常必要な経費とはいえないと主張するが、本件譲渡は、転用可能な農地とすることを条件に行われたものであって、この条件は、農地の売買契約において極めて一般的に付されるものであるから、譲渡費用に該当するというべきである。

(6) 原処分庁の主張

① 譲渡費用とは、譲渡のための仲介手数料、登記費用等のように、その資産の譲渡のために直接かつ通常必要な経費及び借家人等を立ち退かせるための立退料その他その資産の譲渡価額を増加させるため譲渡に際して支出した費用と解すべきであり、譲渡資産の保有期間中に支出した修繕費、固定資産税その他の資産の維持管理に要した費用は、その資産の使用収益によって生ずる所得に対応する費用であって、資産の増加益である譲渡所得に対応する譲渡費用には該当しないというべきである。

したがって、譲渡をする前提として事実上必要であった支出であっ

ても、譲渡を実現するために直接必要な経費でないときは、その支出
は、譲渡費用には当たらない。

② 本件決済金は、土地改良法第42条第2項の規定に基づく農地転用決
済金であり、土地改良区の組合員が組合員たる資格に係る権利の目的
たる土地の全部又は一部について、その資格を喪失した場合におい
て、同条第1項に定める権利の承継又は同法第3条第2項による交替
がない場合に、その権利義務を清算するために決済するためのもので
あって、必ずしも譲渡に伴って決済されるものではない。

　よって、本件決済金は、本件土地を譲渡するために直接かつ通常必
要な費用には該当しない。

　また、本件決済金は、土地改良法第42条第2項の規定によってA
の組合員であった原告がAに対して有していた権利義務を清算する
ために、あらかじめ定められた地区除外等処理規程の定めに基づい
て、原告が支出したものであるから、譲渡価額を増加させるために支
出した費用ともならない。

③ 本件協力金等は、A内の土地改良施設を将来に渡って使用するた
めの使用料を一時的に負担する費用であるから、資産の譲渡と直接対
応関係がない期間対応費用であって、本件譲渡とは関係がない。

　したがって、本件協力金等は、本件土地を譲渡するために直接かつ
通常必要な費用には該当しない。

(7) 裁判所の判断

① 譲渡所得に対する課税は、資産の値上がりによりその資産の所有者
に帰属する増加益を所得として、その資産が所有者の支配を離れて他
に移転するのを機会に、これを清算して課税する趣旨のものである
〔最高裁昭和41年（行ツ）第102号同47年12月26日第三小法廷判決・民
集26巻10号2083頁、最高裁昭和47年（行ツ）第4号同50年5月27日第
三小法廷判決・民集29巻5号641頁参照〕。

各　論　■1所得税に関する事案

② 　しかしながら、所得税法上、抽象的に発生している資産の増加益そのものが課税の対象となっているわけではなく、原則として、資産の譲渡により実現した所得が課税の対象となっているものである。そうであるとすれば、資産の譲渡に当たって支出された費用が所得税法第33条第3項にいう譲渡費用に当たるかどうかは、一般的、抽象的に当該資産を譲渡するために当該費用が必要であるかどうかによって判断するのではなく、現実に行われた資産の譲渡を前提として、客観的に見てその譲渡を実現するために当該費用が必要であったかどうかによって判断すべきものである。

③ 　本件売買契約は農地法等による許可を停止条件としていたというのであるから、本件売買契約においては、本件土地を農地以外の用途に使用することができる土地として売り渡すことが契約の内容となっていたものである。そして、前記事実関係等によれば、上告人が本件土地を転用目的で譲渡する場合には土地改良法第42条第2項及びこれを受けて制定された本件処理規程により本件決済金の支払をしなければならなかったのであるから、本件決済金は、客観的に見て本件売買契約に基づく本件土地の譲渡を実現するために必要であった費用に当たり、本件土地の譲渡費用に当たるというべきである。

④ 　また、前記事実関係等によれば、Ａ土地改良区の組合員がその地区内の農地を転用目的で譲渡するに当たり本件使用規程及び本件徴収規程に基づく施設等使用負担金を支払った場合には転用された土地のために土地改良施設を将来にわたり使用することができることになるのであるから、上記の施設等使用負担金の支払は当該土地の譲渡価額の増額をもたらすものということができる。そうであるとすれば、上告人が上記の施設等使用負担金として支払った本件協力金等は、本件土地の譲渡費用に当たるというべきである。

(8) 解説

　所得税法及び同施行令においては譲渡費用の範囲について特段の定めはなく、その解釈は専ら裁判例によることになる。

　最高裁昭和36年10月13日判決では、譲渡費用を「譲渡を実現するために直接必要な支出を意味し、特定の場合においては、譲渡を実現するため不可避的に必要な支出もこれに含まれる。」と解した。また、新潟地裁平成8年判決では「譲渡費用とは、資産の譲渡という事実を実現するために直接かつ通常必要であるという点において特定の収入と個別具体的に対応する関係にあるものに限られるべき」として、譲渡費用と認められるためには、直接必要性のほかに通常性も必要であるとした。

　これらの判決は、譲渡所得課税が資産の値上り益に対する課税であり譲渡所得として課税されるのは外的条件の変化による価値の変動額であるため、所得金額の計算上控除すべき譲渡費用は、納税者の個別事情を排除し、ほとんど全ての譲渡において必要とされる費用に限られる（＝通常性）とする考え方[4]に基づいていると考えられる。

　本件最高裁判決はこれらの考え方を覆すものであり、「通常性」といったような一般的、抽象的な判断基準を認めず、現実の譲渡を前提として、客観的に必要な支出であるかどうかを判断すべきとして控訴審の判断を破棄し、本件決済金等は譲渡費用に当たると判示した。そのうえで、既に支払義務が発生していた過去の賦課金等の未納額は譲渡費用には当たらないことから、本件決済金等の中にこのような未納額が含まれているかどうかを審理させるために、原審に差し戻した。

　差戻控訴審（東京高裁平成18年9月14日判決）は、本件決済金等の中に未納の賦課金等は含まれていないとして原判決は取り消され、納税者

＊4　客観的価値変動説。これに対し、譲渡所得を資産の保有期間内に生じた純損益から保有期間中の各年において所得課税されたものを除いたものとする考え方（純所得課税説）があり、この考え方によれば譲渡費用の範囲はより広く捉えられることになる。
　　（高橋祐介『農地転用決済金・協力金と譲渡費用』税研148 VOL25-No.3 最新租税判例60　72頁）

各　論　■1所得税に関する事案

の勝訴が確定した。

　本判決を受けて個別通達が発遣され、農地転用決済金等がある場合の譲渡費用の取扱いが定められた。個別通達では、農地転用決済金については、(イ)売買契約において農地転用を条件としていること、(ロ)土地改良法第42条第2項及びこれを受けた土地改良区の規程により支払が義務づけられていること、(ハ)転用目的での譲渡に際して土地改良区に支払われたものであること、(ニ)過去の賦課金等の未納入金でないことを要件として、協力金等については(イ)売買契約において農地転用を条件としていること、(ロ)土地改良区の規程により支払が義務づけられていること、(ハ)転用された土地のために土地改良施設を将来にわたって使用することを目的とするものであることを要件として、譲渡費用とされることが明記された。

　ただ、国税庁が本判決を受けて、所基通33-7を改正せず、個別通達でこれに対応したことには疑問が残る。最高裁は、譲渡費用該当性につき、これまで一般的、抽象的に当該資産を譲渡するために当該費用が必要であるかどうかを基準とした判断を、現実に行われた資産の譲渡を前提として、客観的に見てその譲渡を実現するために当該費用が必要であったかどうかを基準に判断すべきとしたものであり、明らかに譲渡費用の判断基準を変更している。そうだとすれば、その基準の変更は、農地転用決済金等に留まらず、すべての譲渡費用該当性の判断基準となるはずである。そうでなければ、譲渡する対象によって、譲渡費用該当性の判断基準が異なることになるからである。このような理解からは、本来は、所基通33-7を改正すべき事案であったと考えられるのであるが、国税庁はあえてこれをしなかった。総論③で指摘したように、実務への影響を最小限に留めようとする配慮が働いたのかもしれない。

(9)　実務上の留意点

　本判決を受けて、国税庁が、譲渡費用の範囲についての解釈を変更し

たとまでは考えにくい。ただ、本判決が、譲渡費用該当性の判断基準を変更したことはこれまで解説したとおりであり、所基通33－7と個別通達とで、その判断基準が異なることは、最高裁の判断に反することになる。

　私見ではあるが、この判断に従うならば、これまでは譲渡費用には含まれないとされてきた、例えば抵当権の抹消費用＊5や、弁護士費用等の取扱い＊6についても、客観的に見てその譲渡を実現するために当該費用が必要であったかどうかを基準に判断すべきことになる。その場合には、より緻密な事実認定に基づいた個別具体的な判定をしなければならない。一例として、企業買収（M＆A）や株式買取請求事件などにおいて、株式の売主代理人となった弁護士に支払う報酬については、株式の『譲渡価額の増額をもたらすもの』と認められる可能性はあると考える。また、不動産の譲渡に関する紛争事案があった場合にも、当該訴訟によって、譲渡価額が増額されたと客観的に認められるようなケースでは、弁護士報酬などの訴訟関連費用が必要な支出に該当するケースもあると考える。

＊5　大阪国税局資産課税課『事例集　資産課税関係　誤りやすい事例（土地等譲渡所得　平成21年分用）

＊6　例えば、大阪高裁昭和61年6月26日判決、大阪高裁平成3年1月30日判決など

各　論　■1所得税に関する事案

3．不動産貸付けが事業に当たるかどうかの判定
（昭和52年１月27日裁決）*1

⑴　関係法令
○所得税法第26条（不動産所得）

> 　不動産所得とは、不動産、不動産の上に存する権利、船舶又は航空機
> （以下この項において「不動産等」という。）の貸付け（地上権又は永小
> 作権の設定その他他人に不動産等を使用させることを含む。）による所
> 得（事業所得又は譲渡所得に該当するものを除く。）をいう。

趣　旨

　不動産所得と事業所得は、その計算方法が基本的に同じである。不動
産所得が事業所得から分離されたのは、生計を一にする夫婦と未成年の
子の資産所得を世帯主に合算する資産所得の合算課税制度の創設に関連
して、資産所得である不動産所得を事業所得から分離したことによ
る*2。

　現在、資産所得の合算課税は廃止されたが、不動産所得と事業所得と
の所得計算上の差異は、資産損失、青色事業専従者給与、青色申告特別
控除、特別償却などの制度に見られ、いずれも、不動産等の貸付けが事
業と称するに足りる規模で営まれているか否かによって、その取扱いに
差異が設けられている。

⑵　適用通達
○所基通26－９（建物の貸付けが事業として行われているかどうかの判
定）

＊１　TAINS　J13-1-01
＊２　武田前掲書1551頁の２

81

建物の貸付けが不動産所得を生ずべき事業として行われているかどうかは、社会通念上事業と称するに至る程度の規模で建物の貸付けを行っているかどうかにより判定すべきであるが、次に掲げる事実のいずれか一に該当する場合又は賃貸料の収入の状況、貸付資産の管理の状況等からみてこれらの場合に準ずる事情があると認められる場合には、特に反証がない限り、事業として行われているものとする。

(1)　貸間、アパート等については、貸与することができる独立した室数がおおむね10以上であること。

(2)　独立家屋の貸付けについては、おおむね５棟以上であること。

解　説

・不動産所得の計算上、不動産所得を生ずべき業務が事業として行われているか否かによって次の取扱いに差異が設けられている。

①　資産損失の必要経費算入（所法51①④、72①）

②　貸倒損失（所法51②　64①）

③　個別評価貸倒引当金（所法52①）

④　事業専従者給与等（所法57①）

⑤　青色申告特別控除（措法25の２③）

⑥　確定申告における延納に係る利子税（所法45①二、所令97①一）

⑦　租税特別措置法の特別償却など

・このため、本通達では、建物の貸付けが事業として行われているかどうかの判定基準を明らかにしている*3。

(3)　**事案の概要**

審査請求人（以下、「請求人」という。）は、地方公務員で不動産の賃貸を行っている者であるが、請求人の母を請求人の不動産賃貸業に係る

＊3　三又他前掲書151頁

各　論　■1所得税に関する事案

青色事業専従者として青色事業専従者給与の額を必要経費に算入したところ、原処分庁が、請求人の不動産貸付業は事業と称する規模にはあたらないとして当該給与の必要経費算入を否認したため、審査請求に及んだものである。

(4)　争点
　　請求人の不動産貸付けは、不動産貸付けの規模（貸家2件、貸地45件）及び貸付不動産の維持管理等の状況からみて、事業と称すべき規模に該当するか。

(5)　納税者の主張
①　請求人（＝納税者）は、不動産収入（地代45件、家賃2件）を得るために、賃貸料の算定、約定、更新等の折衝及び集金のほか、無断増改築、転貸、境界争い等の問題の処理等、貸付不動産の維持、管理に必要な業務を行っており、その業務は単なる付随業務ではなく、主業としての事業である。

②　請求人は、地方公務員であるため、母が上記不動産業務のうち、日常業務を手伝っている。

(6)　原処分庁の主張
　　不動産の貸付けが、不動産所得を生ずべき事業として行われているかどうかのうち建物の貸付けについては、所得税基本通達26−9（建物の貸付けが事業として行われているかどうかの判定）に、おおむね5棟以上の貸付けを事業とする旨定めているが、土地の貸付けについては、所得税基本通達に定めがなく、また、地代収入は、いわゆる投資の回収である家賃収入とは異なるものである。

　　請求人の場合、建物の貸付けは2棟であり、貸付土地の管理状況からみても、不動産の貸付けが事業として行われているものと認められな

い。

(7) 審判所の判断

　請求人の不動産貸付けが、所得税法第57条第1項に規定する不動産所得を生ずべき事業に当るかどうかについては、その業務が社会通念上事業と称するに至る程度の規模、すなわち、賃貸料の収入状況、貸付不動産の管理状況等からみて、客観的に事業と認められる程度の規模かどうかによって判断するのが相当であるので、その実態について調査審理したところ、次のとおりである。

　　イ　貸付不動産である貸家2件及び貸地45件は、請求人の現住所と離れたB県内のC、D、E、Fの4区に散在しているので、近隣地の不動産貸付けとは、その業態を異にすると認められる。

　　ロ　当該不動産貸付けの業務の内容をみると、次のとおりである。

　　　(イ)　貸付不動産の賃貸料については、その固定資産税、管理費、減価償却費等所要の経費を償ってなお相当の利益が生じる程度の金額によって契約し、固定資産税の評価額の改訂に伴い、賃貸料の値上交渉をして契約を改訂し、また、大半の貸付先について継続的に賃貸料の集金をしているなどの事実が認められる。

　　　(ロ)　当該貸付不動産に係る名義書換及び契約更新の交渉、無断増改築及び転貸等の問題の処理、不払賃貸料の回収等には、永年の経験と知識が必要であると認められる。

　　　(ハ)　請求人は、当該貸付不動産の維持、管理の状況を明らかにするため、毎月収支明細表を作成した上、資金の収支を具体的に整然、かつ、明瞭に記録して、財務的管理を行っている事実が認められる。

　以上の諸事実によれば、請求人の不動産貸付けは、社会通念上、不動産所得を生ずべき事業に当ると認めるのが相当であるとして、審判所は納税者の主張を認容した。

各　論　■1所得税に関する事案

(8)　解説

① 　審判所の考え方

　本事案においては土地の貸付けが事業に当たるがどうかが争点となった。

　所得税法にいう事業該当性は、営利性、有償性の有無、事故の危険と計算における企画遂行性の有無、その取引に費やした精神的あるいは肉体的労力の程度、人的、物的設備の有無、その取引の目的、その者の社会的地位・生活状況等を検討し、一般社会通念によって決定すべきものとされる（昭和48年7月18日東京地裁民3判・昭和46年（行ウ）3号　税務訴訟資料70号637頁）。

　原処分庁は、地代収入は投資の回収である家賃収入とは異なるものであり、貸付土地の管理状況からみて、事業とは認められないと認定した。

　これに対し、審判所は、当該貸付土地は固定資産税、管理費等の諸経費を償って相当の利益を生じていること、大半の貸付先に対して継続的に賃料の集金をしていること、当該貸付土地に係る名義書換及び契約更新の交渉、無断増改築及び転貸等の問題の処理、不払賃料の回収等の法律行為を行うには永年の経験と知恵が必要と認められること、継続的に財務管理が行われていることから、当該貸付は事業に当たると判断した。貸家等の件数が、本通達の形式基準を下回っていたとしても、他に貸付土地を有する場合に参考となる裁決である。

② 　実務上の留意点

　基本通達26－9においては、不動産所得を生ずべき業務が事業的規模であるかどうかを判断するにあたり、建物の貸付けが独立家屋で5棟以上、貸間、アパート等については10室以上である場合あるいは賃貸料の収入の状況、貸付資産の管理の状況等からみてこれらの場合に準ずる事情があると認められる場合には、特に反証がない限り、当該貸付けは事業的規模として取り扱う旨が定められている（いわゆる『5棟10室基

85

準』）。

　しかし、通達の冒頭にあるように、建物の貸付けが不動産所得を生ずべき事業として行われているかどうかは、５棟10室という数値基準だけにとらわれず、先ず、社会通念上事業と称するに至る程度の規模で建物の貸付けを行っているかどうかという点から判定されなければならない。

　この点については、相続税の事例ではあるが、次の判決が参考になる。

東京地裁（一部取消し）（確定）　平成７年６月30日判決＊４

［判決要旨］

①　所得税法上の事業所得と不動産所得との所得区分は、所得の源泉が主として何に基因するかという観点から設けられたものであり、不動産貸付けにおいて所得を生み出す役務提供の程度が事業所得におけるそれよりも低いものであったとしても、それはその所得が、事業所得ではなく、不動産所得に区分されるということを意味するものにすぎないのであって、そのことから直ちに、<u>不動産貸付けが事業といえるためには、事業所得を生ずる事業と同程度の役務提供が要求され、不動産貸付行為の事業性が否定されるものとは解し得ないというべきである</u>。かえって、事業所得を生ずる事業に比して役務提供の程度が低い不動産貸付にあって、不動産所得を生ずべき事業と事業以外の業務とを区別し、前者について事業所得と同様の必要経費算入等を認める所得税法上の規定の趣旨に照らせば、<u>不動産貸付けにおける事業と事業以外の業務との判定に当たっては、役務提供の程度の差が必ずしも中心的要素にならないものということができる</u>。

②　<u>不動産所得を生ずべき事業といえるか否かは、営利性・有償性の有</u>

────────────────

＊４　TAINS　Z209-7545

無、継続性・反復性の有無、自己の危険と計算における事業遂行性の有無、その取引に費やした精神的肉体的労力の程度、人的・物的設備の有無、その取引の目的、その者の職歴・社会的地位・生活状況などの諸点を総合して、社会通念上事業といい得るか否かによって判断されるべきものと解さざるを得ない。

③　不動産貸付けの規模は、その貸付けを反復継続して遂行する社会的地位やこれに費やす労力の程度を左右する一つの要素ではあり、その限りで、貸付規模の大小自体を基準とする措置法通達69の3－1（平成元年5月8日付直資2－208）の一応の合理性を肯認することができるというべきであるが、社会通念上事業に当たるか否かは、営利性・有償性の有無等の諸要素を総合考慮して判断されるべきものであり、専らその規模の大小によってのみ、事業性の判断がされるべきものとは解し得ないというべきである。

④　措置法通達69の3－1（平成元年5月8日付直資2－208）がいわゆる5棟10室という形式基準を満たす時等には、その貸付けが事業として行われていたものとする旨規定するのも、課税実務上比較的容易に認定し得る貸付けの規模という要素をもって、一定以上の規模を有することを形式的な基準として、これを満たせば、事業として行われていたものとするという十分条件を定めたものにすぎないというべきで、これをもって、専ら貸付規模の大小をもって、社会通念上の事業といえるか否かを判断しなければならないというべきではなく、また、5棟10室程度の規模に至らない不動産貸付けが直ちに社会通念上事業に当たらないということもできない。

　裁判所は、事業所得を生ずる事業と同程度の役務提供は要求されないこと、専らその規模の大小（貸付件数）によってのみ、事業性の判断がされるべきものとは解し得ないこと、措置法通達69の3－1に定めるいわゆる5棟10室基準は、一定以上の規模を有することを示す形式的な基

準であって、この基準が必要条件ではないこと等の考えを示している。その上で、不動産貸付けが事業に当たるかどうかは、営利性・有償性の有無、継続性・反復性の有無、自己の危険と計算における事業遂行性の有無、その取引に費やした精神的肉体的労力の程度、人的・物的設備の有無、その取引の目的、その者の職歴・社会的地位・生活状況などの諸点を総合して社会通念上事業と言い得るかどうかによって判断すべきとした。この考え方は、所基通26－9にも通ずるものであろう。

③　土地の貸付けが事業に当たるかどうかの判定基準

　本通達では土地の貸付けの規模等については触れられていないが、国税庁では下記のような取扱いを公表しているので、実務上はこれを参考にすることになろう。

審理専門官情報第23号　大阪国税局個人課税審理専門官

平成19年1月26日

質疑事例0108－1　各種所得の区分と計算

事例1－8　土地を貸し付けている場合の事業的規模の判定

［質疑内容］

　土地の貸付けが不動産所得を生ずべき事業として行われているかどうかの判定はどのように行うのか。

［回答］

　土地の貸付けが事業として行われているかどうかの判定は、次のように行われる。

①　土地の貸付けが不動産所得を生ずべき事業として行われているかどうかは、第一義的には、社会通念上事業と称するに至る程度の規模で土地の貸付けが行われているかどうかにより判定する。

②　その判定が困難な場合は、所基通26－9に掲げる建物の貸付けが事業として行われているかどうかの判定の場合の形式基準（これに類す

各　論　■1所得税に関する事案

る事情があると認められる場合を含む。）を参考として判定する。この場合、①貸室1室及び貸地1件当たりのそれぞれの平均的賃貸料の比、②貸室1室及び貸地1件当たりの維持・管理及び債権管理に関する役務提供の程度等を考慮し、地域の実情及び個々の実態等に応じ、1室の貸付けに相当する土地の貸付件数を、「おおむね5」として判定する。

なお、具体的な判定に当たっては、次の点にも留意する。

・同一の者（その者と生計を一にする親族を含む。以下同じ。）に対して駐車場を2以上貸し付けている場合は、「土地の貸付け1件」として判定する。

・同一の者に対して建物を貸し付けるとともに駐車場を貸し付けている場合（駐車場については2以上貸し付けているときを含む。）は、「建物の貸付け1件」として判定する。また、貸付物件が2以上の者の共有とされている場合等の判定については、共有持分であん分した室数又は棟数によるのではなく、実際の（全体の）室数又は棟数によることにも留意する。

【情報公開法第9条第1項による開示情報】＊5

＊5　TAINS　所得事例大阪局230108

4．弁護士会の無料法律相談の対価として支給された日当の所得区分（京都地裁平成20年10月21日判決）[1]

(1)　関係法令
○所得税法第28条（給与所得）

> 　給与所得とは、俸給、給料、賃金、歳費及び賞与並びにこれらの性質を有する給与（以下この条において「給与等」という。）に係る所得をいう。
> 《第2項以下　省略》

[趣旨]

　給与所得は、勤労性所得（人的役務からの所得）のうち、雇用関係又はそれに類する関係において使用者の指揮・命令のもとに提供される労務の対価をいう。その特徴は、給与以外の他の所得がいずれも原則として収入金額からその収入を得るために実際に要した必要経費を控除して所得を算出することとされているのに対し、給与所得は給与等の収入金額に応じた概算控除（給与所得控除）を適用して求める点にある[2]。

(2)　適用通達
○所基通28-9の2（医師又は歯科医師が支給を受ける休日、夜間診療の委嘱料等）

> 　医師又は歯科医師が、地方公共団体等の開設する救急センター、病院等において休日、祭日又は夜間に診療等を行うことにより地方公共団体

---

*1　TAINS　Z258-11055　なお、控訴審（大阪高裁平成21年4月22日判決）、上告審（最高裁平成22年6月1日決定）とも納税者の主張は認められなかった。
*2　武田前掲書1643頁

等から支給を受ける委嘱料等は、給与等に該当する。（昭55直所3－
19、直法6－8追加）

> （注）　地方公共団体等から支払を受ける委嘱料等に係る所得で、事業所得に該当す
> るものについては、27－5の(5)参照

解　説

・医師又は歯科医師が、地方公共団体等の開設する救急センター等にお
いて行う休日診療等には、以下の特徴がある。
　①　これらの救急センター等備付けの人的、物的設備を使用する。
　②　救急センター等の医薬品を投与する。
　③　当該診療等に係る報酬は当該救急センター等に帰属する。
　④　当該診療等に従事する医師又は歯科医師には、当該救急センター
　　等から一定の報酬が支給されることが多い。
・本通達は、このような休日、夜間診療等の委嘱料の実態を前提に、当
該委嘱料は給与所得に該当することを明らかにしている[3]。

(3)　事案の概要

　本件は、弁護士である原告が、同人の所属するA弁護士会法律相談
センターの行う無料法律相談業務に従事した対価としてA弁護士会か
ら支給された日当（以下、「本件日当」という。）を給与所得として確定
申告をしたのに対し、これを事業所得であるとして更正処分を受けたた
め、その取消しを求めた事案である。

(4)　争点

　本件日当は、事業所得に当たるか、給与所得に当たるか。

---

[3]　三又他前掲書165頁

(5) 原処分庁の主張

ア 原告は、直接的には A 弁護士会法律相談センター規程（以下「本件規程」という。）に基づく法律相談センターの指定により本件相談業務に従事したものであるが、本件規程は A 弁護士会の総会により改廃できるものであり、原告は A 弁護士会の会員として本件規程の適用を受けるものであるから、原告は、雇用契約又はこれに類する関係に基づき労務を提供したものではない。

イ 本件規程が定める法律相談に当たっての遵守事項は、一般的な指導監督にすぎず、A 弁護士会は、原告に対し、法律相談の内容については何ら指揮命令をしていない。

　また、指定された相談担当日に差支えを生じた場合には交代も可能であり、原告が本件相談業務に従事する際に A 弁護士会から受けている空間的、場所的拘束は極めて希薄である。したがって、原告は、A 弁護士会の指揮命令に従って労務を提供したとはいえない。

ウ 原告は、弁護士としての公益的使命の実現のため、弁護士法並びにこれを受けて定められた A 弁護士会会則（以下「本件会則」という。乙1）及び本件規程の規定に基づき本件相談業務に従事して、本件日当の支給を受けたものであるから、本件相談業務は、原告の計算と危険において独立して営まれたものであり、本件日当は、事業所得に当たる。

(6) 納税者の主張

ア 弁護士が法律相談名簿への登載を受けた上で法律相談を担当することは、強制加入団体である A 弁護士会の会則上の義務として定められており、原告には、原則として諾否の自由はない。…原告は、本件相談業務に従事するに当たり、A 弁護士会から特定の場所・日時を指定され、K 市の職員がその設備を用いて運営する会場において、本件規程に定められた遵守事項に従いつつ…法律相談に応じることが求

められており、対価として支給される日当は、相談件数にかかわら
ず、定額である。

　したがって、本件日当は、A弁護士会又はK市から空間的、時間
的な拘束を受け、その指揮命令の下に提供した労務の対価として支給
されたものというべきである。

イ　所得税基本通達28-9の2（医師又は歯科医師が支給を受ける休
　日、夜間診療の委嘱料）は、医師又は歯科医師が、地方公共団体等の
　開設する救急センター、病院等において休日、祭日又は夜間に診療等
　を行うことにより地方公共団体等から支給を受ける委嘱料等は、給与
　等に該当するとしている。

　本件日当は、上記の委嘱料等と構造が類似する。

ウ　財団法人Bの全国の支部においては、法律相談日当について、給
　与所得として源泉徴収がされている。

エ　したがって、本件日当は、給与所得に当たる。

(7) 裁判所の判断

① 　本件日当は、A弁護士会の会員である納税者が、A弁護士会の会
　員らの総意により、弁護士の使命を達成するための公益的活動の一環
　である無料法律相談活動を行うための規律として自治的に定められた
　本件規程の規定に従い、無料法律相談業務に従事した対価として、A
　弁護士会から納税者に対し支給されたものであると認められるから、
　その給付の原因であるA弁護士会と納税者との間の法律関係は、雇
　用契約又はこれに類する支配従属関係ではないことが明らかであり、
　「雇用契約又はこれに類する原因に基づき使用者の指揮命令に服して
　提供した労務の対価として使用者から受ける給付（給与所得）」に当
　たらない

② 　地方公共団体等の開設する休日急病診療所等において休日診療等を
　担当した医師等に対する報酬の支払者とその支払を受ける診療担当医

師等との間の法律関係及び財団法人Bにおいて交通事故相談業務を担当した弁護士に対する日当の支払者である財団法人Bと相談担当弁護士との間の法律関係は、本件相談業務に関する納税者とA弁護士会との間の法律関係とは異なり、会員間の自治的な取り決めに基礎をおくものであるとは認められないから、これらの報酬又は日当と比較して本件日当の性格を論ずることは、その前提を欠き失当である。

(8) 解説

　事業所得と給与所得との区分については、最高裁が、「事業所得とは、自己の計算と危険において独立して営まれ、営利性、有償性を有し、かつ反覆継続して遂行する意思と社会的地位とが客観的に認められる業務から生ずる所得をいい、……給与所得とは雇傭契約又はこれに類する原因に基づき使用者の指揮命令に服して提供した労務の対価として使用者から受ける給付をいう。なお、給与所得については、とりわけ、給与支給者との関係において何らかの空間的、時間的な拘束を受け、継続的ないし断続的に労務又は役務の提供があり、その対価として支給されるものであるかどうかが重視されなければならない。」との判断を示している[4]。

　原告の主張のポイントは、①本件日当は、弁護士会の会則上の義務として、弁護士会等から空間的、時間的な拘束を受け、その指揮命令の下に提供した労務の対価であること、②医師等が、地方公共団体等の開設する救急センター等において休日診療等を行うことにより地方公共団体等から支給を受ける委嘱料等が給与等に該当するとしている本通達の取扱いが、本件日当についても類似例として当てはまることの2点であった。

　これに対し、裁判所は、①弁護士会会則に基づく法律相談等への従事

----

[4]　最高裁昭和56年4月24日第二小法廷判決・民集第35巻3号672頁

義務は、雇用契約又はこれに類する支配従属関係ではない、②休日診療等に対する報酬の支払者とその支払を受ける医師等との間の法律関係は、本件相談業務に関する原告と弁護士会との間の法律関係とは異なる、として、納税者の主張を認めなかった。

裁判所が認定した事実を基に、弁護士会の法律相談センターにおける弁護士の法律相談と、地方公共団体等の開設する休日急病診療所等における医師等の休日診療等を比較すると、次のようになる。

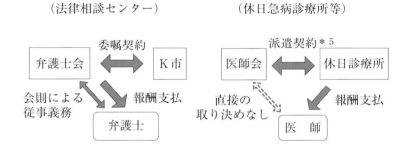

この点については、控訴審において「争点に対する判断」が次の通り補足されている*6。

① 医師等の委嘱業務と本件相談業務について、具体的態様の異同を検討することなく、その主体が高度の専門的業務を行う有資格者である点で共通性があることのみを重視して、同一性格の業務であるとの前提に立って、その対価の所得税法上の区分も同一（給与所得）になると判断するのは相当ではない。

② 弁護士が一般の依頼者の求めに応じて行う法律相談は、弁護士の業務である。したがって、弁護士が通常、法律相談によって取得する対価は、所得税法上、事業所得に区分すべきものである。そし

＊5　派遣契約においては、被派遣者は、派遣先の指揮命令に服することとなる。
＊6　大阪高裁平成21年4月22日判決（TAINS　Z259-11185）

て、本件相談業務は、弁護士が行う法律相談である点において、通
常の法律相談と異なるものではないから、この点に着目すれば、特
段の事情がない限り、本件相談業務による対価も事業所得に区分す
るのが相当であるというべきである。

③　無料法律相談の執務方法や態様の決定、対価額の決定について
は、その主催者等が一定の枠組みを設ける必要があるため、担当弁
護士の随意が制限されていることは間違いないけれども、自治体が
住民に無料法律相談サービスを提供するには、相談の日時、場所、
時間、相談内容の範囲等の大枠を設けることは不可欠であり、この
枠組みに従って担当弁護士が執務すべきことは当然のことであるか
ら、この枠組みが設定されていることが、無料法律相談所で弁護士
の行う法律相談業務の事業性を損なうものとはいえない。

④　以上で検討したところによれば、本件相談業務は、その態様にお
いて、通常の法律相談と同様に弁護士が事業として行う法律相談で
あるというべきであり、したがって、その対価である本件日当は事
業所得に区分するのが相当である。

　本件における納税者の主張は、最高裁昭和56年4月24日判決におい
て、最高裁が給与所得に当たる場合の判断基準として示した「空間的、
時間的な拘束」を論拠としたが、その前提である「雇備契約又はこれに
類する原因に基づき使用者の指揮命令に服して提供した労務の対価」に
該当するかどうかを考慮しなかった点、及び弁護士会の無料法律相談と
医師等の休日診療等との異同につき、従事者と主催団体との法律関係な
ど、業務の具体的態様に対する検討がなかった点に問題があったといえ
るであろう。

⑼　所基通28－9の2と所基通27－5の読み方

　原告が類似例として主張の論拠とした基本通達28－9の2は、所得税

法第28条（給与所得）にいう給与所得に当たるものの例示として、医師等が地方公共団体等の開設する救急センター等に行う診療等の対価を取り上げている。その一方で、基本通達27－5においては、事業所得に当たるものの例示として、次のように定めを置く。

○所基通27－5 （事業の遂行に付随して生じた収入）

> 　事業所得を生ずべき事業の遂行に付随して生じた次に掲げるような収入は、事業所得の金額の計算上総収入金額に算入する。（昭55直所3－19、直法6－8、平元直所3－14、直法6－9、直資3－8、平13課個2－30、課資3－3、課法8－9改正）
>
> (5)　医師又は歯科医師が、休日、祭日又は夜間に診療等を行うことにより地方公共団体等から支払を受ける委嘱料等
>
> 　(注)　地方公共団体等から支給を受ける委嘱料等で給与等に該当するものについては、28－9の2参照

　ここでは、事業が総合的な活動であることに着目して、たとえ個々の所得発生の基因となった事実をみれば事業所得以外の所得とされるものであっても、事業の遂行に付随して生じた所得については、これを事業所得に含めるとの考え方が示されている。ただ、事業の付随収入であるかどうかの判断は実務上難しく、容易に判断がつかない場合もあることから、本通達では、一般的なもののうち事業に直接関連して収入されると思われるものを例示して実務の便宜に供することとしたのである。

　この中で、医師等が行う休日診療等の対価に関する取扱いについては、一見、基本通達28－9の2と競合するようにも見える。この点については、逐条解説において、「医師等が休日に診療を行うことにより地方公共団体等から支払を受ける委嘱料等」は、それが事業所得に当たるか給与所得に当たるかについて実務上判断が分かれることが多いことを

前提に、一つの判断基準として、診療等の対価として患者又は保険者が支払う報酬が当該医師等に帰属するかどうかという点から判断する」という考え方が示されている[7]。

つまり、医師等が休日等に診療等を行うことにより受ける対価については、事業所得に当たる場合と給与所得に当たる場合が存在し、このうち給与所得に当たるものの典型的な例が所基通28−9の2によって示されているが、例えば開業医が地方公共団体等の委嘱により自院で行う休日診療のように、その態様によっては事業所得の付随収入となるものもあって、その判断は、先に述べた最高裁判決[8]の考え方によるべきこととなる。

本件は、事案を一の通達のみにあてはめて判断すると誤った結論に至るおそれがある事例として、注目すべきである。実務上、特に所得分類に関する通達に当たる際には、各種所得に関係する通達に遺漏なく目を通し、判断に誤りのないようにしたい。

---

[7] 三又他前掲書155頁
[8] 前掲注4

各　論　■1所得税に関する事案

5. 土地と共に取得した建物の取壊し費用
（長野地裁平成16年3月26日判決）*1

⑴　関係法令

○所得税法第38条（譲渡所得の金額の計算上控除する取得費）

　　譲渡所得の金額の計算上控除する資産の取得費は、別段の定めがある
ものを除き、その資産の取得に要した金額並びに設備費及び改良費の額
の合計額とする。

趣　旨

　譲渡所得の金額は、譲渡所得に係る総収入金額からその譲渡所得の基
因となった資産の取得費及び譲渡費用の合計額から特別控除額を控除し
た残額とされる。本条は、その取得費について定めたものである。

⑵　適用通達

○所基通38－1（土地と共に取得した建物の取壊し費用）

　　自己の有する土地の上に存する借地人の建物等を取得した場合又は建
物等の存する土地（借地権を含む。以下この項において同じ。）をその
建物等と共に取得した場合において、その取得後おおむね1年以内に当
該建物等の取壊しに着手するなど、その取得が当初からその建物等を取
壊して土地を利用する目的であることが明らかであると認められるとき
は、当該建物等の取得に要した金額及び取壊しに要した費用の額の合計
額（発生資材がある場合には、その発生資材の価額を控除した残額）
は、当該土地の取得費に算入する。

＊1　TAINS　Z254-9611　なお、上級審（東京高裁平成16年9月15日判決　TAINS
　　Z254-9747）も原審の判断を支持している。

解 説

・土地等と建物等を取得した直後に建物等を取り壊すような場合は、土地等のみの価額に着目して取得したものということができる。

・本通達では、土地等と建物等の取得が当初からその建物等を取り壊して土地等を利用する目的であることが明らかであると認められるときは、その建物等の取得価額及び取壊し費用は、全てその土地等の取得費算入することを明らかにしている[2]。

(3) 事案の概要

　原告は、土地と共に取得したアパート（以下、「旧建物」という。）から立退き交渉により入居人を退去させた後旧建物を取り壊し、新たにマンション（以下、「新建物」という。）を建築した。

　その後、原告は新建物及びその敷地を第三者に売却した。原告は、当該売却に係る短期譲渡所得金額の計算上、旧建物に係る取壊し費用を、譲渡費用に計上して確定申告書を提出したところ、原処分庁が、当該取壊し費用は、短期譲渡所得金額の計算上、新建物の譲渡費用に算入することはできないとして更正処分を行ったため、他の争点と併せて、出訴に及んだものである。

　なお、原告は訴訟において、旧建物の取得価額及び取壊し費用は、新建物の取得費に算入すべきであると主張している。

(4) 争点

　土地と共に取得した旧建物をその取得後1年半で取り壊して新建物を新築し、その後敷地と共に譲渡した場合、当該譲渡所得の金額の計算上、旧建物の取得価額及び取壊し費用を、新建物（又は、その敷地）の取得費に算入することができるか。

----

[2] 三又他前掲書444頁

100

各　論　■1所得税に関する事案

⑸　納税者の主張

　原告は、旧建物及びその敷地を購入した時から旧建物を取り壊して建物（マンション）を建てる予定であり、旧建物の入居者全員の立退きが完了するまで取壊しができなかった事情がありながら、旧建物の取得後1年半で取壊しを行っているため、新建物建築のために旧建物を購入した意思が明らかである。したがって、旧建物の購入価額及び取壊し費用は、新建物の取得費に算入される。

⑹　原処分庁の主張

①　旧建物等の取壊し費用を取得価額に算入することができるのは、土地と共に旧建物等を取得した際に、その旧建物等の取得が当初からその建物等を取り壊して土地を利用することが明らかであると認められる場合に、その費用を当該土地の取得価額に算入するという取扱いとしている（所得税基本通達38−1）。

②　原告は、土地取得時には旧建物の保有を目的として取得し、取得後2年間にわたり旧建物保有のために土地を利用した後、新建物を同所に建築する目的をもって旧建物を取り壊したものであって、当該土地のみの利用を目的にしていたものとは認められないので、当該費用は所得税法第38条第1項に規定するその資産の取得に要した金額、設備費及び改良費のいずれにも該当せず、原告の新建物の取得価額に旧建物の取得価額及び取壊し費用を含めるべきであるとの主張は、失当というべきである。

⑺　裁判所の判断

①　所得税基本通達38−1は、土地等と建物等とを取得した直後に建物等を取り壊すような場合は、土地等のみの価値に着目して取得したことが明らかであるから建物の取得価額及び取壊し費用を取得費に算入することが相当であるとすることにその趣旨があって、同通達は合理

的なものと認めることができる。

② 上記通達は上記目的があることが明らかな場合として、建物取得後おおむね１年以内に当該建物の取壊しに着手した場合を挙げている。

③ 取得後１年以内に建物を取り壊す場合は、建物の経済的価値を取得していないとみることができ、一方、１年を超えた期間が経過してから建物を取り壊す場合は、建物の利用により建物の経済的価値を取得したものと考えられるのであるから、これを否定すべき特段の事情がない限り、建物の取得価額及び取壊し費用を取得費に算入することは認められないと解すべきである。

④ これを本件について見ると、❶旧建物の取得から取壊しまで約１年半を経過していること、❷原告が旧建物を取得した際に既に旧建物を取り壊すことを明らかにしていたとする証言は信用しがたい点があること、❸旧建物の賃借人の立退きが終了するまで旧建物の取壊しをしなかったことから直ちに新建物の新築のために旧建物を購入したと推認することはできないこと、❹他に原告が当初から新建物建築のために旧建物を購入したことを認めるに足る客観的な証拠はないことに照らすと、上記特段の事情を認めることはできない。

⑤ したがって、旧建物の取得価額及び取壊し費用を取得費に算入すべきではないから、原告の主張は認められない。

(8) **解説**

原告の主張は、旧建物は新建物を建築するために取得したのであるから、旧建物の取得価額及び取壊し費用は、新建物の取得費に算入されるべきであるというものである。言い換えれば、基本通達38－１にいう、取得後おおむね１年以内に当該建物等の取壊しに着手するなど、その取得が当初からその建物等を取り壊して土地を利用する目的であることが明らかなケースに該当するという主張であったと考えられる。

これに対し、裁判所は、同通達は法の趣旨からみて合理的なものであ

各　論　■所得税に関する事案

るとしたうえで、同通達が「土地のみの価値に着目して土地建物を取得
したことが明らかである場合」として、「建物等を取得後おおむね１年
以内に建物の取壊しに着手した場合」（以下、このことを「１年基準」
という。）を挙げているのだから、１年基準にあてはまらない場合に
は、当該取り壊した建物を利用する目的があったと考えられ、これを否
定すべき特段の事情がない限り、取り壊した建物の取得価額及び取壊し
費用を新築した建物の取得費に算入することはできないと判断した。そ
のうえで、本件では、特段の事情は認められないとして、旧建物の取得
価額及び取壊し費用を新建物の取得費に算入すべきでないとした。

　建物新築のためにその敷地にあった旧建物を取り壊した場合、旧建物
の取得費及び取壊し費用が建物の取得価額を構成することはない。た
だ、基本通達38－１の取扱いによれば、土地と共に取得した旧建物を取
得後１年以内に取り壊して新建物の建築に着手するなど、旧建物の取得
が当初から土地を利用する目的であると認められる場合には、これらの
金額は土地の取得費に算入され、譲渡所得の金額の計算上控除されるこ
ととなる。したがって、原告の主張を裏付ける、例えば旧建物の取得時
から近い時期に、旧建物の解体工事の契約を締結していた、あるいは新
建物の工事契約を締結していたといった事実があれば、その主張が認め
られた可能性はあったであろう。

　一方で、原告は旧建物の入居者全員の立退き完了に時間がかかった旨
主張するが、その間の家賃等収入を稼得していたといった事実があれ
ば、当初から土地を利用する目的であったことを立証することは難しい
とも考えられる。本件は、こうした事実認定によって、原告の主張が認
められなかった事案だと言えよう。

　ところで、筆者は、裁判所の本通達の理解にも問題があると考える。
裁判所は、１年基準をいわば本通達の実質基準として、１年を超える
ケースについては、これを否定すべき特段の事情がある場合に限定す
る。しかし、通達は、「その取得後おおむね１年以内に当該建物等の取

103

壊しに着手するなど、その取得が当初からその建物等を取り壊して土地を利用する目的であることが明らかであると認められるとき」として、1年基準を、当初から建物等を取り壊して土地を利用する目的である場合の例示としているに過ぎない。

建物等を取り壊して土地を利用する目的であるかどうかは、専ら事実認定に関する問題である。1年基準は形式的な基準であって、1年を超える場合であっても、まずは実質によって税務判断をすべきであると考える。具体的には、本件と類似の事案においては、旧建物の家賃等収入の有無、新建物の計画を裏付ける資料の有無とその作成時期、過年度の不動産所得の申告状況といった事実に基づいた判断が求められる。

各　論　■1所得税に関する事案

6．債務免除益
（大阪地方裁判所平成21年行（ウ）第20号所得税更正処分取消請求事件　平成24年２月28日判決）（認容）（確定）[1]

(1)　関係法令

○所得税法第36条（収入金額）

その年分の各種所得の金額の計算上収入金額とすべき金額又は総収入金額に算入すべき金額は、別段の定めがあるものを除き、その年において収入すべき金額（金銭以外の物又は権利その他経済的な利益をもって収入する場合には、その金銭以外の物又は権利その他経済的な利益の価額）とする。
2　前項の金銭以外の物又は権利その他経済的な利益の価額は、当該物若しくは権利を取得し、又は当該利益を享受する時における価額とする。

趣　旨

　本条は、各種所得の金額の計算上収入金額とすべき金額又は総収入金額に算入すべき金額についての通則を規定したものである。

　第１項では、収入金額とすべき金額又は総収入金額に算入すべき金額は、金銭に限らず金銭以外のもの又は権利その他経済的な利益を含むこと及び所得の年度帰属については、広義の発生主義である「権利確定主義」によることを明らかにしている。

　第２項では、金銭以外の物又は権利その他経済的な利益の価額は、それらの取得の時又は享受の時の価額（＝時価）により計算すること、すなわち収入の評価に関する考え方を示している。

----

*1　TAINS　Z262-11893

105

所得税法上の収入金額という概念は、一般的には「外部からの経済価値の流入」と解され、これには外部から流入する積極的な経済価値の増加に限定されず、外部との関係において消極的な経済価値が減少、消滅すること（例えば、債務の免除を受けること）も、収入の一形態とされる。一方、保有資産の価値の増加益やいわゆる帰属所得といった内部利益は収入とはされず、法人税法にあるように無償による資産の譲渡や役務の提供についても収入を擬制することはできず、もっぱら別段の定めによることとなる*2。

○所得税法第9条（非課税所得）

　次に掲げる所得については、所得税を課さない。
十　資力を喪失して債務を弁済することが著しく困難である場合における国税通則法第2条第10号（定義）に規定する強制換価手続による資産の譲渡による所得その他これに類するものとして政令で定める所得（譲渡所得に該当しないものを除く）

○所得税法施行令第26条

　法第9条第1項第10号に規定する政令で定める所得は、資力を喪失して債務を弁済することが著しく困難であり、かつ、国税通則法第2条第10号に規定する強制換価手続の執行が避けられないと認められる場合における資産の譲渡による所得で、その譲渡に係る対価が当該債務の弁済に充てられたものとする。

＊2　武田前掲書3122頁、3135頁

各　論　■1所得税に関する事案

解説

　強制換価手続の執行が避けられないような状況における任意の譲渡についても、譲渡対価が債務弁済に充てられることを条件に、非課税所得として取り扱われる。

(2)　適用通達
○旧所基通36−17（債務免除益の特例）
（平成26年6月27日廃止）

　債務免除益のうち、債務者が資力を喪失して債務を弁済することが著しく困難であると認められる場合に受けたものについては、各種所得の金額の計算上収入金額又は総収入金額に算入しないものとする。ただし、次に掲げる場合に該当するときは、それぞれ次に掲げる金額（次のいずれにも該当するときは、その合計額）の部分については、この限りでない。
(1)　当該免除を受けた年において当該債務を生じた業務（以下、この項において「関連業務」という。）に係る各種所得の金額の計算上損失の金額（当該免除益がないものとして計算した場合の損失の金額をいう。）がある場合　　当該損失の金額
(2)　法第70条《純損失の繰越控除》の規定により当該免除を受けた年において繰越控除すべき純損失の金額（当該免除益を各種所得の金額の計算上収入金額又は総収入金額に算入することとした場合に当該免除を受けた年において繰越控除すべきこととなる純損失の金額をいう。）がある場合で、当該純損失の金額のうちに関連業務に係る各種所得の金額の計算上生じた損失の金額があるとき　　当該繰越控除すべき金額のうち、当該損失の金額に達するまでの部分の金額

解説

・債権者から債務免除を受けた場合には、所得税法第36条第1項にいう経済的利益を受けたことになり、当該免除益は各種所得の収入金額となる。

・しかし、例えば事業所得者が経営不振により著しく債務超過の状態になったために債権者が債務免除をしたような場合には、その免除益は単に形式上の所得であって、当該免除を受けたことによってそれだけ担税力のある所得を得たものとみるのは必ずしも実情に即したものではない。

・このような状態の債務免除益については、積極的に課税することを避けようとする趣旨で、損失を補填する金額を超える部分を、収入金額に算入しないこととしている[3]。

○所基通9−12の2 （「資力を喪失して債務を弁済することが著しく困難」である場合の意義）

法第9条第1項第10号及び令第26条《非課税とされる資力喪失による譲渡所得》に規定する「資力を喪失して債務を弁済することが著しく困難」である場合とは、債務者の債務超過の状態が著しく、その者の信用、才能等を活用しても、現にその債務の全部を弁済するための資金を調達することができないのみならず、近い将来においても調達することができないと認められる場合をいい、これに該当するかどうかは、これらの規定に規定する資産を譲渡した時の現況により判定する。

（昭50直資3−11、直所3−19追加、平元直所3−14、直法6−9、直資3−8改正）

⋯⋯⋯

＊3　三又他前掲書283頁

各　論　■1所得税に関する事案

解　説

・強制換価手続等による資産の譲渡等についても譲渡所得の対象とされるのが原則である。

・しかし、当該譲渡は、その資産の所有者の財産状態が悪化し、自己の有する財産の全部をもってしても債務の全部を弁済することができないような状態に陥ってはじめてなされる場合が多く、このようなものについて譲渡所得の課税を行ったとしても結果的に徴収不能となることが明らかであることから、このような場合の資産の譲渡による所得は非課税とされている。

・本通達は、非課税所得の要件の一つである「資力を喪失して債務を弁済することが著しく困難である場合」とは、譲渡者の債務超過の状態が著しく、近い将来においてもその資力を回復することができないと認められるような状態をいうものとする。

・たとえ現に債務超過の状態であってもその者の信用、才能等を活用すれば、近い将来その債務の全部を弁済する資金調達能力を有すると認められる場合はこれに該当しないことを明らかにしている。

・また、「資力を喪失して債務を弁済することが著しく困難」であるかどうかの判定は、その資産の譲渡時点で行うことを明らかにしている。

・資産の譲渡時点において債務超過の状態になかった場合には、たとえその後の事情によって債務超過の状態が著しくなったとしても、この非課税規定は適用されない。

・資産の譲渡時点において「資力を喪失して債務を弁済することが著しく困難」であると判定された場合には、たとえその後において偶然に資力が回復し又は債務の弁済が可能になったとしても、非課税規定が適用されることになる*3。

109

(3) **事案の概要**

　病院事業を営む原告が、債権買取会社（サービサー）である A 等との協議により策定された事業再生スキームに基づいて新たに設立した医療法人 B が H 銀行から 5 億円を借り入れるとともに B が原告からこれを原資として病院にかかる事業譲渡を受け、原告が当該譲渡代金で A 等に債務弁済した残余の債務24億1,033万1,186円について受けた債務免除（以下「本件債務免除」という。）に係る債務免除益（以下「本件債務免除益」という。）を事業所得の総収入金額に算入せずに所得税の確定申告をしたところ、処分行政庁から、本件債務免除により原告の資産及び負債の状況が大きく改善し、その後も滞りなく弁済している上、相当額の収入＊4 を得ていることからすれば本件債務免除は所基通36－17にいう「債務者が資力を喪失して債務を弁済することが著しく困難であると認められる場合に受けたもの」には該当しないとして、その一部である10億2,116万5,891円を事業所得として総収入金額に加算する内容の更正処分（以下「本件更正処分」という。）及び過少申告加算税の賦課決定処分（以下「本件賦課決定処分」といい、本件更正処分と併せて「本件更正処分等」という。）を受けたため、本件債務免除益には所得税基本通達36－17の適用があるから上記加算は許されないと主張し、本件更正処分等の取消しを求めた事案である。

(4) **争点**

　本件債務免除が、所基通36－17にいう「債務者が資力を喪失して債務を弁済することが著しく困難であると認められる場合に受けたもの」に当たるか否かの判定は、債務免除を受ける直前の状況によるべきか、債務免除の効果発生時点の状況によるべきかが争点となった。

＊4　原告は医療法人 B 設立後、理事長に就任し、B から月あたり250万円の理事長報酬と、地代60万円を受領していた。

各　論　■1所得税に関する事案

(5)　原告及び原処分庁の主張

① 　基本通達36－17の趣旨及び判断基準に関する主張

原告	原処分庁
❶　事業所得者が経営不振により著しく債務超過の状態となったため債権者から受けた債務免除益は、単に形式上の所得であって、これによって担税力のある所得を得たものとはいえない。基本通達36－17は、経済的利益を課税の対象とする旨規定する所得税法第36条を根拠とし、その解釈として、上記のような債務免除益について、経済的利益の価額がゼロであるとして収入金額に算入しない取扱いを明らかにしたものである。	❶　課税減免規定の解釈に当たっては、課税要件規定以上に、その法律の趣旨、目的に沿った厳格な解釈が要求される。債務免除益は原則として担税力を有する課税所得に当たると解され、これを例外的に非課税とするためには、「担税力を有する経済的利益」という法概念に該当しない場合であることが必要とされる。
❷　基本通達9－12の2（「資力を喪失して債務を弁済することが著しく困難」である場合の意義）は、所得税法第9条第1項第10号にいう「資力を喪失して債務を弁済することが著しく困難」である場合とは、「債務者の債務超過の状態が著しく、その者の信用、才能等を活用しても、現にその債務の全部を弁済するための資金を調達することができないのみならず、近い将来においても調達する	❷　基本通達36－17の適用場面と同一状況を規定したものと解される所得税法第9条第1項第10号に関する基本通達9－12の2は、所得税法第9条第1項第10号（非課税所得＝資力を喪失して債務を弁済することが著しく困難である場合における強制換価手続による資産の譲渡による所得）及び所得税法施行令第26条の適用の有無の判定時期について、「これに該当するかどうかは、これらの規定に規定

111

ことができないと認められる場合
をいい、これに該当するかどうか
は上記各規定に規定する資産を譲
渡した時の現況により判定する」
旨規定する。

　基本通達36−17は、所得税法第
9条第1項第10号と同趣旨のもの
と解されるから、基本通達36−17
にいう「債務者が資力を喪失して
債務を弁済することが著しく困難
であると認められる場合」とは、
基本通達9−12の2にいう「債務
者の債務超過の状態が著しく、そ
の者の信用、才能等を活用して
も、現にその債務の全部を弁済す
るための資金を調達することがで
きないのみならず、近い将来にお
いても調達することができないと
認められる場合」と、基本的には
同一である。

❸　基本通達36−17は所得税法第36
条の合理的な解釈を確認した規定
であるというべきである以上、租
税法律主義の下、基本通達36−17
の適用要件は、文言に忠実に解釈
されるべきであり、「債務者が資
力を喪失して債務を弁済すること
が著しく困難である場合に受けた」

する資産を譲渡した時の現況によ
り判定する」と定めているとこ
ろ、債務免除の場合において、上
記と同様に解すると、その判定時
期は、債務免除を受けた時の現況
とすべきこととなり、具体的に
は、債務免除の効果発生時点と解
すべきこととなる。

　債務免除によりその他の債務の
弁済が可能となって担税力を回復
したのであれば、それは原則に戻
るのであって、基本通達36−17の
趣旨が妥当すべき場面ではなくな
る。このような債務免除の経済実
態や法的意味に照らしても、判定
時期はその効果発生時点と解すべ
きである。

❸　基本通達9−12の2は、「近い
将来においても資金を調達するこ
とができないと認められる場合」
と定め、納税者の近い将来の担税
力にも着目している点から見る
と、その担税力の判定において
は、債務免除の効果発生時点後の
現況をも考慮する必要がある。そ

各　論　■■所得税に関する事案

債務免除に当たるか否かは、債務
免除を受ける直前の状況から判断
すべきである。

❹　相続税法第8条ただし書は、債
務者が資力を喪失し債務を弁済す
ることが困難である場合におい
て、当該債務の全部又は一部の免
除を受けたときの債務免除益につ
いて、その債務を弁済すること
困難である部分の金額については
贈与又は遺贈により取得したもの
とはみなさない旨規定し、相続税
法基本通達8-4が準用する同通
達7-5は、上記の「債務を弁済
することが困難である部分の金
額」は、債務超過の部分の金額か
ら、債務者の信用による債務の借
換え、労務の提供等の手段により
近い将来において当該債務の弁済
に充てることができる金額を控除
した金額をいうが、特に支障がな
いと認められる場合においては、
債務超過の部分の金額を「債務を
弁済することが困難である部分の

して、債務免除からある程度経過
した後の事情であっても、それが
債務免除の時点において織込み済
みであった場合には、高度に資力
回復する蓋然性やその他の信用力
をも含めて、上記判定の考慮事項
に含まれることになる。

❹　相続税法基本通達7-5は、
「債務を弁済することが困難であ
る部分の金額」に関して、債務超
過の金額から、債務者の信用によ
る債務の借換え、労務の提供等の
手段により、近い将来において当
該債務を弁済することができる金
額を控除した金額をいうと規定す
るのみで、原告の主張するような
規律を定めたものではない。

113

金額」として取り扱っても妨げないと規定する。

　このように、相続税法も、債務免除益の担税力の有無を、債務免除を受ける直前の、免除対象となった債務の弁済能力の有無という基準でもって規律している。

② 本件への通達のあてはめに関する主張

原告	原処分庁
❶ 原告は、A 等に対し多額の負債を抱え、著しい債務超過の状況に陥っており、これらの負債を弁済することは到底不可能な状態であった。 　そのような中、原告は、A 等との間で協議を重ねた結果、H 銀行から 5 億円の融資を受け、これを A 等に対する弁済に充てることで、残余の借入金債務につき本件債務免除を受けることができた。 　これらの判断は、利害の相反する者同士においてなされたものであって、そこには租税回避的要素は一切認められない。また、原告は本件債務免除後もなお約3,478万円の債務超過の状態になっている。 　そうすると、本件債務免除は、	❶ 原告は、H 銀行から医療法人化することを条件として 5 億円の融資を受け、これにより旧債務の一部を弁済して A 等から残債務の免除を受け（本件債務免除）、その後約 1 年余りで約定どおり医療法人化した。他方、H 銀行側としても、原告の経営する病院が医療法人化すれば、これによりさらに収益を上げ、支払が円滑に進むことを見込んでいたからこそ上記提案をしたのであって、本件債務免除後の上記事情は、本件債務免除時において既に織込み済みあるいは相当程度の蓋然性をもって実現することが可能であった。

各　論　■1所得税に関する事案

まさに、原告の債務超過の状態が著しく、原告の信用、才能等を活用しても、現にその債務の全部を弁済するための資金を調達することができないのみならず、近い将来においても調達することができないと認められる場合に該当することは明白であり、基本通達36－17が予定する典型的な場面であるというべきである。

❷　被告は、原告が医療法人化以降、多額の報酬等を得ていること等を指摘するが、債務免除益が収入金額に算入されないという法律効果は債務免除を受けた時点で発生する以上、被告が指摘するような本件債務免除から1年以上も経過した後の事情は、基本通達36－17の適用の有無の判断に、何らの影響を及ぼさないというべきである。

❷　原告は、本件債務免除を受ける前においては債務超過の状態にあったものの、H銀行から5億円の融資を受けることが可能な状態であり、本件債務免除により原告の資産及び負債の状況が大きく改善したこと、その後も滞りなく弁済している上、相当額の収入を得ていることからすれば、本件債務免除は「債務者が資力を喪失して債務を弁済することが著しく困難であると認められる場合に受けたもの」に該当せず、また、資力を喪失し経済的破綻状態にあることが明らかな場合であって課税しないことが課税上不公平な結果を招くことのない状態であるとはいえない。

	したがって、本件債務免除益には、基本通達36－17の適用はなく、事業所得の総収入金額に算入されるべきである。

(6) 裁判所の判断

① 相続税法第8条ただし書き及び同条第1号は、債務者が資力を喪失して債務弁済が困難である場合において、当該債務の全部又は一部の免除を受けたときは、その債務を弁済することが困難である部分の金額については贈与がなかったものとする旨を規定するところ、債務者が資力を喪失して債務を弁済することが困難であるかの判断時期が債務免除の直前であることは、同規定の趣旨からも、またその文言からも明らかである。

② 基本通達36－17は法人が個人に対してした債務免除等に係る債務免除益に適用される規定であるところ、債務免除を行った者が個人であるか法人であるかといった債権者の属性によって債務免除益に課税するか否かについて差異を設ける合理的な理由があるとは認めがたい。そうすると、債務免除後においても、債務者がなお資力を喪失しており債務を弁済することが困難でなければ全く基本通達36－17の適用を受けられないとすることは、個人から債務免除を受けた場合と比して均衡を失することになる。

③ 所得税法第9条第1項第10号や所得税法施行令第26条と同様に、債務者が「資力を喪失して債務を弁済することが著しく困難」である場合という文言を用いる基本通達36－17においても、債務者が資力を喪失して債務を弁済することが著しく困難であるか否かの判断は、債務免除が行われる直前の財産状況を前提に行うことを予定していると理解するのが自然である。

各　論　■1所得税に関する事案

④　債務免除を受ける直前において、債務者が債務免除によって弁済が著しく困難な債務の弁済を免れたにすぎないと言える場合には、当該債務免除益という経済的利益によって債務者の担税力が増加するとはいえない。そうすると、基本通達36－17は、当該債務免除の額が債務者にとってその債務を弁済することが著しく困難である部分の金額の範囲にとどまり、債務者が債務免除によって弁済が著しく困難な債務の弁済を免れたに過ぎないといえる場合には、これを収入金額に算入しないことを定めたものと解するのが相当であり、このような解釈は所得税法第36条の趣旨に整合する。

⑤　納税者は本件債務免除直前において29億1,033万円の債務を有し、いずれの債務についても期限の利益を喪失していたことに加え、本件債務免除後もなお債務超過の状態にあったことを考慮すると、納税者は、債務免除を受ける直前において、資力を喪失して債務を弁済することが著しく困難な状況にあり、かつ、本件債務免除の額が債務者にとってその債務を弁済することが著しく困難である部分の金額の範囲にとどまると認められるから、本件債務免除益については、基本通達36－17が適用される。

(7)　**解説**

　本件発生当時、所得税法には経済的に破綻した者が受ける債務免除に対する減免規定は存在せず、資力を喪失した者が強制換価等により資産を譲渡した場合の譲渡益のみが非課税と定められていた（所得税法第9条第1項第10号）。このため、実務上は所基通36－17によって、資力喪失者が受ける債務免除に係る経済的利益は、各種所得の金額の計算上収入金額又は総収入金額に算入しないこととされていた。すなわち、同通達は、所得税法第36条の合理的な解釈として、資力喪失者に対する債務免除に係る経済的利益は、納税者の担税力を増加させる所得とはなり得ないと解釈していたのである。

本件は、同通達の、債務免除益のうち、「債務者が資力を喪失して債務を弁済することが著しく困難であると認められる場合」の判定時期についての解釈をめぐる争いである。

原処分庁は、同通達は課税減免規定であるため厳格に解釈すべきであるとして、その判定時期は債務免除の効果発生時点であると主張した。この解釈に立てば、債務免除によって資力が回復した場合には担税力も回復しており、同通達は適用されないということになる。

これに対し、裁判所は、同通達の解釈と所得税法第36条の解釈との整合性、さらに、同文の規定を置く所得税法第9条第1項第10号及び所基通9－12の2並びに相続税法第8条ただし書き等の規定との整合性を検討し、これら他の規定で解釈されるのと同様に、「資力を喪失して債務弁済が困難である場合」の判定時期は、債務免除の直前であるとした。

(8)　基本通達36－17の廃止とその問題点

平成26年度税制改正において、個人の事業再生を支援する租税特別措置（租税特別措置法第28条の2の2）が創設された。それに併せて、所得税法第44条の2（免責許可の決定等により債務免除を受けた場合の経済的利益の総収入金額不算入）（以下、「本条」という。）が創設されるとともに、基本通達36－17は廃止された。

○所得税法第44条の2（免責許可の決定等により債務免除を受けた場合の経済的利益の総収入金額不算入）

> 居住者が、破産法に規定する免責許可の決定又は再生計画認可の決定があった場合その他資力を喪失して債務を弁済することが著しく困難である場合にその有する債務の免除を受けたときは、当該免除により受ける経済的な利益の価額については、その者の各種所得の金額の計算上、総収入金額に算入しない。

各　論　■所得税に関する事案

2　前項の場合において、同項の債務の免除により受ける経済的な利益の価額のうち同項の居住者の次の各号に掲げる場合の区分に応じ当該各号に定める金額（第１号から第４号までに定める金額にあっては当該経済的な利益の価額がないものとして計算した金額とし、第５号に定める金額にあっては同項の規定の適用がないものとして総所得金額、退職所得金額及び山林所得金額を計算した場合における金額とする。）の合計額に相当する部分については、同項の規定は、適用しない。

一　不動産所得を生ずべき業務に係る債務の免除を受けた場合　当該免除を受けた日の属する年分の不動産所得の金額の計算上生じた損失の金額

二　事業所得を生ずべき事業に係る債務の免除を受けた場合　当該免除を受けた日の属する年分の事業所得の金額の計算上生じた損失の金額

三　山林所得を生ずべき業務に係る債務の免除を受けた場合　当該免除を受けた日の属する年分の山林所得の金額の計算上生じた損失の金額

四　雑所得を生ずべき業務に係る債務の免除を受けた場合　当該免除を受けた日の属する年分の雑所得の金額の計算上生じた損失の金額

五　第70条第１項又は第２項（純損失の繰越控除）の規定により、当該債務の免除を受けた日の属する年分の総所得金額、退職所得金額又は山林所得金額の計算上控除する純損失の金額がある場合　当該控除する純損失の金額

本条の創設に伴い、下記の通達も発遣されている。

119

○所基通44の２−２（「資力を喪失して債務を弁済することが著しく困難」である場合の意義）

　法第44条の２第１項《免責許可の決定等により債務免除を受けた場合の経済的利益の総収入金額不算入》に規定する「資力を喪失して債務を弁済することが著しく困難」である場合とは、破産法（平成16年法律第75号）の規定による破産手続開始の申立て又は民事再生法（平成11年法律第225号）の規定による再生手続開始の申立てをしたならば、破産法の規定による免責許可の決定又は民事再生法の規定による再生計画認可の決定がされると認められるような場合をいうことに留意する。（平26課個２−９、課審５−14追加）

　本通達の逐条解説によれば、資力を喪失して債務を弁済することが著しく困難である場合とは、破産法の規定による破産手続開始の申立て又は民事再生法の規定による再生手続開始の申立てをしたならば、破産法の規定による免責許可の決定又は民事再生法の規定による再生計画認可の決定がされると認められるような場合がこれに該当することとされている。さらに、補足説明で、既往の債務を弁済できなくなった個人の債務者であって法的整理の要件に該当することとなった債務者について、法的整理によらず、債権者と債務者の合意に基づき債務の全部又は一部を免除される場合がこれに当たると明示された[5]。

　ただ、この解説を硬直的に捉えると、法的整理開始の申立ての要件に該当しない場合には、債務免除益は課税対象とされることになるが、それでは、廃止された所基通36−17の取扱いと比べて、非課税とされる債務免除益の範囲が縮小されることになる。所得税法第44条の２は、同通達の取扱いを法令上明確化したものであること[6]、同通達は所得税法第36条の解釈から導かれると裁判所が判断していることからすると、判

---

[5]　三又他前掲書488頁

決が示す判断基準は依然として有効であって、法第44条の２の解釈においても、その判断基準は妥当するものと考えられる。

* 6　財務省『平成26年度税制改正について』103頁

７．贈与等により取得したゴルフ会員権名義書換料の取得費性 （最高裁平成17年２月１日判決）＊１

⑴　関係法令
○所得税法第38条（譲渡所得の金額の計算上控除する取得費）

> 譲渡所得の金額の計算上控除する資産の取得費は、別段の定めがある
> ものを除き、その資産の取得に要した金額並びに設備費及び改良費の額
> の合計額とする。

趣　旨

　譲渡所得の金額は、譲渡所得に係る総収入金額からその譲渡所得の基
因となった資産の取得費及び譲渡費用の合計額から特別控除額を控除し
た残額とされる。本条は、その取得費について定めたものである。

⑵　適用通達
○所基通37－５（固定資産税等の必要経費算入）

※＿＿＿＿は本件判決後の改訂部分

> 　業務の用に供される資産に係る固定資産税、登録免許税（登録に要す
> る費用を含み、その資産の取得価額に算入されるものを除く。）、不動産
> 取得税、地価税、特別土地保有税、事業所税、自動車取得税等は、当該
> 業務に係る各種所得の金額の計算上必要経費に算入する。（昭51直所３
> －１、直法６－１、直資３－１、平５課所４－１、平17課個２－23、課
> 資３－５、課法８－６、課審４－113改正）
> （注）　１　上記の業務の用に供される資産には、相続、遺贈又は贈与により取得した
> 　　　　　　資産を含むものとする。

＊１　TAINS　Z255-09918

各　論　**1**所得税に関する事案

　　2　その資産の取得価額に算入される登録免許税については、49－3参照

解　説

・登録免許税等の租税は、資産の取得後に納付するものであること、取得価額に算入しなければならないとの立場をとると、それが減価償却資産である場合は償却期間を通じて費用化され、土地である場合にはその土地を利用する限り費用化されないこと等を考慮して、業務上の必要経費に算入することとしている。

・相続等により取得した業務用資産の登記費用等についても、支出した年分の必要経費に算入する。

・非業務用の固定資産に係る登録免許税等については、基通38－9を参照のこと。

・贈与、相続又は遺贈により譲渡所得の基因となる資産を取得した場合における登録免許税等の取扱いについては、所基通60－2を参照のこと＊2。

○所基通38－9（非業務用の固定資産に係る登録免許税等）

※＿＿＿は本件判決後の改訂部分

　　固定資産（業務の用に供されるものを除く。以下この項において同じ。）に係る登録免許税（登録に要する費用を含む。）、不動産取得税等固定資産の取得に伴い納付することとなる租税公課は、当該固定資産の取得費に算入する。（昭51直所3－1、直法6－1、直資3－1、平17課資3－7、課個2－25、課審6－13改正）

　(注)　1　法第60条第1項第1号に規定する贈与、相続又は遺贈による取得に伴い納付することとなる登録免許税等については、60－2参照
　　　　2　業務の用に供される資産に係る登録免許税等については、37－5及び49－3参照

＊2　三又他前掲書364頁

解 説

・本来、固定資産の取得に伴い支出する費用は、その資産の取得価額を構成する。したがって、登録免許税、不動産取得税、自動車取得税などは、本来当該資産の取得価額に算入することになる。

・これらの費用のうち業務用資産に係るものについては、減価償却を通じて費用化されるものもあることから、業務用資産に係る租税公課については、原則として、その事業に係る各種所得の金額の計算上必要経費に算入する取扱いとしている（基通37－5）。

・贈与、相続又は遺贈により譲渡所得の基因となる資産を取得した場合における登録免許税等の取扱いについては、基通60－2を参照のこと*3。

○所基通60－2（贈与等の際に支出した費用）

法第60条第1項第1号に規定する贈与、相続又は遺贈（以下「贈与等」という。）により譲渡所得の基因となる資産を取得した場合において、当該贈与等に係る受贈者等が当該資産を取得するために通常必要と認められる費用を支出しているときには、当該費用のうち当該資産に対応する金額については、37－5及び49－3の定めにより各種所得の金額の計算上必要経費に算入された登録免許税、不動産取得税等を除き、当該資産の取得費に算入できることに留意する。（平17課資3－7、課個2－25、課審6－13追加）

(注) 当該贈与等以外の事由により非業務用の固定資産を取得した場合の登録免許税等については、38－9参照

解 説

・本通達は、贈与等により取得したゴルフ会員権等に係る名義書換料の取得費性を認めた最高裁判決を受けて、その内容を留意的に明らかに

＊3　三又他前掲書464頁
＊4　三又他前掲書739頁

124

各　論　**1**所得税に関する事案

するものである。

・ゴルフ会員権の名義書換料以外の費用であっても、不動産登記費用、不動産取得税、株式の名義書換料など、贈与等の際に通常支出される費用については、当該資産の取得費に算入できる。

・本通達は、贈与等の際に支出される「資産を取得するための付随費用」が当該資産の取得費を構成する旨を明らかにしたものである。

・遺産分割に係る訴訟費用、弁護士費用は、一般的には相続人間の紛争を解決するための費用であることから、相続の際通常支出される費用とはいえず、当該資産の取得費を構成するものではないと考えられる＊4。

○所基通49－3　（（減価償却資産に係る登録免許税等）

※＿＿＿＿は本件判決後の改訂部分

　減価償却資産に係る登録免許税（登録に要する費用を含む。）をその資産の取得価額に算入するかどうかについては、次による。（平17課個2－23、課資3－5、課法8－6、課審4－113、平19課個2－11、課資3－1、課法9－5、課審4－26改正）

(1)　特許権、鉱業権のように登録により権利が発生する資産に係るものは、取得価額に算入する。

(2)　船舶、航空機、自動車のように業務の用に供するについて登録を要する資産に係るものは、取得価額に算入しないことができる。

(3)　(1)及び(2)以外の資産に係るものは、取得価額に算入しない。

(注)　1　業務の用に供される資産に係る登録免許税等のうち、取得価額に算入しないものについては、37－5参照

　　　2　業務の用に供されない固定資産に係る登録免許税等については、38－9及び60－2参照

　　　3　上記の減価償却資産には、相続等により取得した減価償却資産を含むものとする。

解 説

・本通達は、減価償却資産について支出する登録免許税及び登録に要する費用の取扱いを明らかにしたものである。

・本通達の(2)に掲げる資産に係る登録免許税等は、本来資産の取得価額に算入すべきものであるが、これらの資産について支出するものは、その資産の取得後に支出されることを考慮し、取得価額に算入するかどうかを、納税者の選択に任せることとしている。

・建物の所有権保存のため又は抵当権設定のための登録免許税等は、業務上の維持管理のための費用であり、取得価額に算入する性質のものではないから、必要経費に算入することとなる。

・法人税の取扱いでは、登録免許税等の租税公課については企業経理に任せることを前提として損金算入を認めることとしているが、個人の場合は、個人事業者における記帳の状況を踏まえ、画一的に取り扱うこととしている。

・相続等により取得した資産に係る登記費用等で取得価額に算入されないものは、基通37−5において、各種所得の金額の計算上必要経費に算入されることとされている*5。

(3) 事案の概要

原告（上告人）が父から贈与を受けたゴルフ会員権を譲渡した際に、贈与を受けたゴルフ会員権の自己への名義書換料（以下、「本件手数料」という。）を譲渡所得の金額の計算上取得費に算入して申告したところ、本件手数料は取得費として認めることはできない旨の更正処分を受けたため、当該更正処分の取消を求めて争った事例である。

(4) 争点

所得税法第60条（贈与等により取得した資産の取得費等）の適用を受

＊5　三又他前掲書529頁

126

各　論　■1所得税に関する事案

けたゴルフ会員権の名義書換料は、「譲渡所得の金額の計算上控除する取得費」に該当するか、あるいは、所得税法第33条第3項にいう「資産の譲渡に要した費用」に該当するか。

(5)　課税庁の主張（東京高裁平成13年6月27日）

・所得税法は、贈与等（贈与、相続（限定承認に係るものを除く）又は遺贈（包括遺贈のうち限定承認に係るものを除く）並びに著しく低い価額の対価による譲渡をいう。以下、本項において同じ。）により取得した資産を譲渡した場合における譲渡所得金額の計算について、その者が引き続きこれを所有していたものとみなす旨の特例を設けている（所法第60条第1項第1号）。したがって、贈与等に係る資産については、その取得価額が引き継がれるのみならず、前所有者の取得の時期も引き継がれ、「長期保有資産」か「短期保有資産」かの判断に際しても、前所有者の保有期間が通算されることになる。

・そうすると、贈与による資産の所有権の移転にかかわらず、受贈者が当該資産を贈与の前から引き続き保有していたものとして増加益が算出されることになるから、贈与により取得した資産を受贈者が譲渡した場合における所得税法第38条第1項に規定する「資産の取得に要した金額」とは、受贈者が取得に要した金額は含まれず、あくまで贈与者が当該資産を取得するのに要した金額をいうと解すべきである。

・本件手数料は、贈与者が本件会員権の取得に要した金額でないことは明らかで、控訴人（＝受贈者　※筆者注）による本券会員権の保有中における保有資産の価値の増大をもたらす資本投下でもないから、設備費又は改良費に当たるものでもない。

(6)　納税者の主張（最高裁口頭弁論要旨・平成16年12月21日）

・譲渡所得の納税義務者は、贈与等によって取得した資産の場合であっても受贈者である以上（所得税法第60条第1項の「その者」も受贈者

127

を指す）、総収入金額から控除すべき取得費は、もともと受贈者にとっての取得費である。

　そして、資産はその有する効用に価値を見いだすものであるから、資産を譲り受けた者がその資産を使用できるようにするまでの費用は全て取得費として認識する必要がある（最高裁判所平成4年7月14日第三小法廷判決）。

・所得税法第60条第1項は、贈与等によって取得した資産について、本来、受贈者とは関係のないところで生じた増加益を受贈者に引き継がせることを定めるものである（したがって、その反面、受贈時の時価は取得価額として考慮しないことになる。）が、その限度で、同法第38条第1項に対する特則となるものであり、受贈者にとっての取得費を全て否認するものではない。これは、受贈者に生じた設備費や改良費を当然に控除できることからも明らかである。

・そうすると、取得代金については、所得税法第60条第1項により、贈与者のそれを引き継ぐとしても、資産の取得に要した付随費用については、受贈者にとって、その資産を使用できるようにするまでの費用として、把握されるべきものであるから、受贈時の付随費用は当然に取得費にあたるというべきである。

(7)　裁判所の判断・解釈

① 　譲渡所得課税の趣旨からすれば、贈与、相続又は遺贈であっても、当該資産についてその時における価額に相当する金額により譲渡があったものとみなして譲渡所得課税がされるべきところ、法第60条第1項所定の贈与等にあっては、その時点における譲渡所得課税について納税者の納得を得難いことから、これを留保し、その後受贈者等が資産を譲渡することによってその増加益が具体的に顕在化した時点において、これを精算して課税することとしたものである。

② 　同項の規定により、受贈者の譲渡所得の金額の計算においては、贈

各　論　■1所得税に関する事案

与者が当該資産を取得するのに要した費用が引き継がれ、課税を繰り
延べられた贈与者の資産の保有期間に係る増加益も含めて課税される
とともに、贈与者の資産の取得時期も引き継がれる結果、資産の保有
期間については、贈与者と受贈者の保有期間が通算されることにな
る。

③　このように、法第60条第1項の本旨は、増加益に対する課税の繰延
べにあるから、この規定は、受贈者の譲渡所得の金額の計算におい
て、受贈者の資産の保有期間に係る増加益に贈与者の資産の保有期間
に係る増加益を合わせたものを超えて所得として把握することを予定
していないというべきである。

　そして、受贈者が贈与者から資産を取得するための付随費用の額
は、受贈者の資産の保有期間に係る増加益の計算において、「資産の
取得に要した費用」（法第38条第1項）として収入金額から控除され
るべき性質のものである。そうすると、上記付随費用の額は、法第60
条第1項に基づいてされる譲渡所得の金額の計算において「資産の取
得に要した金額」に当たると解すべきである。

⑻　**解説**

　課税庁は、所得税法第60条第1項に規定する贈与等により取得した資
産に係る名義書換手数料や登記費用等の付随費用について、本件におけ
る最高裁の判断が出るまでは、業務用資産であるか否かに関わらず家事
費として取り扱い、必要経費にも取得費にも算入しないこととしてい
た。

　ただ、この点については、旧基本通達37－5の逐条解説において「相
続による資産の取得は業務の用に供するための資産の取得ではなく、ま
た、その資産の登記に要する費用や登録免許税は業務について生じた費
用ではないため、これらの費用については、当該業務に係る各種所得の
金額の計算上必要経費には算入されない」と説明されていたに過ぎず、

129

非業務用資産を贈与等により取得した場合の取扱いについては、通達においても、明らかにされていなかった[6]。

　本件における課税庁の主張は、「贈与等により取得した資産を譲渡した場合の譲渡所得金額の計算については、その者が引き続きこれを所有していたものとみなす」旨を定めた同法の規定から、贈与者と受贈者を全く同一のものとみなして譲渡所得等を算定すべきとするものであり、同法を忠実に文理解釈したものであるといえるとの見解がある[7]。また、下級審においても、「所得税法第60条第1項により、贈与の前後を通じて引き続き当該資産を所有していたものとみなされるのであるから、課税庁としては、中間の贈与の事実はなかったものと扱う以外にはなく、そうであれば、受贈者が自己への所有権移転のために支払った費用があったとしても、それを一切無視せざるを得ないことになる[8]。」として、従来の取扱いを容認した。

　これに対し、最高裁は、所得税法第60条第1項の本旨が課税の繰延べにあることに着目し、同法は受贈者の所有期間における増加益に贈与者の所有期間における増加益を加算した金額を超えて所得として把握することを予定しておらず、受贈者が贈与者から資産を取得するための付随費用は受贈者の所有期間における増加益から控除されるべき性質のものであるとして、下級審判決を破棄し自判した。

　この点については、法第60条の趣旨は、同条第2項（みなし譲渡課税を受けた資産の取得費等）との対比から、贈与者の保有期間中の値上がり益の捕捉もれを防ぐことにあって、そのために「引き続き所有していたとみなす」ものと解され、受贈者による資産の取得そのものを否定したり、受贈者が現に支払った付随費用を資産の取得に要した費用から排

----

[6]　石井敏彦他編『平成14年版所得税基本通達逐条解説』（大蔵財務協会）　288頁～289頁（基通37－5）、395頁～396（基通38－9）、453頁～454頁（基通48－3）

[7]　小塚真啓『別冊 Jurist No.288　租税判例百選　譲渡所得における取得費の引継ぎ―ゴルフ会員権贈与事件―』有斐閣　86頁

[8]　東京高裁平成13年6月27日判決（TAINS Z250-8931）

各　論　■1所得税に関する事案

除したりするものではないとの説明がある[9]。

　最高裁判決を受けて、国税庁は従来の取扱いを変更した。新たに基本通達60－2（贈与等の際に支出した費用）を発遣するとともに、基本通達37－5、基本通達38－9及び基本通達49－3を改訂し、所得税法第60条第1項に規定する贈与等により譲渡所得の基因となる資産を取得した場合において、当該取得者が当該資産を取得するために通常必要と認められる費用を支出しているときは、当該費用のうち当該資産に対応する金額について、業務用資産に係るものはその業務に係る各種所得の必要経費に算入する（特許権や鉱業権のように登録により権利が発生する資産については取得価額に算入する）こととし、非業務用資産に係るものは、その資産に係る譲渡所得の金額の計算上取得費に算入できることとした。

　業務用資産について必要経費算入を認めたのは、業務用資産を有償で購入した場合の付随費用は必要経費に算入されるのに対し、法第60条第1項に規定する贈与等により取得した場合は、本件最高裁判決により取得費に算入されることとなって、取得原因により費用の取扱いに差異が生ずることとなったため、取得原因による取扱いのバランスに配慮したためと説明されている[10]。

　なお、「当該資産を取得するために通常必要と認められる費用」には、ゴルフ会員権等の名義書換料の他、登録免許税（登録に要する費用を含む）、不動産取得税、株式の名義書換手数料などが該当することが、逐条解説により明らかにされている。また、遺産分割の際に訴訟費用・弁護士費用などを支出したとしても、これらは一般には相続人間の紛争を解決するための費用であることから、相続の際に通常支出される費用とはいえず、この取扱いの対象にはならないとされている[11]。

＊9　田中治・土師秀作『判例分析ファイルⅠ第2版　贈与により取得したゴルフ会員権の名義書換料の取得費性』（税務経理協会）109頁
＊10　藤原忠分編『平成28年版所得税必要経費の税務』大蔵財務協会　188頁
＊11　三又修他前掲書740頁

⑼ 実務上の留意点（通達の読み方）

　登録免許税（登録に要する費用を含む）など、資産の取得に伴って支出する付随費用の取扱いについては、下記の４通達を参照することとなるが、これらの通達を個別に読むとやや難解な箇所があるので、下記にその関係を一覧にまとめてみた。実務上の参考にされたい。

　　　所基通37－5　（固定資産税等の必要経費算入）

　　　所基通38－9　（非業務用の固定資産に係る登録免許税等）

　　　所基通49－3　（減価償却資産に係る登録免許税等）

　　　所基通60－2　（贈与等の際に支出した費用）

固定資産の取得の際に支出する登録免許税（登録に要する費用を含む）等の付随費用の取扱い※1

区　　分		取扱い	根拠通達
非業務用資産		譲渡所得の計算上、取得費に算入	所基通38－9
業務用資産	特許権・鉱業権等※2	減価償却資産の取得価額に算入	所基通49－3
	上記以外	必要経費算入	所基通37－5

※1　上記には、所法第60条の贈与等により取得した資産に係る登録免許税等も含まれる（所基通60－2）。

※2　登録により権利が発生する固定資産がこれに該当する。なお、船舶、航空機、自動車のように業務の用に供するについて登録を要する資産に係るものは、納税者の選択により必要経費に算入することができる。

各　論　**2**法人税に関する事案

2 法人税に関する事案

1. 分掌変更に伴う役員退職給与の分割支給と損金算入時期
東京地裁平成27年 2 月26日判決[1]

(1)　関係法令

○法人税法第22条（各事業年度の所得の金額の計算）

　　内国法人の各事業年度の所得の金額は、当該事業年度の益金の額から当該事業年度の損金の額を控除した金額とする。

2　内国法人の各事業年度の所得の金額の計算上当該事業年度の益金の額に算入すべき金額は、別段の定めがあるものを除き、資産の販売、有償又は無償による資産の譲渡又は役務の提供、無償による資産の譲受けその他の取引で資本等取引以外のものに係る当該事業年度の収益の額とする。

3　内国法人の各事業年度の所得の金額の計算上<u>当該事業年度の損金の額に算入すべき金額</u>は、別段の定めがあるものを除き、次に掲げる額とする。

　一　当該事業年度の収益に係る売上原価、完成工事原価その他これらに準ずる原価の額

　二　前号に掲げるもののほか、<u>当該事業年度の販売費、一般管理費その他の費用</u>（償却費以外の費用で当該事業年度終了の日までに債務の確定しないものを除く。）の額

　三　当該事業年度の損失の額で資本等取引以外の取引に係るもの

　　（以下省略）（下線筆者）

[1]　TAINS・Z888-1918

133

趣　旨

　本条は課税所得計算の基本的規定であり、所得の金額の計算構造を明らかにし（第1項）、益金の額（第2項）、損金の額（第3項）、いわゆる公正処理基準（第4項）、資本等取引の定義（第5項）を定めている。

　第3項の損金の額は、売上原価、完成工事原価等（その1）、<u>販売費、一般管理費その他の費用</u>（その2）、損失（その3）の三つに区分される*2。

　なお、役員退職給与は、「販売費、一般管理費その他の費用」に分類されるものである。

(2)　適用通達

○法基通2－2－12（債務の確定の判定）

> 　法第22条第3項第2号《損金の額に算入される販売費等》の償却費以外の費用で当該事業年度終了の日までに債務が確定しているものとは、別に定めるものを除き、次に掲げる要件の全てに該当するものとする。
> (1)　当該事業年度終了の日までに当該費用に係る<u>債務が成立</u>していること。
> (2)　当該事業年度終了の日までに当該債務に基づいて<u>具体的な給付をすべき原因となる事実が発生</u>していること。
> (3)　当該事業年度終了の日までにその<u>金額を合理的に算定</u>することができるものであること。（下線筆者）

解　説

・法法第22条第3項第2号では、「販売費、一般管理費その他の費用」として、販売費、一般管理費を例示し、別段の定め（減価償却限度額、役員給与等の損金不算入、寄附金の損金不算入等）やその他の特

＊2　武田昌輔編著『DHC コンメンタール法人税法』（第一法規、加除式）1103頁

例（交際費の損金不算入）以外のものは、原則としてすべて損金の額
に算入されるものとする。
・損金の額に算入されるためには、「債務の確定」が必要となるが、本
通達により、(1)債務の成立、(2)給付原因たる事実の発生、(3)合理的な
金額の算定といった3要件をすべて充たす必要があることを明らかに
している*3。
・よって、役員退職給与の当該事業年度の損金の額への算入可否につい
ても、これら3要件を充たすか否か判断されなければならない。

○法基通9－2－28（役員に対する退職給与の損金算入の時期）

退職した役員に対する退職給与の額の損金算入の時期は、株主総会の
決議等によりその額が具体的に確定した日の属する事業年度とする。た
だし、法人がその退職給与の額を支払った日の属する事業年度において
その支払った額につき損金経理をした場合には、これを認める。（下線
筆者）

解 説

・本通達では、その前段において、役員退職給与の損金算入時期の原則
的な取扱い（債務確定基準）が定められている。
・他方、株主総会の決議等により退職給与の額を定めた場合において
も、役員であるがゆえに、資金繰りがつくまでは実際の支払をしない
ということも企業の実情からは十分あり得ることであり、このような
場合にまで原則的な取扱いしか認めないとすれば、実情に反するとい
うべきである。
・そこで、昭和55年5月の通達改正により、本通達の後段において、実
際に支払った日の属する事業年度で損金経理することとした場合には

＊3　武田・前掲書1123の2頁

税務上もこれを認めるとしたものである*4*5。

○法基通９－２－32（役員の分掌変更等の場合の役員給与）

　　法人が役員の分掌変更又は改選による再任等に際しその役員に対し退
職給与として支給した給与については、その支給が、例えば次に掲げる
ような事実があったことによるものであるなど、その分掌変更等により
その役員としての地位又は職務の内容が激変し、実質的に退職したと同
様の事情にあると認められることによるものである場合には、これを退
職給与として取り扱うことができる。

(1)　常勤役員が非常勤役員（常時勤務していないものであっても代表権
　　を有する者及び代表権は有しないが実質的にその法人の経営上主要な
　　地位を占めていると認められる者を除く。）になったこと。

(2)　取締役が監査役（監査役でありながら実質的にその法人の経営上主
　　要な地位を占めていると認められる者及びその法人の株主等で令第71
　　条第１項第５号《使用人兼務役員とされない役員》に掲げる要件の全
　　てを満たしている者を除く。）になったこと。

(3)　分掌変更等の後におけるその役員（その分掌変更等の後においても
　　その法人の経営上主要な地位を占めていると認められる者を除く。）
　　の給与が激減（おおむね50％以上の減少）したこと。

(注)　本文の「退職給与として支給した給与」には、原則として、法人が未払金等に
　　計上した場合の当該未払金等の額は含まれない。（下線筆者）

解　説

・役員について単なる分掌変更や改選による再任等があったとしても、
　税法上は退職があったとはみないのであるが、現実には、名目上、分
　掌変更や再任であっても、その前後で職務内容が激変したり、給与が

＊４　損金経理要件は平成18年度の税制改正によって廃止されている。
＊５　坂元左他監修『逐条詳解　法人税関係通達総覧』（第一法規、加除式）2415頁

激減し、実質的には退職したと同様の事情にあるときもあり、本通達はこういった場合の特則を定めたものである。

・なお、平成19年改正では、(3)（給与が激減）の取扱いにつき、(1)(2)の場合と同様に、分掌変更等の後においても依然として経営上主要な地位を占めていると認められる者については、税務上は退職として認められないこととされた。また、同年の改正においては、（注）が付け加えられ、現実の支給がなく、未払いのものについても、原則として損金への算入を認めないことが明らかにされている*6。

・ただし、役員退職給与という性格上、法人の資金繰り等の理由から一時的に未払金として計上することもあり得ることから、「原則として」という文言が付されていることには注意が必要である*7。

(3) 事案の概要（東京地判平27.2.26）

原告である納税者（A株式会社）は、その創業者である乙が代表取締役を辞任して非常勤役員となったことに伴い、退職慰労金として2億5,000万円の支給を決定し、平成19年8月期に7,500万円、平成20年8月期に1億2,500万円（第二金員）を支払い、それぞれ損金の額に算入した。それに対し課税庁から、第二金員は退職給与ではなく賞与であり、損金の額には算入できないとして法人税更正処分及び過少申告加算税賦課決定処分を受けたため、当該更正処分等の取消しを求めて争った事案である。

(4) 争 点

本件の、通達に関わる主な争点は、次の4点である。

1．本件第二金員が退職基因要件を満たしているか否か

---

*6 　坂元他・前掲書2427-2429頁
*7 　小原一博編著『法人税法基本通達逐条解説（八訂版）』（税務研究会出版局、平成28年）769-770頁

2．本件第二金員が一時金要件を満たしているか否か

3．本件第二金員が法人税法上の退職給与に該当するか否か

4．本件第二金員を平成20年8月期における損金の額に算入することができるか否か

(5) 納税者及び課税庁の争点に対する主張

争点1．本件第二金員が退職基因要件を満たしているか否か	
納税者	課税庁
①　被告は、本件株主総会及び本件取締役会の議事録が作成されていなかったことなどを指摘して、本件退職慰労金に係る債務が確定していなかったという趣旨の主張をしている。しかしながら、原告は、登記等のために特に要請される場合を除き、株主総会等の議事録を逐一作成することはしていなかったのであり、家族経営の中小企業において、株主総会の議事録が存在しないことは、株主総会決議の不存在を直ちに意味するものではない。本件各議事録は、後日作成されたものではあるが、株主や取締役の記憶に基づき、正確な経過や決議内容を記載したものであり、当時作成された本件計算書や本件役員の手帳の記載によって	①　原告は、平成19年8月31日現在の貸借対照表において、本件退職慰労金残額を未払金等に計上していない。この点、原告は、役員退職給与について、法人税基本通達9－2－28（以下「本件通達」という。）ただし書の税務処理を踏まえ、一般に支給時に費用計上する取扱いが行われているなどと主張しているが、役員退職給与を現実の支給時に費用として計上することを許容する会計処理の基準や確立した会計慣行はなく、本件通達ただし書は、飽くまで企業の実情に配慮するため、例外として、実際に支払った日の属する事業年度で損金経理することとした場合には、税務上もこれを認めることとしたものにすぎない。

各　論　**2**法人税に関する事案

も裏付けられている。

② 　被告は、上記主張を基礎付ける事情として、本件退職慰労金残額を未払金等として計上していないことを挙げているが、会計処理が当事者間の合意に影響を与えるものではない。また、多くの中小企業は、資金繰り等の点から役員退職慰労金を分割支給した上、本件通達ただし書を踏まえて、支給時に費用計上する取扱いを行っており、原告もかかる慣行に従ったにすぎない。

② 　原告は、本件退職慰労金を分割払とした理由につき、本件退職慰労金の支払のために借入れをせずに済む範囲内で、かつ、赤字決算に陥らない範囲で支給を行うことが必要であった旨主張している。しかしながら、赤字決算を回避するためとはいえ、その事業年度において発生した費用を翌事業年度以降に繰り延べることは利益調整にほかならない。

争点2．本件第二金員が一時金要件を満たしているか否か	
納税者	課税庁
① 　退職所得は、「退職により一時に受ける給与」（所得税法第30条第1項）と定義されていることからも明らかなとおり、「一時に」支払われれば足り、「一時に一括で」支払われる必要はない。前記最高裁昭和58年9月9日判決が退職所得について、一時金要件をもうけたのは、退職後において、定期的、継続的に支給を受けるもの（これは、退職年金であり、雑所得に該当する。）と区分するため	① 　退職所得とは、給与の一括後払いとして一元的に性格づけることができ、給与所得（所得税法第28条第1項）と退職所得（同法第30条第1項）の違いは、支給の態様とタイミングの相違にすぎないものであることに鑑みると、退職所得（同項の「これらの性質を有する給与」）に該当するためには、その支払時期、支払方法（支給の態様）において、「退職により一時に受ける給与」と同視できるよ

139

である。また、退職慰労金が分割支給されることは少なくなく、所得税基本通達201−3及び同通達183〜193共−1や、国税庁のウェブサイトに公表されている質疑応答事例においても、退職金等が分割支給され得ることが前提とされている。	うなもの、すなわち、一時に一括で支払われるようなものでなければならないと解すべきである。

争点3．本件第二金員が法人税法上の退職給与に該当するか否か	
納税者	課税庁
① 法人税法は、退職給与につき特段の定義規定を設けておらず、その意味内容は、文言の通常の意味や関係法令の定めを踏まえて解釈すべきであるところ、所得税法が退職所得について定義しており、これと異なる解釈をとる特段の必要性は見当たらない。また、退職給与という言葉の通常の意味について考えても、職務分掌変更等を実質的に退職とみて退職給与を支給する慣行があり、従前の裁判例も同様の解釈をしている。 　したがって、法人税法上の退職給与（同法第34条第1項）は、所得税法上の退職所得と同様に、退職（退職と同視し得る職務分掌変	① 法人税法上、役員給与は、同法第34条第1項各号に該当するものを除き、損金の額に算入されないが、役員退職給与はこの場合の役員給与から除かれているため、原則として、損金の額に算入することができる（同法第22条第3項第2号、第34条第1項）。ここにいう役員退職給与とは、役員が会社その他の法人を退職したことにより支給される一切の給与をいい、法人が、形式上、退職給与として役員に対して支給した給与であっても、当該役員が実際に退職した事実がない場合には、当該給与は、原則として、当該役員に対する臨時的な給与（賞与）として取

更等を含む。）に基因して支払われる退職手当等を意味すると解すべきであり、退職所得要件を満たし、所得税法上の退職所得に該当するような役員退職金は、法人税法上の退職給与にも該当するというべきである。

② 法人税基本通達9－2－32を特例通達と解することは、租税法律主義に反するものであるし、また、法律にない要件を通達で上乗せすることは許されないから、同通達の要件を満たさなければ、職務分掌変更等に際して支給される役員退職金を「退職給与」として損金算入することができないということはできない。なお、被告の主張を前提とした場合、職務分掌変更に基因して支払う役員退職金を損金に算入するためには、会計上退職時に一括して費用計上し、全額を一括支給しなければならないこととなるが、このような解釈は、中小企業における事業承継の実態にも背くものである。

り扱われることとなる。

② 法人の役員の分掌変更又は改選による再任等により、その役員としての地位又は職務の内容が激変し、実質的に退職したと同様の事情にあると認められる場合には、実質的な退職とみて多くの企業で退職給与を支給する慣行がある。このため、課税実務においては、このような慣行に配慮し、役員が引き続き在職する場合の役員退職給与についての特例として、法人が、その役員に対し退職給与として給与を支給した場合で、かつ、その給与が、その分掌変更等により役員としての地位又は職務の内容が激変し、実質的に退職したと同様の事情にあると認められるものである場合には、当該給与を退職給与として取り扱うことができることとしている（法人税基本通達9－2－32）。しかしながら、法人税法が上記①のとおり定めていることからすれば、法人が役員の退職の事実がないにもかかわらず当該役員に支給する役員退職給与については、法人税基本通達9－2－32にいう役員の分掌変更等

の場合の退職給与に当たり、いわ
ば特例的に損金算入が認められる
ことになる場合以外には、損金の
額に算入することはできないと解
すべきである。そして、同通達の
上記趣旨や、恣意的な損金算入な
どの弊害を防止する必要性に鑑み
れば、同通達にいう「退職給与と
して支給した給与」とは、現実に
支給した退職給与のことを指し、
未払退職給与は含まない趣旨であ
ると解すべきであり、同通達の注
書きが「本文の『退職給与として
支給した給与』には、原則とし
て、未払金等に計上した場合の当
該未払金等の額は含まれない。」
と定めているのも、この趣旨を明
らかにしたものといえる。なお、
この「原則として」の意味は、役
員退職給与という性格上、その法
人の資金繰り等の理由による一時
的な未払金等への計上までも排除
することは適当でないことから、
かかる一時的な未払金等への計上
については、その例外として、役
員退職給与として扱い、未払金等
に計上された事業年度の損金に算
入することを認めるという意味で

各　論　**❷**法人税に関する事案

	あるが、上記弊害防止の必要性に鑑みれば、同通達は、原則として、法人が分掌変更等に際し実際に支払ったものに限り適用されるべきであり、その例外は飽くまでその法人の資金繰り等の真に合理的な理由による一時的な未払金等に限り認められるべきである。

争点4．本件第二金員を平成20年8月期における損金の額に算入することができるか否か

納税者	課税庁
①　法人の行った会計処理が公正処理基準（法人税法第22条第4項）に従ったものであると認められるためには、❶会計慣行又は会計基準に従ったものであり、❷法人税法の企図する公平な所得計算という要請に反しないという二つの要件を満たすことが必要であり、かつ、それで十分である。 ②　本件通達ただし書は、中小企業の会計慣行を踏まえ、役員退職慰労金の支給時における損金経理を条件として、支給時の損金算入を認めたものであり、役員退職慰労金の支給が、退職と同視し得る職務分掌変更等に基因するものであ	①　法人税基本通達9－2－28は、退職した役員に対する退職給与の損金算入の時期について、本文において、原則的には、株主総会の決議等によりその支給すべき退職給与の額が具体的に確定した日の属する事業年度において、損金の額に算入することとし、ただし書において、例外的ないし特例的に、実際に支払った日の属する事業年度で損金経理することとした場合には、税務上もこれを認めることを定めている。 ②　本件通達ただし書が設けられた趣旨については、❶期中に病気又は死亡等により役員が退職したた

る場合においても同様である。さらに、損金計上時期を早める場合や収益の計上時期を繰り延べる場合と異なり、既に確定した役員退職慰労金を分割払する場合において、実際の支給日の属する事業年度まで損金の額への算入時期を繰り延べることによって、法人税の不当な軽減が図られることは通常考え難い。したがって、本件通達ただし書に従い、役員退職慰労金を支給した日の属する事業年度において費用として計上する会計処理（本件会計処理）は、法人税法の企図する公平な所得計算という要請に反することはなく、前記①❷の要件を満たすものというべきである。

め取締役会等で内定した退職給与を支払ったが、当該退職給与に関する株主総会の決議等が翌期になるという場合において、原則的な取扱いにより支払時の損金算入を認めないとすることは、役員に対する退職給与の支給の実態から見て余りにも頑なであり、当該退職給与の支払時に所得税の源泉徴収等がされているにもかかわらず、株主総会の決議等を経ていないということのみをもって、法人税法上、支払時の損金算入を認めないとするのは、税務上は必ずしも実態に即していないと考えられること、❷株主総会の決議等により退職給与の額を定めた場合においても、役員であるという理由で、短期的な資金繰りがつくまでは実際の支払をしないということも、企業の実態として十分あり得ることであり、このような場合において、原則的な取扱いしか認めないとすれば、その退職給与の額が不相当に高額でもともと損金として認め得ないようなものであるときやその退職給与の支払が大幅に遅れるなどその確定自体に疑義があ

144

各　論　**2**法人税に関する事案

るときは格別、実態として損金と
して認めてよいようなものである
ときは、やや実情に反するという
べきであることに鑑みて、法人が
役員に対する退職給与の額につ
き、これを実際に支払った日の属
する事業年度で損金経理すること
とした場合には、税務上もこれを
認めることとしたものである。

③　本件通達は、「退職した役員」
（実際に退職した役員）に対する
退職給与の額の損金算入時期を定
めたものであり、分掌変更に際し
て支給される金員のように、特例
的に退職給与として損金算入する
ことが認められる場合にまで適用
することを予定したものではな
い。なお、本件通達の上記趣旨に
よれば、退職給与の額が不相当に
高額でもともと損金として認め得
ないようなものであるときやその
退職給与の支払が大幅に遅れるな
ど、その確定自体に疑義があると
きには、同通達の適用はない。

(6) 裁判所の判断

争点1（本件第二金員が退職基因要件を満たしているか否か）に関して

① 本件役員は、本件分掌変更の前後を通じて原告の取締役の地位にはあるものの、本件分掌変更により、原告の代表権を喪失し、非常勤となって、その役員報酬額も半額以下とされたのであり、本件分掌変更によって、原告を一旦退職したのと同視できる状況にあったということができる。そして、前記認定のとおり、原告は、❶本件株主総会において、本件役員に対し、本件分掌変更に伴う退職慰労金（おおむね2億円ないし3億円を目安とする。）を支給することとして、その支給金額等の詳細は取締役会が決定することを決議し、❷本件総会決議を受けた本件取締役会において、本件役員に対する退職慰労金を2億5,000万円とし、これを分割支給すること等を決議して、❸本件役員に対し、本件退職慰労金の一部として、平成19年8月31日に7,500万円（本件第一金員）を、平成20年8月29日に1億2,500万円（本件第二金員）を、それぞれ支給したのであり、これらの事実経緯に鑑みれば、本件第二金員は退職基因要件を満たしているというべきである。

② 原告は、平成19年8月期の貸借対照表において、本件退職慰労金残額を未払金等として計上していない。しかしながら、前記認定によれば、原告は、本件通達ただし書に依拠して、本件退職慰労金の分割支給について、現実に分割支給した金額を当該支給日の属する事業年度において損金経理することとし、実際にそのような会計処理をしていたということができる。したがって、原告が本件退職慰労金残額を平成19年8月期の未払金等に計上していなかったからといって、本件第二金員の支給を予定していなかったということはできない。

争点2（本件第二金員が一時金要件を満たしているか否か）に関して

① 各種の法律又は退職年金契約に基づいて支払われる金員のうち、年金の形式で支払われるものは、雑所得に分類され（所得税法第35条第

３項）、一時金の形式で支払われるものは退職手当等とみなされること（同法第31条）に鑑みれば、退職所得に該当するための要件として、一時金要件が問題とされているのは、退職を基因として支払われる金員であっても、年金の形式で定期的、継続的に支給されるものを排除する趣旨であるものと解される。そうである以上、退職を基因として支払われる金員が複数回にわたって分割支給されたからといって、そのことのみをもって、当該金員が一時金要件を満たさないということができないことは明らかである。なお、所得税基本通達201－３は、退職手当等の分割払等をする場合の源泉徴収税額の計算等について定めており、また、国税庁は、上記通達の内容をホームページにおいても公表している。

争点３（本件第二金員が法人税法上の退職給与に該当するか否か）に関して

① 法人税法は、「退職給与」について、特段の定義規定は置いていないものの、同法第34条第１項が損金の額に算入しないこととする給与の対象から役員退職給与を除外している上記趣旨に鑑みれば、同項にいう退職給与とは、役員が会社その他の法人を退職したことによって初めて支給され、かつ、役員としての在任期間中における継続的な職務執行に対する対価の一部の後払いとしての性質を有する給与であると解すべきである。そして、役員の分掌変更又は改選による再任等がされた場合において、例えば、常勤取締役が経営上主要な地位を占めない非常勤取締役になるなど、役員としての地位又は職務の内容が激変し、実質的には退職したと同様の事情にあると認められるときは、上記分掌変更等の時に退職給与として支給される給与も、従前の役員としての在任期間中における継続的な職務執行に対する対価の一部の後払いとしての性質を有する限りにおいて、同項にいう「退職給与」に該当するものと解することができる。

② この点、被告は、分掌変更のように、当該役員が実際に退職した事実がない場合には、退職給与として支給した給与であっても、本来、臨時的な給与（賞与）として取り扱われるべきであり、法人税基本通達9－2－32がその特例を定めた特例通達である旨主張しているところ、同主張が、職務分掌変更等に伴い支給される金員は、本来、法人税法上の退職給与に該当しないという趣旨であるならば、これを採用することはできない。

③ 被告は、赤字決算を回避するためとはいえ、その事業年度において発生した費用を翌事業年度以降に繰り延べることは利益調整にほかならない旨主張しているところ、本件第二金員が継続的な職務執行に対する対価の一部の後払いとしての性質を有している以上、被告が主張する点をもって、法人税法上の「退職給与」該当性を否定することはできない。

争点4（本件第二金員を平成20年8月期における損金の額に算入することができるか否か）に関して

① 法人税法基本通達9－2－28は、役員に対する退職給与の損金算入の時期につき、その本文において、株主総会の決議等によりその額が具体的に確定した日の属する事業年度とした上で、そのただし書において、退職給与の額を支払った日の属する事業年度においてその支払った額につき損金経理をした場合には、これを認める旨を定めている。本件通達ただし書は、昭和55年の法人税基本通達の改正により設けられたものであるが、その趣旨は、❶事業年度の中途において、役員が病気や死亡等により退職したため、取締役会等で内定した退職給与の額を実際に支給するものの、当該退職給与に係る株主総会等の決議が翌事業年度に実施されるという場合において、原則的な取扱いにより支給時の損金算入を認めないとすることは、役員に対する退職給与の支給の実態から見て相当ではなく、また、❷株主総会の決議等に

各　論　**2**法人税に関する事案

より退職給与の額を定めた場合においても、役員であるという理由
で、短期的な資金繰りがつくまでは実際の支払をしないということ
も、企業の実態として十分あり得ることであり、このような場合にお
いても、原則的な取扱いにより支給時の損金算入を認めないとするの
は、企業の実情に反することから、法人が、役員に対する退職給与の
額につき、これを実際に支払った日の属する事業年度で損金経理する
こととした場合には、税務上もこれを認めることとしたものであると
解される。

②　被告は、本件通達について、役員が法人を完全に退職した場合につ
き、例外的に支給年度損金経理を認めたものであり、本件役員が原告
を退職していない本件事案において、本件通達ただし書に基づき支給
年度損金経理をすることは許されないという趣旨の主張をしている。

　　しかしながら、法人税法第34条第１項にいう「退職給与」とは、役
員が会社その他の法人を退職したことによって初めて支給され、か
つ、役員としての在任期間中における継続的な職務執行に対する対価
の一部の後払いとしての性質を有する給与であると解すべきであり、
役員としての地位又は職務の内容が激変し、実質的には退職したと同
様の事情にあると認められる場合に退職給与として支給される給与
も、上記「退職給与」に含まれるものと解すべきである。そうである
以上、本件通達における「退職した役員」、「退職給与」といった文言
についても、実質的には退職したと同様の事情にあると認められる場
合をも含むものと解すべきであることは明らかである。

③　もとより、法人税基本通達は、課税庁における法人税法の解釈基準
や運用方針を明らかにするものであり、行政組織の内部において拘束
力を持つものにすぎず、法令としての効力を有するものではない。し
かしながら、租税行政が法人税基本通達に依拠して行われているとい
う実情を勘案すれば、企業が、法人税基本通達をもしんしゃくして、
企業における会計処理の方法を検討することは、それ自体至極自然な

149

ことであるということができる。さらに、金融商品取引法が適用され
ない中小企業においては、企業会計原則を初めとする会計基準より
も、法人税法上の計算処理（税務会計）に依拠して企業会計を行って
いる場合が多いという実態があるものと認められるところ、少なくと
もそのような中小企業との関係においては、本件通達ただし書に依拠
した支給年度損金経理は、一般に公正妥当な会計慣行の一つであると
いうべきである。

(7) 解　説

　本件は、法基通9－2－28の適用が争われた、実務にとって重要な事
案である。課税庁は、要約、本通達は実際に退職した役員に対する退職
給与の額の損金算入時期を定めたものであり、分掌変更に際して支給さ
れる金員のように、特例的に退職給与として損金算入することが認めら
れる場合にまで適用することを予定したものではないと主張するととも
に、本通達ただし書きが設けられた趣旨＊8について、例外的ないし特
例的に、実際に支払った日の属する事業年度で損金経理することとした
場合には、税務上もこれを認めることを定めたものにすぎないと主張し
た。従来から、分掌変更による退職金の分割支給については、本通達た
だし書の適用がないのではないかとの見方もあり、課税庁はこれを主張
したことになる。

　同時に課税庁は、法基通9－2－32の適用についても、法人税法にい
う役員退職給与とは、役員が会社その他の法人を退職したことにより支
給される一切の給与をいうことからすれば、法人が役員の退職の事実が
ないにもかかわらず当該役員に支給する役員退職給与については、同通
達にいう役員の分掌変更等の場合の退職給与に当たり、いわば特例的に
損金算入が認められることになる場合以外には、損金の額に算入するこ

＊8　本通達ただし書は昭和55年の法基通の改正により設けられたものである（資金繰り
　　対応等の趣旨より）。

各　論　❷法人税に関する事案

とはできないと解すべきであると主張した。

　これに対し裁判所は、法人税法第34条第1項の規定は、役員としての地位又は職務の内容が激変し、実質的には退職したと同様の事情にあると認められる場合にも退職給与として支給される給与も退職給与に含まれるものと解すべきであるとして、そうである以上、本件通達の解釈においても、実質的には退職したと同様の事情にあると認められる場合をも含むものと解すべきであるとした。

　また、裁判所は、本通達に依拠して支給年度損金経理を行うという会計処理が、相当期間にわたり、相当数の企業によって採用されていたものと推認できることから、支給年度損金経理は、役員退職給与を分割支給する場合における会計処理の一つの方法として確立した会計慣行であるとした。

　本判決は、中小企業の実態に即して、基本通達に依拠した会計処理を容認したこと、特に中小企業の資金繰りから、2年度にわたる支給であっても、退職した事実あるいは本件のように、退職と同様の事情にある場合には退職給与該当性は失われないとしたことに意義のある判決である。本判決については、「取締役会の支給決議に基づき、2年度にわたって分割支給することも認められる（一時金要件に反するものではない）と解すべきであろう。」との評価がある[9]。

　本判決の結果を受けて、「法人税基本通達逐条解説（八訂版）」における法基通9－2－32の解説が以下のとおり改められた[10]。「ところで、このように原則としては未払金等への計上は認めないこととしていることとの関係上、退職金を分割して支払いその都度、損金算入するといったことも認められないのではないかと見る向きがある。この点、役員の分掌変更等が実質的に退職したと同様の事情にあることが前提であることは言うまでもないが、分割支払に至った事情に一定の合理性があり、

──────────

＊9　金子宏『租税法・第22版』（弘文堂・2017）242頁。
＊10　藤曲武美「法人税法における退職給与の意義」（税務弘報2017.2）151-152頁

かつ、分掌変更段階において退職金の総額や支払時期（特に終期）が明確に定められている場合には、恣意的に退職金の額の分割を行ったと見ることは適当でないことから、支払の都度損金算入することが認められると考えられる*11。」

　実務においては、法基通9－2－32の適用に関し、その形式要件を充足すれば、すなわち「代表権を外して報酬を2分の1未満にすれば損金算入が認められる」と考える納税者が存在し、その対応に苦慮する税理士も多いのではないかと思われる。しかし、本判決及び通達解釈の変更をまとめると、法基通9－2－32のポイントは、役員の分掌変更等に対する退職金の分割支給に対し、一定の合理性があり、退職金の総額や支払時期が明確に定められている場合に、当該分割支給の損金算入を認めるということであり、いずれも実態が伴うことを要求している点に注意が必要である。

(8)　関連裁判例・裁決事例

① 　京都地裁平成18年2月10日判決*12

　前代表者の甲（乙の妻）は分掌変更後も原告会社の取締役であり、報酬も95万円からは大きく減額されたものの45万円を受け取り、取引先との対応にも従事し、前取締役乙も監査役として原告会社との委任関係は続いていたことから、甲及び乙が退職したということはできず、また、法基通9－2－23に該当する事実が存在するとしても、形式的に(1)～(3)までの何れかに当たる事実がありさえすれば、当然に退職給与と認めるべきという趣旨と解することはできず、退職したのと同様の事情があると認めることはできないから、各退職給与は、法人税法上、損金に算入することはできないとされた。

＊11　小原・前掲書769-770頁
＊12　TAINS・Z256-10309

各　論　**2**法人税に関する事案

② 京都地裁平成23年 4 月14日判決（一部認容）＊13

　原告（学校法人 A）の理事長、かつ A 学院 R 校の校長の地位にあった乙は、R 校の校長等を辞し、最高かつ最終決定権者から象徴的な地位へ再定義された A 学院長、及び F センター長の就任によって、勤務の性質、内容、労働条件等に重大な変動があったということができ、また、退職時点で体力的にも従来と同様の職務を継続することが困難となっていたことは明らかで、社会的に見ても退職するのに相当な事情があったということができ、所基通30－ 2 （引き続き勤務する者に支払われる給与で退職手当等とするもの）の趣旨に照らしても、退職と同視する特別な事情があったというべきであるとした。

③ 大阪地裁平成20年 2 月29日判決＊14

　原告法人の理事長が高校校長から大学学長に就任することにより、「退職すなわち勤務関係の終了という事実」があったのか否かの検討によれば、その量において相当軽減され、勤務形態自体が異なるとともに、その内容、性質においても学校の代表者、最終責任者という点では本質的な違いはないものの、具体的な職務内容や自らのかかわり方については相当程度異なること等から、大学理事長就任後の勤務関係をその校長在職時の勤務関係の単なる延長とみることはできないとした上で、「実質的にみて、上記要件＊15の要求するところに適合し、少なくとも課税上、これと同一に取り扱うのが相当というべきである。」とし、退職所得に該当するとした。

＊13　TAINS・Z261-11669。支給金額 3 億2,000万円。なお、第 2 事件である源泉所得税の還付を求める部分等は棄却されている。
＊14　TAINS・Z258-10909
＊15　退職給与等に当たるためには、①退職すなわち勤務関係の終了という事実によって初めて給付されること、②従来の継続的な勤務に対する報償ないしその間の労務の対価の一部の後払の性質を有すること、③一時金として支払われること、との要件が必要である（最高裁昭和58年 9 月 9 日判決、同昭和58年12月 6 日判決より引用）。

なお、職務変更前の報酬が149万6,255円であったところ、変更後も117万9,330円（約21％減。役員報酬を除けば約30％減）であり、激減していないことについては、「甲の勤務関係の変更は、一応その給与額に反映されているということができる。」とし、そのことだけをもって退職所得に該当しないことの根拠にはできないものとしている。

各　論　**2**法人税に関する事案

２．浚渫業における傭船料
　長崎地裁平成12年１月25日判決*1

(1)　関係法令

○法人税法第22条（各事業年度の所得の金額の計算）

　　内国法人の各事業年度の所得の金額は、当該事業年度の益金の額から当該事業年度の損金の額を控除した金額とする。

２　内国法人の各事業年度の所得の金額の計算上当該事業年度の益金の額に算入すべき金額は、別段の定めがあるものを除き、資産の販売、有償又は無償による資産の譲渡又は役務の提供、無償による資産の譲受けその他の取引で資本等取引以外のものに係る当該事業年度の収益の額とする。

３　内国法人の各事業年度の所得の金額の計算上当該事業年度の損金の額に算入すべき金額は、別段の定めがあるものを除き、次に掲げる額とする。

　一　当該事業年度の収益に係る売上原価、完成工事原価その他これらに準ずる原価の額

　二　前号に掲げるもののほか、当該事業年度の販売費、一般管理費その他の費用（償却費以外の費用で当該事業年度終了の日までに債務の確定しないものを除く。）の額

　三　当該事業年度の損失の額で資本等取引以外の取引に係るもの

　　（以下省略）（下線筆者）

　趣　旨

　本条は課税所得計算の基本的規定であり、所得の金額の計算構造を明

....

＊１　TAINS・Z246-8566。（なお、控訴審、福岡高裁平成12年12月15日判決（棄却・控訴人上告）（TAINS・Z249-8801）、上告審、最高裁平成13年６月８日決定（棄却、上告不受理）（TAINS・Z250-8918）。）

155

らかにし（第1項）、益金の額（第2項）、損金の額（第3項）、いわゆる公正処理基準（第4項）、資本等取引の定義（第5項）を定めている。

第3項の損金の額は、売上原価、完成工事原価等（その1）、販売費、一般管理費その他の費用（その2）、損失（その3）の三つに区分される[2]。

なお、前払費用は、法基通2－2－12（債務の確定の判定）からは、(1)債務の成立、(2)給付原因たる事実の発生、(3)合理的な金額の算定という3要件のうち、(2)の要件を充たさず、債務が確定しないことから、本来、損金の額には算入されないものである。

(2) 適用通達
○法基通2－2－14（短期の前払費用）

> 前払費用（一定の契約に基づき継続的に役務の提供を受けるために支出した費用のうち当該事業年度終了の時においてまだ提供を受けていない役務に対応するものをいう。以下2－2－14において同じ。）の額は、当該事業年度の損金の額に算入されないのであるが、<u>法人が、前払費用の額でその支払った日から1年以内に提供を受ける役務に係るものを支払った場合において、その支払った額に相当する金額を継続してその支払った日の属する事業年度の損金の額に算入しているときは、これを認める。</u>（下線筆者）
>
> (注) 例えば借入金を預金、有価証券等に運用する場合のその借入金に係る支払利子のように、収益の計上と対応させる必要があるものについては、後段の取扱いの適用はないものとする。

解 説

・前払費用とは、等質等量のサービスを期間の経過に応じて自動的に受

---

[2] 武田・前掲書1103頁

ける前払いの費用をいい、この意義をさらに解析すると、①一定の契約に従って継続的に等質等量のサービスを受けること、②役務の提供の対価であること、③翌期以降において時の経過に応じて費用化されるものであること、④現実にその対価として支払ったものであること等の要件をすべて満たす費用ということになる*3。

・なお、本通達においては、重要性の原則や継続性の原則との関係について直接触れられていないものの、その趣旨が、課税上の弊害が生じない範囲内での費用計上の基準の緩和といったことからすれば、実質的にはそれらの原則を踏まえた上で、税務処理すべきである*4。

『DHC コンメンタール法人税法』（第一法規、加除式）1121の7頁にも、「前払費用は、本来は損金の額に算入されないのであるが、1年以内に提供を受けるものについては、いわゆる重要性の原則の立場から、継続性を要件としてこれを支払時の損金の額に算入することができるものとしている。」とある。

(3) 事案の概要（長崎地判平12.1.25）

浚渫業を営む納税者は、法基通2−2−14（短期の前払費用）を適用し、次期売上対応の傭船料5,000万円のその全額を当期の工事原価として損金の額に算入した上で法人税の確定申告をしたところ、課税庁は、月割の1か月分のみ損金算入が可能であるとして、更正及び過少申告加算税の賦課決定をした。それに対し、納税者がその取消しを求めて出訴した事案である。

---

*3　坂元他・前掲書393頁
*4　坂元他・前掲書390頁では、継続性の原則について、「1年以内の前払費用である限り、原則として、その支出の反復継続性の有無とは無関係に本通達の適用があると考えてよい。」とするが、「ただし、専ら租税回避目的で不急不要の前払を行い、本通達を悪用するようなものについては、本通達の適用が不適当とされることもあり得る。」としている。

⑷ 争点

① 本件取引に、法人税基本通達 2 – 2 –14の適用はあるか。

⑸ 争点に対する納税者及び課税庁の主張

納税者	課税庁
① ところで、費用収益対応の原則は、収益（売上高等）と費用（売上原価、販売費及び一般管理費等）は、期間的に対応したものでなければならないというものであり、法人所得の計算についても妥当する。そして、費用収益の実質対応は、具体的には費用と収益との間に因果関係が存在することを意味するが、原因と結果との結びつきの緊密性にはかなりの程度の差異が見られ、結果としての収益に対し、売上原価等必要・不可避で金額も比例する関係として認識できるものと販売費や一般管理費の大部分等必要・不可避だが金額は比例しない関係のものとに大別される。このうち、販売費及び一般管理費の多くは、経常的に発生するものについては期間収益に対応する期間費用として一般に処理されているが、このような扱いは便宜的なものである。右のように便宜	① 本件通達は、短期の前払費用（一定の契約に基づき継続的に役務の提供を受けるために支出した費用のうち当該事業年度終了の時においてまだ提供を受けていない役務に対応するもの）について、前段で、前払費用の額は当該事業年度の損金の額に算入されない旨定めた上、後段で、前払費用の額でその支払った日から一年以内に提供を受ける役務に係るものを支払った場合において、その支払った額に相当する金額を継続してその支払った日の属する事業年度の損金の額に算入しているときはその算入を認める旨定めている。これは、前払費用についても原則として費用収益対応の原則が妥当することを確認した上で、一定の前払費用については例外的に期間対応で計上することを認めることにしたものであるが、同通達は、法人の会計処理が一定の計算基準を

的な取扱いである以上、本件における前払費用の扱いも、売上原価であるという理由のみで処理するのは不正確であり、次期以降の収益と対応する部分を調査分析した処理が必要である。

② 本件の場合、原告がする港湾の浚渫は請負工事であり、かつ、事前に作業船を準備して工事の発注を待つのが工事受注の要件となっていたため、原告は工事受注以前に必要と見込まれる船舶を傭船する必要があった。その場合、格安になる年間契約を結ぶことは経済活動として当然のことであり、また、原告は次年度以降も同様の傭船契約を締結しており、この年の支出経費について恣意的な操作を加えたわけでもない。

③ 平成9年4月以降、本件船舶に係る収益（受注）はなかったが、傭船料は発生しているのであって、これは工事（役務）の履行のために直接要した費用ではないが、収益（受注）のためには不可欠な費用であって、どちらかといえば販売費及び一般管理費の大部分に準ずる性質のものであって、

継続して適用していること及びその計算基準を適用することに相当の理由があると認められ、かつ、課税上さしたる弊害がないと認められることを要件として前払費用の当該事業年度の損金の額への算入を認めていた、旧通達（昭和42年9月30日国税庁長官通達「特定の期間損益事項にかかる法人税の取扱いについて」）を受け継いだものであって、本件通達(1)の後段に係る前払費用の損金の額への算入についても旧通達の右要件の充足を必要とすると考えられる。

② 右通達が規定する短期の前払費用の処理は、企業会計上の重要性の原則に基づくものであって、同通達の適用を受ける前払費用に当たるか否かについては、それが重要性に乏しい支出か否かによって判断されるべきであるが、原告の財務内容に照らし、また、傭船料は浚渫業者にとって重要度の高い原価であることから考えても、本件傭船料の支出は重要性の乏しいものとはいえない。

| | 収入に比例して生ずる原価（変動費）ではなく、期間対応すべき費用（固定費）である。
④　これらのことから原告の会計処理は公正処理基準に反しないものである。 | |

(6)　判決

①　本件通達の後段は、前段で確認された前払費用への費用収益対応の原則の適用の例外をなすものであり、その例外を認める根拠は、税務においても重要性の原則（企業会計原則注解1に規定され、「重要性の乏しいものについては、本来の厳密な会計処理によらないで他の簡便な方法によることも正規の簿記の原則に従った処理として認められる。」とするものである。なお、同原則は、税務処理上「課税上さしたる弊害がないと認められる。」と表現されている。）に基づく会計処理を認めたところにあるものと考えられる。したがって、同原則から逸脱しない限度でその適用が認められるべきところ、前払費用に係る税務処理が重要性の原則で認められた範囲を逸脱していないかどうかの判断にあたっては、前払費用の金額だけでなく、当該法人の財務内容に占める割合や影響等も含めて総合的に考慮する必要がある。

　このような重要性の原則は企業会計上明らかなことであって、本件通達中にその判断基準が明示されていないからといって、課税要件明確主義に反するとはいえない。

②　本件において、本件備船料中の前払費用相当分は多額である上、……、原告の財務内容に占める割合や影響も大であって、前払いした5,000万円全額を平成7事業年度の費用として計上し、同年度の損金の額に算入することは、重要性の原則で認められる範囲から逸脱する

各　論　**2**法人税に関する事案

ものであり、許されない。

③　加えて、本件通達の後段は、継続した同様の会計処理を要件としているが、原告は、平成7事業年度以前には、同年度のように備船料を前払いしてこれを支出の日の属する事業年度の損金の額に算入する会計処理は行っていなかったのであって、右継続性の要件も満たさない。

(7)　**解説**

①　本通達の適用に関して

本通達は、前払費用について、原則支出した期の損金の額に算入されないものとするが、その後段において、「法人が、前払費用の額でその支払った日から1年以内に提供を受ける役務に係るものを支払った場合において、その支払った額に相当する金額を継続してその支払った日の属する事業年度の損金の額に算入しているときは、これを認める。」として、例外的に、1年以内の短期前払費用について、いわゆる期間対応の繰延経理をせずに、その支払時点での損金算入を認めている。

なお、注書きは、「例えば借入金を預金、有価証券等に運用する場合のその借入金に係る支払利子のように、収益の計上と対応させる必要があるものについては、後段の取扱いの適用はないものとする。」が、これは、「明らかにひも付きの見合い関係」にあるものは収益との対応関係から支払時の損金算入は認められないとしたものである[5]。

本判決においては、浚渫業における備船料は、納税者が主張する販売費及び一般管理費等には該当せず、売上原価等であり、そのことから費用収益対応の原則のとおり、当該事業年度に損金算入できるのは、月割計算による1か月分のみとする。

また、本件前払費用を損金算入する場合には、重要性の原則を逸脱し

[5]　小原・前掲書206頁以下。

てはならないとされるが、その判断は、金額の多寡や財務内容に占める割合、影響等も含めて総合的に考慮する必要があり、このことは企業会計上明らかなことであって、その判断基準が本通達に示されていないことをもって課税要件明確主義に反するという納税者の主張は否定された[6]。

さらに、裁判所は、当該事業年度以前は、備船料の1年間の前払い、及び損金算入をしていなかったことから（それ以後は本件と同様の処理はしている）、継続性の観点からも認められないとする。

② 実務上の留意点

本通達（後段）は、短期の前払費用について、課税上の弊害の生じない範囲内で費用計上の基準を緩和し、支払時の事業年度における損金算入を認めるものである。したがって、本取扱いをいわゆる租税回避的に利用して、利益の繰延べ等を図ることは認められないのは当然であるが、売上原価等、いわゆるひも付きの見合い関係にあるものも本通達を適用して、支払時の損金に算入することは認められないとされる[7]。

具体的に、本件通達の後段が適用されるのは、例えば、地代家賃、保険料、リース料、支払利息等であって、その1年以内に役務の提供を受ける短期の前払費用である。

なお、地代家賃等であっても、製造原価に該当する、製造業の工場の敷地等の地代や家賃、あるいは製造機械のリース料等については、原則として、本件通達の後段の適用がないとされることにも注意が必要である[8]。

....

[6] 酒井教授は、『税理士業務に生かす！通達のチェックポイント』（第一法規、平成29年）82-83頁において、「不確定である重要性という概念を、法人税法上の規範とすることに適正公平な課税の観点からも疑問を抱く。」、「「重要性の原則」が短期前払費用の損金算入における判断基準として採用されるとしても、それは極力立法的措置により手当されるべきと考える。」とする。

[7] 小原・前掲書206頁以下。

各　論　**2**法人税に関する事案

(8)　関連裁判例等

① 　東京地裁平成19年6月29日判決*9

　パチンコ店を経営する納税者（株式会社A）がパチンコに係る特殊景品の換金業務に関し、一括して支払った年間手数料については、その納入量及び代金額が日々の業務内容により変動するのであるから、本件手数料は等質等量の役務の対価とは認められず、そうであれば、時の経過に応じて収益と対応させる必要があることから、未経過分の損金算入は認められないものとして否定された。

② 　平成16年3月24日裁決*10

　個人病院を経営する納税者が同族会社に支払った未経過分の地代が、所基通37-30の2（短期の前払費用）により、損金の額に算入することが認められるためには、①一定の契約に従って継続的に等質等量のサービスを受けること、②役務の提供の対価であること、③翌期以降において時の経過に応じて費用化されるものであること、④現実にその対価として支払ったものであること等の要件をすべて満たす必要があるが、本件賃貸契約書が1年分を支払うことになっているのに対し、実際には6か月分しか支払っておらず、①の要件である一定の契約には従っていないことが認められることから、本通達を適用できないとされた。

③ 　平成15年2月20日裁決*11

　本件役員報酬等は、会社の財務内容に占める割合（対象年度の売上金

---

*8　他方、坂元他・前掲書390頁には、「なお、本通達の適用対象となる短期の前払費用は、何もいわゆる期間費用として損金算入される販売費・一般管理費に属する前払費用に限られない。売上原価、工事原価等の収益との客体対応により損金算入される原価項目に属する前払費用についても、当然にその適用がある。」との解説がある。

*9　TAINS・Z257-10743

*10　TAINS・F0-1-264

*11　TAINS・J65-3-25

163

額に占める人件費の割合は52.5％ないし56.3％、内各役員報酬等の金額の割合も31.0％ないし40.7％と高率かつ可変的）などからして、重要性の乏しい費用とは認められないとされた。

　なお、役員報酬の短期前払費用該当性については、平成9年3月5日裁決[*12]においても、役員報酬は、①委任の対価であって、時の経過に応じて自動的、合理的に費用化される利息、地代、家賃等とは性質が異なること、②企業利益を生み出す重要な費用であり、重要性が乏しいとはいえないことから認められないとされた。

④　平成11年12月24日裁決[*13]
　本件業務委託料（対象各年度981,120,000円、1,553,290,000円）は各年度の経常利益の約203％、約486％であり、また、本件店舗賃借料（各対象年度202,672,860円、203,892,456円）は各年度の経常利益の約42％、約64％であって、極めて高額な費用で、重要性の乏しいものとは認められず、短期の前払費用とは認められないとされた。

⑤　広島高裁平成15年5月30日（松江支部）判決[*14]
　納税者がリース料の支払について、法基通2－2－14により損金対象にしたことに対し、本法基通の適用は、「継続性の原則を満たすとともに、重要性の原則から逸脱しない限度で認められるべきであり、形式的には、同通達に明示された要件を充たす場合でも、上記両原則から逸脱する場合にはその準用は認められないというべきである。」とし、さらに逸脱しているか否かの判断は、前払費用の金額だけでなく、法人の財務内容に占める割合や影響も含めて総合的に判断すべきであると判示した。

[*12]　TAINS・F0-2-172
[*13]　TAINS・F0-2-173
[*14]　TAINS・Z253-9358（松山地裁平成13年10月24日判決（却下・棄却）（TAINS・Z251-9010））、最高裁平成17年3月1日決定（上告不受理・棄却）（TAINS・Z255-09946）

各　論　**2**法人税に関する事案

3．養老保険における危険保険料の損金性
　　平成8年7月4日裁決* 1

(1)　関係法令

○法人税法第22条

　　内国法人の各事業年度の所得の金額は、当該事業年度の益金の額から当該事業年度の損金の額を控除した金額とする。

2　　内国法人の各事業年度の所得の金額の計算上当該事業年度の益金の額に算入すべき金額は、別段の定めがあるものを除き、資産の販売、有償又は無償による資産の譲渡又は役務の提供、無償による資産の譲受けその他の取引で資本等取引以外のものに係る当該事業年度の収益の額とする。

3　　内国法人の各事業年度の所得の金額の計算上当該事業年度の損金の額に算入すべき金額は、別段の定めがあるものを除き、次に掲げる額とする。

　　一　当該事業年度の収益に係る売上原価、完成工事原価その他これらに準ずる原価の額

　　二　前号に掲げるもののほか、当該事業年度の販売費、一般管理費その他の費用（償却費以外の費用で当該事業年度終了の日までに債務の確定しないものを除く。）の額

　　三　当該事業年度の損失の額で資本等取引以外の取引に係るもの

　　（以下省略）（下線筆者）

---

* 1　TAINS・F0-2-055

⑵　適用通達
○法基通９−３−４（養老保険に係る保険料）

　　法人が、自己を契約者とし、役員又は使用人（これらの者の親族を含む。）を被保険者とする養老保険（被保険者の死亡又は生存を保険事故とする生命保険をいい、傷害特約等の特約が付されているものを含むが、９−３−６に定める定期付養老保険を含まない。以下９−３−７までにおいて同じ。）に加入してその保険料（令第135条《確定給付企業年金等の掛金等の損金算入》の規定の適用があるものを除く。以下９−３−４において同じ。）を支払った場合には、その支払った保険料の額（傷害特約等の特約に係る保険料の額を除く。）については、次に掲げる場合の区分に応じ、それぞれ次により取り扱うものとする。

⑴　死亡保険金（被保険者が死亡した場合に支払われる保険金をいう。以下９−３−５までにおいて同じ。）及び生存保険金（被保険者が保険期間の満了の日その他一定の時期に生存している場合に支払われる保険金をいう。以下９−３−４において同じ。）の受取人が当該法人である場合　その支払った保険料の額は、保険事故の発生又は保険契約の解除若しくは失効により当該保険契約が終了する時までは資産に計上するものとする。

⑵　死亡保険金及び生存保険金の受取人が被保険者又はその遺族である場合　その支払った保険料の額は、当該役員又は使用人に対する給与とする。

⑶　死亡保険金の受取人が被保険者の遺族で、生存保険金の受取人が当該法人である場合　その支払った保険料の額のうち、その２分の１に相当する金額は⑴により資産に計上し、残額は期間の経過に応じて損金の額に算入する。ただし、役員又は部課長その他特定の使用人（これらの者の親族を含む。）のみを被保険者としている場合には、当該残額は、当該役員又は使用人に対する給与とする。（下線筆者）

各　論　**2** 法人税に関する事案

解　説

・養老保険は被保険者が死亡した場合に保険金が払われるほか、保険期間満了時に被保険者が生存している場合にも満期保険金が支払われる生死混合保険で保障と貯蓄の二面性があり、その保険料は、①積立保険料（満期保険金の支払財源）、②危険保険料（死亡保険金の支払財源）、③付加保険料（新規募集費その他の経費に充当）からなる。

・本通達の(3)の場合は、「その保険料のうち、法人が受取人である生存保険金に係る部分、すなわち積立保険料部分については法人において資産計上すべきことはいうまでもないが、死亡保険金に係る部分、すなわち危険保険料部分については、受取人が被保険者の遺族となっていることからみて、法人において資産計上することは適当ではない。」とし、危険保険料部分については、原則、福利厚生費として期間の経過に応じて損金の額に算入できることとする。

・このような場合の積立保険料と危険保険料との区分については、通常、契約者サイドにおいて容易に知ることが困難と考えられるため、一種の簡便法として、支払った保険料のうち2分の1を積立保険料とし、残額は危険保険料に該当するものとして計算することとしている[2]。

(3)　事案の概要（平8.7.4裁決）

　運送業を営む同族会社である納税者が郵政省（当時）ほか2社の生命保険会社との間で、①契約者を納税者、②被保険者を従業員、③死亡保険金の受取人を従業員の遺族、④満期保険金の受取人を会社、⑤保険期間を10年とする生命保険（いわゆる養老保険）契約を締結し、支払保険料の2分の1相当額を保険積立金として資産に計上し、残りの2分の1相当額を福利厚生費として、平成3年6月期12,524,736円、平成4年6

....

[2]　小原・前掲書802頁以下

167

月期24,839,006円、平成5年6月期27,928,922円を損金の額に算入したところ、課税庁は、本件各保険契約は、①被保険者である従業員の同意を得ずに締結されたものであること、②従業員の福利厚生を目的としたものではなく、納税者の利益の繰延を目的としたものであることから、福利厚生費として損金の額には算入できず、これらの額は保険積立金として資産に計上すべきであるとして、更正処分を行った。

そこで、納税者は本更正処分を不服として、その取消しを求め、審査請求した事案である。

(4) 争点

本件保険料に関して、法基通9-3-4に従った納税者の処理が認められるか否か。

(5) 納税者の主張

① 本件のような養老保険については、その保険料を貯蓄性のある満期保険金部分と貯蓄性のない死亡保険金部分とに区別することが困難であるため、法人税基本通達9-3-4において、支払保険料を2分して、その1を死亡保険金に対応する保険料、つまり、一種の福利厚生費として損金の額に算入することを認めることとされている。

② 養老保険の支払保険料が、課税上、一種の福利厚生費として損金の額に算入することが認められるのは、支払保険料が危険保険料の性質を有し、一種の福利厚生費としての機能・側面を実際に有しているからである。

③ これを会計上からみると、本件各生命保険契約が有効に締結されると、被保険者に保険事故が発生する可能性は、その締結時から終了のときまでの間で均等に発生していると解するのが確立した社会通念であり、これを前提に、法人税基本通達9-3-4（養老保険）及び同9-3-5（定期保険）は、保険事故発生の可能性に対応する支払保

険料を期間の経過に応じて損金の額に算入することを認めることとしているものと解され、これが公正妥当な会計慣行である。

これに反して、原処分庁の主張によれば、保険事故発生まで危険保険料部分の支払保険料を保険積立金として資産に計上しておき、保険事故発生時にこれを雑損失として一時的に損金の額に算入することとなり、このことは、公正妥当な会計慣行に反するものとなる。

⑹　課税庁の主張

①　法人税基本通達9－3－4に定めるところの趣旨は、法律上の形式面だけをとらえて、すなわち、請求人を保険契約者とし、死亡保険金の受取人を従業員の遺族とし、満期保険金の受取人を請求人とする、いわゆる養老生命保険契約であるからといって、直ちに同通達を適用して、その支払保険料の2分の1相当額が損金の額に算入されると解すべきではない。

養老保険に係る生命保険料については、その保険料が貯蓄性のある満期保険金に対応する部分と死亡保険金に対応する部分とに区分することが困難であるため、便宜上これを2分してその1に相当する額を積立保険料として資産に計上するものとし、その1に相当する額を死亡保険金に対応する保険料とし、一種の福利厚生費として損金の額に算入することを認めるという同通達の趣旨に照らせば、本件各生命保険契約に係る支払保険料は、その全額が請求人の投資目的の資産に係る部分であることは明らかであるから、そもそも資産相当額部分と損金相当額部分とを区分する必要はなく、その全額を保険積立金として計上すれば足りるというべきであり、本通達を適用する余地はない。

②　したがって、本件各生命保険契約に係る支払保険料の額は、その全額が保険積立金として請求人の資産に計上されるべきであり、当該金額の2分の1相当額を福利厚生費として損金の額に算入しないとすることが、法人税法第22条（各事業年度の所得の金額の計算）第4項に

規定する公正妥当な会計処理の基準にも合致するものである。

(7) 裁決

① ところで、法人税法では、生命保険に係る保険料の取扱いについて、別段の定めをおいていないため、同法第22条の規定により取り扱われることになる。

② 法人税法第22条第1項は、内国法人の各事業年度の所得の金額は、当該事業年度の益金の額から当該事業年度の損金の額を控除した金額とする旨規定し、同条第3項は、内国法人の各事業年度の所得の金額の計算上、当該事業年度の損金の額に算入すべき金額は、別段の定めがあるものを除き、当該事業年度の収益に係る売上原価等のほか販売費、一般管理費その他の費用の額及び資本等取引以外の取引に係る損失の額とする旨規定している。

また、法人税法第22条第4項は、同条第3項の当該事業年度の損金の額に算入すべき金額は、一般に公正妥当と認められる会計処理の基準に従って計算されるものとする旨規定している。

③ つまり、養老保険の保険料には万一の場合の保障と貯蓄との二面性があるところから、これを会計処理の面からみると、死亡保険金の受取人が被保険者の遺族で、満期保険金の受取人が保険契約者である法人の場合、その支払った保険料のうち、法人が受取人である満期保険金に係る部分、すなわち積立保険料の部分については法人において資産に計上すべきことはいうまでもないが、死亡保険金に係る部分、すなわち危険保険料部分については、受取人が被保険者の遺族となっていることからみて、法人において資産に計上することを強制することは適当でなく、このような場合の危険保険料部分の取扱いについては、原則として、一種の福利厚生費として期間の経過に応じて損金の額に算入できるものと解することが法人税法第22条の規定に沿うものと認められる。

各　論　**2** 法人税に関する事案

④　そして、通常、生命保険の契約書等においては養老保険契約に係る保険料につき積立保険料部分と危険保険料部分とが区分して記載されていないため、保険契約者においてこれを区分して経理することは困難であると考えられることからすれば、簡便的に、養老保険の支払保険料を2分し、その1に相当する額を当該支払保険料の危険保険料部分として損金の額に算入する旨を定めた法人税基本通達9－3－4の取扱いは、特段の事情がない限り、相当であると認められる。

⑤　以上のことから総合して判断すると、本件各生命保険契約への加入は、投資目的として課税の繰延べを意図したことも窺えるものの、従業員に対する福利厚生に資するために加入したものではないと断定するには無理があり、原処分庁の❶保険に加入することについて被保険者たる従業員の同意を得ないまま、請求人において一方的に締結されたものである、❷保険期間の満了を待たず、保険加入後、短期間のうちに解約することを前提として締結されたものである、❸福利厚生目的で加入したものではないとの主張にはいまだ十分な合理的理由が認められない。

　　また、本件各生命保険契約は請求人と本件各生命保険会社との間で有効に成立している養老保険であり、かつ、その効力発生に何らの問題がないことからすると、上記のとおり、危険保険料部分として支払保険料の2分の1に相当する額を損金の額に算入することは相当であり、支払保険料の全額を請求人の投資目的の資産たる保険積立金に計上すべきであるとの原処分庁の主張は採用できない。

(8)　**解説**

①　裁決の判断と課税庁処分の基本通達に対する考え方

　　本件事案は、納税者の締結した生命保険契約が、基本通達9－3－4の文言にあてはまるものであったにもかかわらず、課税庁が納税者には租税回避の意図があるとして、事実認定によって納税者の処理を否認し

ようとした点、すなわち、国税庁の法解釈を否定して、これと異なる課税処分をした点にその主張が排斥された要因があったといえよう。

　課税庁は、逐条解説にいう本通達の趣旨、すなわち「危険保険料部分の福利厚生性」に着目し、納税者の意図が課税の繰延べあるいは投資目的にあって、従業員の福利厚生を意図するものではなかったこと（この論拠によれば危険保険料部分は福利厚生費でも従業員に対する給与でもなく、資産計上されるべきこととなる）を、事実認定の積み上げにより立証しようとした。

　これに対し、審判所は、養老生命保険契約に係る保険料につき、保険契約者において積立保険料部分と危険保険料部分とに区分して経理することは困難であり、簡便的な取扱いを示す本通達は、特段の事情がない限り相当であるとした。そのうえで、本件に特段の事情があったかどうかにつき、納税者の課税の繰延べの意図は窺えたとしても、従業員に対する福利厚生費としての機能・側面の全部を否定し、全額資産計上を強制するだけの「十分な合理的な理由」は認められないと判断して、納税者の主張を全面的に認めた。

　我が国の税法は、租税法律主義によって、納税者に予測可能性が担保されている。本裁決は、その機能に制限を加えるには、十分な合理的な理由が必要であることを示す重要な裁決といえるであろう。

②　法基通９－３－４の実務上の留意点

　本件においては、従業員全員を加入させた養老保険契約そのものの有効性と福利厚生性が認められたことから、納税者の主張は認められた。しかし、従業員の周知の事実がまったくないようなケースでは、違った判断が示されたかもしれない。

　養老保険において、保険料の２分の１を福利厚生費として損金の額に算入するためには、契約の継続性、及び従業員の普遍的加入が要件となる。普遍的加入については、年齢、勤続年数、部署等に基づく公平な加

郵便はがき

料金受取人払郵便

大阪北局
承　認

294

差出有効期間
2020年3月
14日まで

（切手不要）

５３０-８７９０

４７８

大阪市北区天神橋2丁目北2－6
大和南森町ビル

株式会社 清文社 行

|||||||||||||||||||||||||||||||||||||||||

ご住所 〒（　　　　　　　）

ビル名　　　　　　　　　（　　階　　　号室）

貴社名

　　　　　　　　　部　　　　　　　　課

ふりがな
お名前

電話番号

ご職業

※本カードにご記入の個人情報は小社の商品情報のご案内、またはアンケート等を送付する目的にのみ使用いたします。

┌─ 愛読者カード ──────────

ご購読ありがとうございます。今後の出版企画の参考にさせ
ていただきますので、ぜひ皆様のご意見をお聞かせください。

■本書のタイトル （書名をお書きください）

1. 本書をお求めの動機

1.書店でみて（　　　　　　　　　　　）　2.案内書をみて

3.新聞広告（　　　　　　　　　　　）　4.雑誌広告（　　　　　　　　）

5.書籍・新刊紹介（　　　　　　　　）　6.人にすすめられて

7.その他（　　　　　　　　　）

2. 本書に対するご感想 （内容、装幀など）

3. どんな出版をご希望ですか （著者・企画・テーマなど）

◆新刊案内をご不要の場合は下記□欄にチェック印をご記入下さい

　新刊案内不要　　□

◆メール案内ご希望の方は、下記にご記入下さい

E-mail

各　論　■2法人税に関する事案

入が必要とされ、また従業員ごとに保険金額に差がある場合には、その格差が合理的な基準によるものである必要もある。制度設計の段階で、また個々人の加入時において、慎重な判断が求められるが、就業規則、社内規定等によって明確化しておくことが望ましいのであろう＊3。

　なお、普遍的加入と認められない場合には、福利厚生費とは認められず、役員・管理職等の特定の者のみが加入する場合は被保険者の給与、あるいは役員給与として取り扱われることになるので注意が必要である。

　この場合、保険料相当額の給与は、一般に定期同額給与に該当するものとされるので（法基通9－2－11(5)）、被保険者が使用人であるときはもとより、役員であるときであっても、当該保険料を含め過大役員給与にならない限り、いずれも損金の額に算入されることになる。

　また、役員・従業員の大部分が同族関係者である場合も、同族関係者の保険料は福利厚生費ではなく、当該被保険者の給与として取り扱われる場合があることにも注意が必要であろう＊4。

③　その他参考
○**生命保険に関する法基通一覧（保険料等）**

法基通	項　　目
9－3－4	養老保険に係る保険料
9－3－5	定期保険に係る保険料
9－3－6	定期付養老保険に係る保険料
9－3－6の2	傷害特約等に係る保険料

＊3　保険税務事例研究グループ編『八訂版　保険税務Q＆A』（税務研究会出版局、平成29年）29頁。
＊4　保険税務事例研究グループ編・前掲書29頁。なお、「大部分」の判断基準につき明確な規定はないが、実務上、80％が一つの基準とされるとする。

173

9－3－7	保険契約の転換をした場合
9－3－7の2	払済保険へ変更した場合
9－3－8	契約者配当

○養老保険の場合（法基通9－3－4、9－3－6の2、9－3－8）[5]

保険金受取人		主契約保険料	特約保険料	契約者配当
死亡保険金	生存保険金	（9－3－4）	（9－3－6の2）	（9－3－8）
法　人		資産計上	損金算入（ただし、役員等のみを特約給付金の対象とする場合は給与）	資産計上額から控除できる
従業員の遺族	従業員	給　与		益金算入
従業員の遺族	法　人	1/2資産計上、1/2損金算入（ただし、役員等のみを被保険者とする場合は給与）		益金算入

（注）　いわゆる「逆ハーフタックスプラン」（契約者：法人、被保険者：役員・従業員、保険受取人（満期）：被保険者／（死亡）：法人）というものもある。法基通9－3－4の養老保険（いわゆる福利厚生プラン）に対し、保険金受取人の関係を逆にしたものであることから、本通達を類推適用し、同様の取扱い（1/2損金計上。1/2資産計上）としている場合が多いと思われるが、現在、法基通等が存在しないことには注意が必要である[6]。

＊5　小原・前掲書811頁
＊6　保険税務事例研究グループ編・前掲書32-33頁

各　論　❷法人税に関する事案

⑼　裁判例・裁決事例等
①　平成 5 年 8 月24日裁決＊7

　印刷業を営む同族会社である納税者が保険加入の対象者として、❶勤続年数15年以上、❷年齢40歳以上、❸定年までの定着度の各要件を総合勘案して各職種より選定した旨主張するが、実際には主任以上の基準を設けた上で主任以上の全従業員を対象とし、その支払保険料の 2 分の 1 を資産に計上し、残額を損金の額に算入したところ、❶主任とは役職名の一つであって、役職の任免は納税者の業務運営上の必要に応じて行われ、必ずしもすべての従業員が役付者になれるとは限らず、また、❷課長または主任に任命されないもので勤続年数15年以上かつ年齢40歳以上の者が 3 人認められることからみると、全従業員がその恩恵に浴する機会を与えられているとは認められないことから、支払った保険料は、被保険者に対する給与とすることが相当であるとした。

②　平成 6 年 6 月13日裁決＊8

　歯科医業を営む納税者が従業員について養老保険に加入し、法基通 9 － 3 － 4 及び所基通36－31⑶（使用者契約の養老保険に係る経済的利益）により支払保険料の 2 分の 1 を福利厚生費として必要経費に計上したところ、❶本件保険契約の満期日は、一律に保険契約日の10年後とされており、その保険の金額は被保険者の職務内容、年齢、勤続年数及び給与支払額からみて、到底退職金に相当する額とは認められないこと、❷本件保険契約の締結後に新規採用した従業員についての加入手続、及び退職した従業員についての解約手続がされていないこと、❸被保険者とされた従業員のほとんどが保険加入の事実を知らないことを併せ考えれば、本件保険契約は、従業員の福利厚生を目的としたものとは認め難く、事業遂行上必要なものとも認められないことから、事業所得の計算

＊7　TAINS・J46-3-16
＊8　TAINS・F0-1-002

上、必要経費とは認められないとされた。

③　長野地裁昭和62年 4 月16日判決 *9 （生命保険と退職金）
　納税者である原告は、役員が死亡した際にその遺族に対し支払うことを予定して生命保険契約を締結し、その保険事故の発生によって受け取った保険金を死亡した役員の遺族に対して支払ったことに対し、その支払金額のいかんを問わず当然その全額を損金算入することができると主張したが、役員退職給与の損金性は役員の法人に対する貢献度により決せられるべきであり、また、当該保険の主たる目的は役員の死亡に伴う経営上の損失の補填である等の理由により、納税者の全額損金算入との主張が排斥された事案である *10。

---

*9　TAINS・Z158-5909
*10　支払金額の一部のみ損金計上が認められている。

各　論　**2**法人税に関する事案

4．役員給与（業績悪化改定事由に該当しない減額改定）
　　平成23年１月25日裁決*1

⑴　関係法令

○法人税法第34条（役員給与の損金不算入）

　　内国法人がその役員に対して支給する給与（退職給与で業績連動給与に該当しないもの、使用人としての職務を有する役員に対して支給する当該職務に対するもの及び第３項の規定の適用があるものを除く。以下この項において同じ。）のうち次に掲げる給与のいずれにも該当しないものの額は、その内国法人の各事業年度の所得の金額の計算上、損金の額に算入しない。

　　一　その支給時期が１月以下の一定の期間ごとである給与（次号イにおいて「定期給与」という。）で当該事業年度の各支給時期における支給額が同額であるものその他これに準ずるものとして政令で定める給与（同号において「定期同額給与」という。）

　趣　旨

　従来から、役員給与の支給の恣意性を排除することが適正な課税を実現する観点から不可欠と考えられていたのであるが、平成18年度の税制改正において、会社法制や会計制度などが大きく変わった機会を捉え、こうした役員給与の損金算入のあり方が見直され、役員給与が職務執行の対価として相当な範囲か否かの区別をもっぱら役員給与の外形的な支給形態によって行うこととされた。

　その結果、役員給与は原則、損金不算入とされ、その例外として、定期同額給与（１号）、事前確定届出給与（２号）、利益連動給与（３号）につき、限定的に損金算入が認められることとされた*2。

*1　TAINS・J82-3-11

177

なお、定期同額給与（1号）は改正前の「役員報酬」をさすものとされる。

○法人税法施行令第69条第1項第1号ハ（定期同額給与の範囲等）

　法第34条第1項第1号（役員給与の損金不算入）に規定する政令で定める給与は、次に掲げる給与とする。
一　法第34条第1項第1号に規定する定期給与（以下この号及び第5項において「定期給与」という。）で、次に掲げる改定（以下この号において「給与改定」という。）がされた場合における当該事業年度開始の日又は給与改定前の最後の支給時期の翌日から給与改定後の最初の支給時期の前日又は当該事業年度終了の日までの間の各支給時期における支給額が同額であるもの
（中略）
ハ　当該事業年度において当該内国法人の経営の状況が著しく悪化したことその他これに類する理由（第4項第2号において「業績悪化改定事由」という。）によりされた定期給与の額の改定（その定期給与の額を減額した改定に限り、イ及びロに掲げる改定を除く。）

［趣　旨］

　定期同額給与とは、「事業年度の期間を通じて定期的に同額の給与が支給される場合」がこれに当たるとされる。本法令は、第1項第1号ロ「臨時改定事由」（役員の職制上の地位の変更等（法基通9-2-12の3））、第1項第1号ハ「業績悪化改定事由」（経営の状況の著しい悪化に類する理由（法基通9-2-13））、第1項第2号「毎月おおむね一定である経済的な利益」（継続的に供与される経済的利益の意義（法基通9-2-11））等につき規定している。

＊2　武田・前掲書2161の3項以下

各　論　**2**法人税に関する事案

(2)　適用通達

○**法基通 9 － 2 －13（経営の状況の著しい悪化に類する理由）**

> 　令第69条第 1 項第 1 号ハ《定期同額給与の範囲等》に規定する「経営の状況が著しく悪化したことその他これに類する理由」とは、経営状況が著しく悪化したことなどやむを得ず役員給与を減額せざるを得ない事情があることをいうのであるから、法人の一時的な資金繰りの都合や単に業績目標値に達しなかったことなどはこれに含まれないことに留意する。

| 解　説 |

・本通達では、「経営状況の著しい悪化」とは、少なくとも「一時的な資金繰りの都合」や「単に業績目標に達しなかったこと」ではないことを留意的に示している。
・業績等の悪化により役員給与等を減額する場合の取扱いについては、「役員給与に関する Q & A」（国税庁、平成20年12月（平成24年 4 月改訂））により明らかにされている（後掲）。

(3)　**事案の概要**（平23.1.25裁決）

　マッサージ等の役務の提供を行う法人である納税者が、経常利益が対前年比で 6 ％減少したことを理由に代表取締役に支給していた定期同額給与（法法第34条第 1 項第 1 号）を事業年度の中途において減額改定したところ、課税庁は改訂理由が経営状況の著しい悪化等に該当しないから減額前の各月の支給額のうち減額後の各月の支給額を超える部分の金額は定期同額給与とは言えず損金の額に算入できないとして法人税の更正処分等を行った。

　これに対し、その処分の一部の取消しを求めた事案である。

179

⑷　**争点**

　経常利益が対前年比で6％減少したことが、業績悪化改定事由（経営の状況が著しく悪化したことその他これに類する理由）に該当するか否か。

⑸　**納税者の主張**

①　経常利益の前年比6％減少は著しい業績の悪化である。

②　さらに、本件役員報酬の減額を決定した取締役会の開催時点（平成20年6月）では、いまだ国税庁から業績悪化改定事由に関する具体的な判断基準が示されていなかったため納税者自身で判断したものであって、その判断は認められるべきである。

⑹　**課税庁の主張**

①　決算月の2か月前（平成20年5月）における経常利益が対前年比で6％減少したという状況は、単に業績目標に達しなかったものであり、経営状況が著しく悪化した状況とはいえないから、業績悪化改定事由には該当しない。

②　したがって、平成19年8月～平成20年5月（10か月間）の間に支払った代表取締役の給与の一部は損金の額に算入できない。

⑺　**審判所の判断**

①　定期同額給与の趣旨が役員給与の恣意性の排除であることに鑑みると、事業年度中途に行った役員給与の減額改定の理由が業績悪化改定事由に該当するか否かは、減額せざるを得ないやむを得ぬ事情があるかどうかにより判断することになると解される。

②　本件においては、❶5月次損益計算書の経常利益の対前年割合が94.2％と若干の下落はあるものの著しい悪化というほどのものではなく、本事業年度の最終的な売上高は、本事業年度及び過去6事業年度

各　論　**2**法人税に関する事案

において最高額であり、経常利益も2番目に高いものであること、**2**本件取締役会による代表取締役の給与の減額は、5月次の経常利益が業務目標に未達であったことから同人自らの申出に基づきなされたものである等、業績の著しい悪化を理由とするものではないことから、やむを得ず役員給与を減額せざるを得ない事情があったとは認められない。

③　請求人が減額改定の根拠とする理由は、単に業績目標値に達しなかったということに過ぎないものと評価するのが相当であり、法人税法施行令第69条第1項第1号ハに規定する業績悪化改定事由には該当しない。これは、当審判所が相当と判断した法人税基本通達9－2－13に照らして判断しても同様である。

④　請求人は、取締役会の決議の時点（平成20年6月）では未だ国税庁から業績悪化事由の具体的な判断基準が示されていなかったと主張するが、国税庁は、平成19年3月には、法人税基本通達9－2－13を新設した旨を公表し、同年11月には当該法基通の執行上の取扱いに係る情報をホームページに掲載していたのであるから、請求人はこれらを判断の参考にすることができる状況にあった。また、国税庁が法令に関して具体的な判断基準を示していなかったとしても、個々の納税者が法令の文言や趣旨から離れて独自の解釈や判断を行うことは許されず、当審判所の判断は前記のとおりであり、請求人の主張には理由がない。

(8)　**解説**

①　本裁決の基本通達に対する考え方

　本裁決においては、法令第69条《定期同額給与の範囲等》第1項第1号ハの業績悪化改定事由の該当性について、「定額で支給されていた役員給与の額を減額せざるを得ないやむを得ない事情が存するかどうかにより判定することになると解される。そうであるから、法人税基本通達

181

9 − 2 −13が、経営の状況の著しい悪化に類する理由について『やむを得ず役員給与を減額せざるを得ない事情がある』かどうかという客観的な事情の有無などにより判断することとし、『一時的な資金繰りの都合や単に業績目標値に達しなかったことなどはこれに含まれない』としていることは、法人税法における役員給与のし意的な支給を排除するという趣旨に沿うものであり、当審判所においても相当であると認められる。」として、法令の解釈として合理的なものであるとしている。

② 不確定概念への対応

「経営の状況の著しい悪化」の「著しい」という文言はいわゆる不確定概念であって、その適用において納税者が判断に迷うことも多い。また最悪の場合、紛争となるケースもある。ところが、課税庁は、基本通達、Ｑ＆Ａ等のいずれにおいても、指針となる見解あるいは具体的な数値基準を示していない。

その一方で、例えば、法基通7 − 3 − 8（耐用年数短縮の承認事由の判定）では、「「その使用可能期間が法定耐用年数に比して著しく短いこと」とは、（中略）おおむね10％以上短い年数」とし、法基通9 − 1 − 7（上場有価証券等の著しい価額の低下の判定）では、「「有価証券の価額が著しく低下したこと」とは、（中略）その時の帳簿価額のおおむね50％相当額を下回る」として、具体的な数値基準を示すものもある。

指針となる見解がない本通達の適用に当たっては、その立証責任が納税者側にあるとされていることも鑑みれば、綿密な事実確認と疎明資料に基づく、慎重な判断が求められるであろう。また、課税要件明確主義の観点からは、数値基準をも含めた一定の具体的な指針が早急に示されることが期待される。

各　論　❷法人税に関する事案

5．中古資産の耐用年数
　平成25年12月17日裁決*¹

(1)　関係法令
○耐用年数省令第３条（中古資産の耐用年数等）第１項

　　個人において使用され、又は法人（人格のない社団等を含む。以下第
　５条までにおいて同じ。）において事業の用に供された所得税法施行令
　第６条各号（減価償却資産の範囲）又は法人税法施行令第13条各号（減
　価償却資産の範囲）に掲げる資産（中略）の取得（中略）をしてこれを
　個人の業務又は法人の事業の用に供した場合における当該資産の耐用年
　数は、前２条の規定にかかわらず、次に掲げる年数によることができる。
　　ただし、当該資産を個人の業務又は法人の事業の用に供するために当
　該資産について支出した所得税法施行令第181条（資本的支出）又は法
　人税法施行令第132条（資本的支出）に規定する金額が当該資産の取得
　価額（中略）の100分の50に相当する金額を超える場合には、第２号に
　掲げる年数についてはこの限りでない。
　一　当該資産をその用に供した時以後の使用可能期間（中略）の年数
　二　次に掲げる資産（別表第１、別表第２、別表第５又は別表第６に掲
　　げる減価償却資産であって、前号の年数を見積もることが困難なもの
　　に限る。）の区分に応じそれぞれ次に定める年数（その年数が２年に
　　満たないときは、これを２年とする。）
　　イ　法定耐用年数（中略）の全部を経過した資産　当該資産の法定耐
　　　用年数の100分の20に相当する年数
　　ロ　法定耐用年数の一部を経過した資産　当該資産の法定耐用年数か
　　　ら経過年数を控除した年数に、経過年数の100分の20に相当する年
　　　数を加算した年数

＊１　TAINS・J93-3-09

183

（下線筆者）

趣 旨

　中古資産を取得したときは、事業の用に供したとき以後の使用可能期間の年数によって耐用年数を設定できるとする規定である。

　なお、資料の不足等により、法人が適正にその中古資産の残存使用期間を見積ることができない場合（「見積法」の適用が困難な場合）には、「簡便法」の取扱いが設けられている[2]。

　本規定はいわゆる「できる規定」であって、さらに「見積法」が適用困難な場合に「簡便法」を採用するといった点には留意すべきである。

(2) 適用通達
○耐用年数通達１－５－１（中古資産の耐用年数の見積法及び簡便法）

　中古資産についての省令第３条第１項第１号に規定する方法（以下１－７－２までにおいて「見積法」という。）又は同項第２号に規定する方法（以下１－５－７までにおいて「簡便法」という。）による耐用年数の算定は、その事業の用に供した事業年度においてすることができるのであるから当該事業年度においてその算定をしなかったときは、その後の事業年度（その事業年度が連結事業年度に該当する場合には、当該連結事業年度）においてはその算定をすることができないことに留意する。（下線筆者）

（注）　法人が、法第72条第１項に規定する期間（以下「中間事業年度」という。）において取得した中古の減価償却資産につき法定耐用年数を適用した場合であっても、当該中間事業年度を含む事業年度においては当該資産につき見積法又は簡便法により算定した耐用年数を適用することができることに留意する。

---

[2]　武田・前掲書6507の４頁

各　論　**2**法人税に関する事案

解　説

・そもそも減価償却資産の耐用年数は、その資産の実情に応じた耐用年数を企業等が独自に決定するのが理想的ではあるが、現行の税法は公平性等の観点より一般の減価償却資産はその自主性を認めていない。

・他方、中古資産については個々の資産の経過年数が異なること、残存耐用年数の把握がしやすい場合もあること等により、残存耐用年数の見積りを認めている。本通達のとおり、「見積法」と「簡便法」があるが、実務的には、文字通り簡便性の点で、「簡便法」を用いることが多いとされる。

・なお、事業供用年度において法定耐用年数で償却しているときは、それが法人の意思であると認められるので、その後の事業年度で「見積法」及び「簡便法」に変更することはできないものとされることには注意が必要である[3]。

(3)　**事案の概要**（平25.12.17裁決）

　本件は、不動産賃貸業を営む法人である納税者が、その購入した中古の建物の減価償却費の計算において、購入当初の事業年度に法定耐用年数を適用し、その後の事業年度に中古資産の見積耐用年数（簡便法）を遡って適用し損金の額に算入したところ、課税庁は当該減価償却費の償却限度額の計算の基礎とした耐用年数に誤りがあるとして更正処分をした事案である。それに対し、納税者は課税庁の中古建物の耐用年数の認定には誤りがあるなどとして、同処分等の全部の取消しを求めた事案である。

(4)　**争点**

　本件中古建物を取得して事業の用に供した日の属する事業年度に適用

[3]　坂元他・前掲書31頁以下

した耐用年数（新築建物の耐用年数）を、当該事業年度後の事業年度において見積法等（いわゆる中古建物の耐用年数）を用いて変更することができるか否か。

(5) 納税者の主張

① 請求人は、平成23年3月期以前の本件各中古建物の耐用年数について法定耐用年数を適用していた誤りに気付いたので、平成24年3月期の確定申告において、本件各中古建物が事業用として使用できる期間を見積法等により実態に即した耐用年数を算定し、適用したのであるから、平成24年3月期に損金の額に算入した本件各中古建物に係る減価償却費の額は認められるべきであるとする。

② 法人税基本通達において、基本通達の具体的な運用に当たっては、「社会通念等に即しない解釈におちいったりすることのないように留意されたい」とある。この考え方は法令を解釈する場合も同じであるから、中古建物に適用すべき耐用年数について、誤って法定耐用年数を適用していた場合、その誤りに気付いた時点において是正できないという解釈は、社会通念等に即さないものであると主張している。

(6) 課税庁の主張

① 減価償却資産の耐用年数は、原則として法定耐用年数によることとされているが、中古資産の耐用年数については、見積法等を適用して算定することができることとされているところ、見積法等を適用して算定できるのは、中古資産を取得して法人の事業の用に供した日の属する事業年度に限られることは耐用年数省令第3条の規定上明らかである。

② そうすると、請求人が本件各中古建物を取得して事業の用に供した日の属する事業年度において適用した耐用年数が請求人の主張どおり見積法等を適用して算定していなかったものとすれば、本件各中古建

各　論　**2**法人税に関する事案

物を取得して事業の用に供した日の属する事業年度から法定耐用年数が適用されることとなるのであるから、請求人の主張はいずれも理由がない。

(7)　**裁決**

①　建物等の減価償却資産の耐用年数については、法定耐用年数によることを原則とし、その特則として、中古資産については、耐用年数省令第3条第1項において、中古資産を取得してこれを事業の用に供した場合における当該資産の耐用年数は、法定耐用年数によらずに見積法等による耐用年数によることができる旨規定している。

②　そして、耐用年数取扱通達1－5－1は、中古資産についての見積法等による耐用年数の算定は、当該中古資産を取得してこれを事業の用に供した最初の事業年度に限りすることができ、当該事業年度において算定をしなかったときは、その後の事業年度において算定することはできない旨定めているところ、見積法等は飽くまでも法定耐用年数の特則であること、そして、いつでも変更が可能であるとすると利益調整等のために納税者によって恣意的に変更される可能性があることを併せ考えると、特則である見積法等の適用を望む法人は、当該中古資産を事業の用に供した最初の事業年度において、自らその意思を表示してその適用を受けることを要し、その意思を表示しなかった場合には、原則どおり法定耐用年数が適用され、これを事後的に変更することは許されないとするのが相当であり、上記取扱いは、当審判所においても相当と認められる。

(8)　**解説**

①　本裁決の基本通達に対する考え方

本裁決においては、中古資産の耐用年数の見積法等はあくまで「特則」であり、原則でない限りは利益調整のための恣意的運用の回避の観

187

点からも、耐用年数通達1－5－1のとおり、事業の用に供した事業年度から自らの意思表示によって適用を認めるものとし、意思表示がなかった場合には適用を認めないとする。

　したがって、中古資産の耐用年数について見積法等の適用が可能であったことに気づいた事業年度はもとより、以後の事業年度、以前の事業年度についても、当初に法定耐用年数を適用している場合は、遡っての適用ができないことになる。

　なお、本件紛争の発生の原因については、税務署の更正の請求に係る調査担当職員の誤った指導、関与税理士の確認不足等もあったのであるが、本裁決は、そのような事情があったとしても、税法法規の適用における納税者間の平等、公平という要請を犠牲にしてもなおその課税処分に係る課税を免れしめて納税者の信頼を保護しなければ正義に反するといえるような特別の事情が存するとは認められないとした。

(9)　判決・裁決例

① 　那覇地裁平成27年3月3日判決*4

　納税者である原告は、「中古で取得した建物について、新築建物に係る法定耐用年数を適用していた場合に、その後、中古資産に係る見積耐用年数で申告し直すことが違反となる法令上の規定はないから、そのような場合には、中古資産に係る見積耐用年数を適用し、申告し直すことができる旨を主張する。」のであるが、本判決は、「法人税法施行令第56条及び耐用年数省令第1条第1項第1号は、法人税法上の建物等の耐用年数については、それが中古資産であっても、法定耐用年数によることを原則としている。耐用年数省令第3条第1項は、中古資産の耐用年数については、例外的に見積耐用年数によることができる旨を規定しているが、当該規定が、納税者が減価償却資産を取得し、これを事業の用に

----

*4 　TAINS・Z265-12616

供した後の事業年度において、減価償却費の計算に当たって適用すべき耐用年数を任意に変更することを認めたものとは解されない。そして、法人税法施行令第57条は、一定の事由がある場合に限り、所轄国税局長の承認を受けることを条件として、耐用年数を短縮することを認めており、これらの法令上の各規定に従えば、いったん法定耐用年数によって減価償却費の計算をした中古資産について、後になって、見積耐用年数を適用して申告し直すことができないことは明らかである。」として、納税者の主張を排斥した。

② その他の判決・裁決事例

ほかに所得税の事案ではあるが、中古の減価償却資産の耐用年数を見積もる場合（簡便法の適用を含む）は、取得時の事業年度の申告期限内に提出した申告書において意思表示を要するとされたものに次のようなものもある。

❶ 広島地裁平成8年12月19日判決[5]

中古減価償却資産の耐用年数を見積る場合は、申告期限内に提出した申告書において意思表示を要する（耐用年数通達1－5－1）との取扱いは、耐用年数の選択の手続要件として妥当なものであるとされた事例。

❷ 平成25年5月9日裁決[6]

減価償却資産の耐用年数は、原則、法定耐用年数であって、中古資産の特則（耐用年数省令第3条）を選択しようとする場合は、納税者がその特則を選択する旨を取得（事業供用）時の確定申告により意思表示すべきであって、その意思表示がない場合には、原則通りの法定耐用年数を採用することになると解すべきとされた事例。

---

[5] TAINS・Z221-7835
[6] TAINS・F0-1-521

❸　平成26年２月４日裁決＊⁷

　中古で取得した減価償却資産の耐用年数につき、簡便法等による耐用
年数を適用する場合には、その事業の用に供した年分においてその選定
をすべきであって、それをしなかったときは、その後の年分においてそ
の選定ができない旨の通達の定め（耐通１－５－１）は当審判所におい
ても相当であると認めるとされた事例。

❹　平成26年３月20日裁決＊⁸

　納税者は、本件建物の減価償却を行っていないことから、その業務の
用に供した日の属する年分の確定申告期限までに耐用年数省令第３条
（簡便法等）の適用を受ける旨の意思表示をしなかったのであるから、
簡便法等により減価償却することはできないとされた事例。

＊７　TAINS・F0-1-530
＊８　TAINS・F0-1-546

各　論　■2法人税に関する事案

6．不正行為に基づき「他の者」から支払を受ける損害賠償請求権の収益計上時期
広島地裁平成25年１月15日判決[1]

(1)　関係法令
○法人税法第22条（各事業年度の所得の金額の計算）

> 　内国法人の各事業年度の所得の金額は、当該事業年度の益金の額から当該事業年度の損金の額を控除した金額とする。
> 2　内国法人の各事業年度の所得の金額の計算上当該事業年度の益金の額に算入すべき金額は、別段の定めがあるものを除き、資産の販売、有償又は無償による資産の譲渡又は役務の提供、無償による資産の譲受けその他の取引で資本等取引以外のものに係る当該事業年度の収益の額とする。（下線筆者）

趣　旨

　本条は課税所得計算の基本的規定であり、所得の金額の計算構造を明らかにし（第１項）、益金の額（第２項）、損金の額（第３項）、いわゆる公正処理基準（第４項）、資本等取引の定義（第５項）を定めている。

　損害賠償請求権は、本条第２項の益金であるが、『DHCコンメンタール法人税法』においては、収益の認識についての「特殊な問題」として、商品引換券等、補償金等とともに掲載されている。その計上時期は、原則、「その支払を受けるべきことが確定した時期」とすべきなのであるが、損害賠償金という事柄の性格上、確定後の紛争も想定されることから、次の法基通２－１－43の取扱いが定められているとする[2]。

....

＊1　TAINS・Z263-12126
＊2　武田・前掲書1115の３、1118-1119頁

⑵ 適用通達

○法基通２－１－43（損害賠償金等の帰属の時期）

> 他の者から支払を受ける損害賠償金（債務の履行遅滞による損害金を含む。以下２－１－43において同じ。）の額は、その支払を受けるべきことが確定した日の属する事業年度の益金の額に算入するのであるが、法人がその損害賠償金の額について実際に支払を受けた日の属する事業年度の益金の額に算入している場合には、これを認める。（下線筆者）
>
> (注) 当該損害賠償金の請求の基因となった損害に係る損失の額は、保険金又は共済金により補填される部分の金額を除き、その損害の発生した日の属する事業年度の損金の額に算入することができる。

解 説

・法人が不法行為又は債務不履行等により受けた損害に対しその損害賠償請求権の収益計上時期には、税務上、２つの考え方（同時両建説、異時両建説）がある。

・同時両建説は、損害を受けた時点で自動的に民事上の損害賠償請求権を取得することになるから（民法709）、損失の計上と同時に収益計上すべきとの考え方であり、異時両建説は、損失は損失発生時点で計上し、損害賠償請求権は損失とは別個にその支払を受けることが具体的に確定した時点で収益計上するという考え方である[3]。

・なお、本通達では、「他の者」から受ける損害賠償金については、損害発生時点ではなく、原則としてその支払を受けることが確定した時点で収益計上し、法人の選択により実際に支払を受けた時点で収益計上することも認めることとしている。損害賠償請求権の益金計上の取扱いについて弾力化が図られているのであるが、「他の者」の意義についてはなお争いのあるところである。

----

[3] 小原・前掲書174-176頁

各　論　**2**法人税に関する事案

(3)　**事案の概要**（広島地判平25.1.15）

　原告である納税者（パチンコ店を経営する有限会社）は、その従業員であった乙の不法行為（特殊景品の一部抜き取り）により、売上原価が過剰に計上されていることが税務調査で発覚し、課税庁より更正処分及び過少申告加算税の賦課決定処分を受けた。それに対し、納税者は損害賠償請求権の益金の算入時期につき、法基通2－1－43を適用し、実際に支払いを受けた日の属する事業年度の益金の額に算入すべきであると主張し、異議申立、審査請求をしたが、いずれも棄却されたため、これら更正処分等の取消しを求め争った事案である。

(4)　**争点**

　本件不法行為に基づく損害賠償請求権の益金算入時期がいつか、法基通2－1－43の適用があるのか否か、が争点である。

(5)　**課税庁の主張**

①　損害賠償請求権の益金算入時期の原則

　税法上、所得の帰属時期については、収入すべき権利が確定したときとする権利確定主義が採られているところ、法人税法においては、その収益の実現があったときに、収入すべき権利が確定したものとして、その額を当該事業年度の益金の額に算入すべきとされている。

　この場合、権利の確定とは、権利の発生と同一ではなく、権利発生後一定の事情が加わって権利実現の可能性が増大したことを客観的に認識することができるようになったときを意味するものと解される。

②　損害賠償請求権の益金算入時期の例外

　法人税基本通達2－1－43は、「他の者」の不法行為又は債務不履行などによって、受けた損害に係る損害賠償請求権については、そもそも相手方に損害賠償責任があるのかどうかについて当事者間に争いのあることが少なくないし、仮に相手方に損害賠償責任があることが

193

明確であるとしても、具体的にいかなる金額の損害賠償を受け得るのかについては、当事者間の合意又は裁判の結果等を待たなければ確定しないのが普通であって、損害の発生と同時に損害賠償請求権を行使することが期待できないことから、そのような場合には、不法行為等により損害に係る損失の計上と同時に、これに対応する損害賠償請求権を益金に計上することの例外として、支払を受けることが確定した日の属する事業年度の益金の額に算入することを確認的に明らかにし、また、法人がその損害賠償請求権の額について実際に支払を受けた日の属する事業年度の益金の額に算入している場合には、これを認めることとしたものである。そして、法人の役員及び使用人が横領等を行ったことにより当該法人に損害を与えていたことが事後的に発覚した場合においては、当該横領等が個人的なものなのか、法人の脱税行為なのか峻別しにくいケースが多いことから、税務行政の遂行に困難を来したり、収益計上時期の恣意的な操作を許して課税の公平を維持できないといった重大な弊害を防止するため、本件通達は、「他の者から支払を受ける損害賠償金の額」について定め、法人の役員及び使用人に対する損害賠償請求については本件通達の取扱いを適用せず、個々の事案の実態に基づいて処理することとされている。

③　法人の役員又は使用人に対する損害賠償請求権の益金算入時期

　法人の役員及び使用人に対する損害賠償請求については、本件通達の適用はなく、個々の事案の実態に基づいて処理されることとなる。そして、この場合の損害賠償請求権の益金算入時期については、損害賠償請求権の益金算入時期の原則、<u>これを踏まえた本件通達の趣旨に照らして、個々の事案の実態を検討し、法人が横領等による損害の発生と同時に当該請求権を行使することが期待できる客観的状況にあったか否かにより、当該請求権の額の益金算入時期を検討するべきであり、法人が当該請求権の存在・内容等を把握し得ず、当該請求権を行使することが期待できないといえるような客観的状況にあったと認め</u>

られる場合でない限り、原則どおり、法人の資産の減少となる損失の額をその発生の日である不法行為時の属する事業年度の損金の額に算入し、法人の資産の増加となる損害賠償請求権の額も同一事業年度の益金の額に算入すべきである

(6) 納税者の主張

本件不法行為に基づく損害賠償請求権の益金算入時期に関して、本件通達の適用があることを以下のとおり主張する。

① 本件通達にいう「他の者」には、法人の役員や使用人が含まれるものである。

② 本件のように法人代表者以外の法人役員や従業員が法人に対し、不法行為を行った本件のような場合、通常は税務申告を担当する中小企業の法人代表者が不法行為時に不法行為の存在を認識することはあり得ず、多くは不法行為が行われた事業年度が終わって以降の事業年度に不法行為の存在に気付くものである。それにもかかわらず、被告が主張するように、法人の役員又は使用人に対する損害賠償請求権の益金算入時期に関しては本件通達が適用されないとすると、法人の役員又は従業員によって不法行為が行われ、損害が発生した法人は、その不法行為の存在に気付くまでは常に誤った申告をすることを前提にすることになる。

(7) 判決

本件不法行為に基づく損害賠償請求権の益金計上時期について、本件通達の適用があるか

① 法人税法上、ある収益をどの事業年度に計上すべきかは、一般に公正妥当と認められる会計処理の基準に従うべきであり、これによれば、収益は、その実現があった時、すなわち、その収入すべき権利が確定したときの属する年度の益金に計上すべきものというべきであ

る。

② 本件通達は、権利確定主義によりつつ、「他の者」から支払を受ける損害賠償金の算入時期については、支払を受けた日をも基準として、一律に取り扱うことを明確にしたものというべきである。

③ このように本件通達は、損害賠償金について、その支払を受けた時点を基準として、益金の算入時期を定める取扱いを許容しているが、これは、一般に不法行為に基づく損害賠償請求権は、突発的・偶発的に取得する債権であり、不法行為の相手方の身元や損害の金額その他権利の内容、範囲が明らかでないことが多いのが通常であるという点に基づくものと考えられる。

　もっとも、法人の役員や従業員等内部の者により、法人に対する不法行為（典型的には法人資産の横領等が想定される）がなされた場合には、上記のような相手方の身元や損害の金額その他権利の内容、範囲が明らかでないのが一般的であるとはいえないから、上記不法行為に基づく損害賠償請求権の一般論は、必ずしも法人内部の者にも妥当するものではない。のみならず、法人内部の者による法人に対する不法行為として一般に想定される法人資産の横領行為があった場合には、それが法人自身による行為なのか、法人の役員等による個人的な行為なのか峻別しにくい場合があるものと考えられ、このような法人内部の者による不法行為も含めて、通達により、一律に支払を受けた時期を基準として益金算入日を決するという取扱いをすることは合理的でない。

　そうすると、不法行為に基づく損害賠償請求権といっても、法人内部の者による不法行為とそれ以外の者による不法行為とでは、その一般的な状況が異なるというべきであり、本件通達は、このような観点から、「他の者」との限定を付して、上記の不法行為の相手方の身元や損害の金額その他権利の内容、範囲が明らかでないことが多いという一般論の妥当する法人内部の者以外の者に限り、一律に支払を受け

各　論　**2**法人税に関する事案

た時期を基準として益金算入日を決することを許容することとしたも
のと考えられる。したがって、本件通達の「他の者」には、法人内部
の者は含まれないものと考えるのが合理的である。

④　本件においては、不正を行った者が従業員であるから、通達にいう
「他の者」には該当しない。したがって、本通達は適用されず、損害
賠償請求権の益金算入時期の原則である収入すべき金額が確定した時
期（権利確定主義）に、益金の額に算入すべきこととなる。

(8)　解説

①　判決の基本通達に対する考え方

本件において裁判所は、納税者が主張する法基通２－１－43の適用に
ついては、まず、「本件通達の「他の者」には、法人内部の者は含まれ
ないとするのが合理的である。」とする。そうした場合、益金への算入
時期は権利確定主義により判断することになるが、実際に納税者が当該
不正の事実を認識したときではなく、「一般的に要求される能力・水
準」（通常の判断能力）を前提に判断すべきであるとする。ただ単に、
気付かなかったとか、知らなかったといった納税者の主観だけでは、
「納税者の恣意的判断により算入時期を遅らせる等の弊害を防止しよう
とした権利確定主義の趣旨に反するし、適切に確定申告を行ってきた他
の納税者との公平も害しかね（ない）」としている。いわゆる「通常人
を基準」[4]として、同時両建説を肯定しているのである。

なお、『法人税基本通達逐条解説』においても、「法人の役員又は使用
人による横領等によって法人が損害を受けた場合には、通常、損害の発
生時におけるこれらの点が明らかであり、損害賠償請求権はその時にお
いて権利が確定したものということができることから、被害発生事業年
度において、損失の額を損金の額に算入するとともに、損害賠償請求権

＊4　東京高裁平成21年２月18日判決（TAINS・Z259-11144）（後掲）

を益金の額に算入することになろう。」との解説がある[5]。

② 本通達適用時の実務上の留意点

　役員や従業員が横領等により金銭を着服していた場合には、納税者からすれば、一般的には被害の弁済があったときに、益金を計上することとしたい。例えば、本件横領による仕入原価の過大計上が税務調査で発覚した場合には、仕入原価が取り消され、他方、横領損失と損害賠償請求権とは同時に計上されるため、結果として所得が増加し、本税、過少申告加算税等が追徴されることになる。

　そのため、内部の者の行為であったとしても、本通達の適用を検討すべきところであるが、本件判決においては従業員等は「他の者」には該当しないとしてその適用が否定された。したがって、内部の者に対する損害賠償請求権は本通達の適用からは除外されることになる。

　当該損害賠償請求権の計上に当たっては、「権利確定主義」の観点から権利確定の時期が問題となるが、これも本判決や過去の判例から、よほどの事情がない限り、ただ単に、会社や経営者が認識できなかったという主観だけでは認められない。

　なお、益金の額に算入された損害賠償請求権は、それが回収不能であることが明らかになった事業年度において、貸倒損失として損金の額に算入することになる。

⑼ その他の裁判例等

① 東京高裁平成21年2月18日判決[6]（東京地裁平成20年2月15日判決[7]、最高裁平成21年7月10日決定[8]）

---

[5]　小原・前掲書176頁。
[6]　TAINS・Z259-11144
[7]　TAINS・Z258-10895
[8]　TAINS・Z259-11243

各　論　**2**法人税に関する事案

○本件は、被控訴人である納税者（A株式会社）の経理部長が金員を
　詐取し、これを隠ぺいするために架空外注費を損金計上し確定申告し
　たところ、税務調査でそのことが判明し、控訴人（課税庁）は法人税
　の更正処分及び重加算税の賦課決定処分をした。それに対し、被控訴
　人は経理部長に対する損害賠償請求権の額（架空外注費相当額）は、
　回収が困難なこと等から、本件事業年度の益金の額に算入すべきでは
　ないと主張し争った事案である。

○原審である東京地裁では、不法行為による損害賠償請求権は、権利が
　発生していてもその行使が事実上不可能であれば、これにより現実的
　な処分可能性のある経済的利益を客観的かつ確実に取得したとはいえ
　ないから、損害及び加害者を知った時に初めて権利が確定したものと
　して益金に計上すべきとした（異時両建説）。

○一方、控訴審においては、法基通2－1－43が損失の計上時期と益金
　としての損害賠償請求権の計上時期を切り離す運用を認めるのは、
　「基本的には、<u>第三者</u>による不法行為等に基づく損害賠償請求権につ
　いては、その行使を期待することが往々にしてみられることに着目し
　た趣旨のもの」であり、「この判断は、税負担の公平や法的安定性の
　観点からして客観的にされるべきものであるから、<u>通常人を基準</u>にし
　て、権利（損害賠償請求権）の存在・内容等を把握し得ず、権利行使
　が期待できるといえないような客観的状況にあったかどうかという観
　点から判断していくべきである。（下線筆者）」とし、そういう状況に
　はなかった（会計資料等を照合すれば容易に架空外注費であることを
　知りえた）として、原則どおり損害発生時の益金に算入すべきである
　とした（同時両建説）。

② 「同時両建説」と「異時両建説」の裁判例

裁判例	行為者・内容	同時・異時
最高裁昭和43年10月17日判決＊9	法人の代表者の横領	同時両建説
東京高裁昭和54年10月30日判決＊10	第三者の不法行為（詐欺）	異時両建説
大阪高裁平成13年7月26日判決＊11	従業員の横領	同時両建説
東京地裁平成20年2月15日判決 東京高裁平成21年2月18日判決 最高裁平成21年7月10日決定	従業員の詐欺行為	異時両建説 同時両建説 同時両建説
広島地裁平成25年1月15日判決	従業員の不法行為	同時両建説

　なお、金子宏教授は、「法人の従業員の詐欺による損害にかかる損害賠償請求権は、法律上請求権が発生した事業年度ではなく、当該法人の会計担当役員が通常人の注意義務をもってすれば従業員の詐欺の存在と内容を認識し得た事業年度の益金に計上すべきであろう（東京高判平成21年2月18日……）。」と説明されている＊12。

③　税理士損害賠償事例（顧問先従業員の不正発見義務）＊13

　本件は、原告である納税者（医院を経営する医師）が、その従業員で実質的経営者であるＡが行った不正（架空借入金の計上等）による損害について、被告（顧問税理士）には従業員の不正発見の義務があるとして争った事案である。

＊9　TAINS・Z053-2283（原審・東京高裁昭和40年10月13日判決（TAINS・Z041-1432）、原原審・昭和40年4月8日東京地裁判決（TAINS・Z041-1380））
＊10　TAINS・Z109-4483（原審・東京地裁昭和52年3月9日判決（TAINS・Z091-3952））
＊11　TAINS・Z251-8954（棄却）（上告）。大阪地裁平成10年10月28日判決（棄却）（控訴）（TAINS・Z238-8268）。最高裁平成13年12月20日決定（不受理）（TAINS・Z251-9040）。
＊12　金子・前掲書337頁
＊13　富山地裁平成12年8月9日判決（TAINS・Z999-042）

各　論　**2**法人税に関する事案

　本判決は、経営指導や従業員の不正発見の業務が顧問契約（準委任契約）には含まれていないとし、不正を知りえない状況であったのであるから善管注意義務も問題にならないと判示し、結果的には税理士の主張が認められた。

　そうとはいえ、このような事案を鑑みれば、顧問税理士が採るべき態度として、その兆候を含め不正を発見した時には直ちに顧問先（代表者）に伝えること、顧問先の代表者に対し経理・会計への関心を啓蒙すること、不正は常に起こりうることを示唆すること、さらに現金・預金の実査や会計帳簿・原始伝票の確認についても代表者を含む経営陣が定期的又は不定期で行うよう指導し、一方で、顧問契約を今一度見直しリスクを回避しておくことも大切なことなのであろう。

７．修繕費と資本的支出
　　平成14年８月21日裁決[1]

(1)　関係法令
○法人税法施行令第132条（資本的支出）

　内国法人が、修理、改良その他いずれの名義をもつてするかを問わ
ず、その有する固定資産について支出する金額で次に掲げる金額に該当
するもの（そのいずれにも該当する場合には、いずれか多い金額）は、
その内国法人のその支出する日の属する事業年度の所得の金額の計算
上、損金の額に算入しない。
一　当該支出する金額のうち、その支出により、当該資産の取得の時に
　　おいて当該資産につき通常の管理又は修理をするものとした場合に予
　　測される当該資産の使用可能期間を延長させる部分に対応する金額
二　当該支出する金額のうち、その支出により、当該資産の取得の時に
　　おいて当該資産につき通常の管理又は修理をするものとした場合に予
　　測されるその支出の時における当該資産の価額を増加させる部分に対
　　応する金額

　趣　旨

　資本的支出と修繕費は、実務上その区分について微妙な事実認定を必
要とするものもあり、トラブルの多い事項であって、税務上も避けて通
ることのできない問題である。本条はこれらを明らかにするためにおか
れた規定とされる。
　なお、その具体的な判断基準については、法人税基本通達「第７章　減
価償却資産の償却等」（７－１－１～７－９－５）「第８節　資本的支出
と修繕費」（７－８－１～７－８－９）により、取扱いの明確化が図ら

＊１　TAINS・F0-2-110

各　論　**2**法人税に関する事案

れている＊2。

⑵　適用通達
○法基通７－８－１（資本的支出の例示）

　法人がその有する固定資産の修理、改良等のために支出した金額のうち当該固定資産の価値を高め、又はその耐久性を増すこととなると認められる部分に対応する金額が資本的支出となるのであるから、例えば次に掲げるような金額は、原則として資本的支出に該当する。
⑴　建物の避難階段の取付等物理的に付加した部分に係る費用の額
⑵　用途変更のための模様替え等改造又は改装に直接要した費用の額
⑶　機械の部分品を特に品質又は性能の高いものに取り替えた場合のその取替えに要した費用の額のうち通常の取替えの場合にその取替えに要すると認められる費用の額を超える部分の金額（下線筆者）
（注）　建物の増築、構築物の拡張、延長等は建物等の取得に当たる。

解　説

・法令第132条（資本的支出）では、①固定資産の使用可能期間の延長、②価値の増加に対応する支出金額を資本的支出とすると定義づけている。
・本通達ではさらに「固定資産の価値を高め、又はその耐久性を増すこととなる」部分に対応する金額が資本的支出であるとし、加えて、具体例として⑴～⑶の３つを示している＊3。

────────────────────

＊2　武田・前掲書3745頁以下
＊3　小原・前掲書627頁

203

○法基通７－８－２（修繕費に含まれる費用）

　法人がその有する固定資産の修理、改良等のために支出した金額のうち当該固定資産の<u>通常の維持管理のため</u>、又はき損した固定資産につきその<u>原状を回復するため</u>に要したと認められる部分の金額が修繕費となるのであるが、次に掲げるような金額は、修繕費に該当する。（以下省略）

(1) 建物の移えい又は解体移築をした場合（移えい又は解体移築を予定して取得した建物についてした場合を除く。）におけるその移えい又は移築に要した費用の額。ただし、解体移築にあっては、旧資材の70％以上がその性質上再使用できる場合であって、当該旧資材をそのまま利用して従前の建物と同一の規模及び構造の建物を再建築するものに限る。

(2) 機械装置の移設（７－３－12《集中生産を行う等のための機械装置の移設費》の本文の適用のある移設を除く。）に要した費用（解体費を含む。）の額

(3) 地盤沈下した土地を沈下前の状態に回復するために行う地盛りに要した費用の額。ただし、次に掲げる場合のその地盛りに要した費用の額を除く。

　イ　土地の取得後直ちに地盛りを行った場合

　ロ　土地の利用目的の変更その他土地の効用を著しく増加するための地盛りを行った場合

　ハ　地盤沈下により評価損を計上した土地について地盛りを行った場合

(4) 建物、機械装置等が地盤沈下により海水等の浸害を受けることとなったために行う床上げ、地上げ又は移設に要した費用の額。ただし、その床上工事等が従来の床面の構造、材質等を改良するものである等明らかに改良工事であると認められる場合のその改良部分に対応する金額を除く。

各　論　**2**法人税に関する事案

(5)　現に使用している土地の水はけを良くする等のために行う砂利、砕石等の敷設に要した費用の額及び砂利道又は砂利路面に砂利、砕石等を補充するために要した費用の額（下線筆者）

| 解　説 |

・本通達では、固定資産の<u>通常の維持管理のため</u>、又はき損した固定資産の<u>原状を回復するため</u>に要したと認められる部分の金額が修繕費に該当するものとして、その意義を明らかにするとともに、修繕費に該当すると認められる若干の費用が例示されている。

○法基通７－８－４（形式基準による修繕費の判定）

　　一の修理、改良等のために要した費用の額のうちに資本的支出であるか修繕費であるかが明らかでない金額がある場合において、その金額が次のいずれかに該当するときは、修繕費として損金経理をすることができるものとする。

(1)　その金額が60万円に満たない場合

(2)　その金額がその修理、改良等に係る固定資産の前期末における取得価額のおおむね10％相当額以下である場合

(注)　1　前事業年度前の各事業年度（それらの事業年度のうち連結事業年度に該当するものがある場合には、当該連結事業年度）において、令第55条第4項《資本的支出の取得価額の特例》の規定の適用を受けた場合における当該固定資産の取得価額とは、同項に規定する一の減価償却資産の取得価額をいうのではなく、同項に規定する旧減価償却資産の取得価額と追加償却資産の取得価額との合計額をいうことに留意する。

　　　　2　固定資産には、当該固定資産についてした資本的支出が含まれるのであるから、当該資本的支出が同条第5項の規定の適用を受けた場合であっても、当該固定資産に係る追加償却資産の取得価額は当該固定資産の取得価額に含まれることに留意する。

205

解　説

・本通達により、一の修理、改良等のために要した費用で資本的支出か修繕費かの区別が明らかではないものについて、一種の簡便法として、形式基準により修繕費の判定を行うことが認められている。

・なお、例えば、給排水設備（建物付属設備）に含まれるポンプだけではなく、その全部又は大部分の取替えの場合は、それに要した金額は資本的支出とし、旧資産の帳簿価額を除却損として処理すべきとされる＊4。

(3)　**事案の概要**（平14.8.21裁決）

　納税者である請求人は、プロパンガスを外部に出荷するためのポンプにガス漏れが生じたことから配管を改造し、特殊なシールを用いてガス漏れを防止したのであるが、このガス漏れを防止するための費用を修繕費（290万円）として損金の額に算入したところ、原処分庁は従来と異なるシールを用いたこと、ポンプに物理的に付加した部分があること等により、当該工事に係る支出を資本的支出として更正処分を行った。

　これに対し、請求人はその処分を不服として審査請求を行った事案である。

(4)　**争点**

　請求人が支出した工事費等は、資本的支出に該当するか、あるいは修繕費として損金算入が可能であるか。

(5)　**課税庁の主張**

①　法人税法施行令第132条（資本的支出）は、法人が修理、改良その他いずれの名義をもってするかを問わず、その有する固定資産につい

＊4　坂元他・前掲書2049の3、2050頁

各　論　❷法人税に関する事案

て支出する金額で次に掲げる金額に該当するもの（そのいずれにも該当する場合には、いずれか多い金額）は、その法人のその支出する日の属する事業年度の所得の金額の計算上、損金の額に算入しない旨規定している。

❶　当該支出する金額のうち、その支出により、当該資産の取得の時において当該資産につき通常の管理又は修理をするものとした場合に予測される当該資産の使用可能期間を延長させる部分に対応する金額

❷　当該支出する金額のうち、その支出により、当該資産の取得の時において当該資産につき通常の管理又は修理をするものとした場合に予測されるその支出の時における当該資産の価額を増加させる部分に対応する金額

②　つまり、法人がその有する固定資産の修理、改良等のために支出した金額のうち当該固定資産の価値を高め、又はその耐久性を増すこととなると認められる部分に対応する金額が資本的支出に当たり、例えば、❶建物の避難階段の取付け等物理的に付加した部分に係る費用の額、❷用途変更のための模様替え等改造又は改装に直接要した費用の額、❸機械の部分品を特に品質又は性能の高いものに取り替えた場合のその取替えに要した費用の額のうち通常の取替えの場合にその取替えに要すると認められる費用の額を超える部分の金額が、資本的支出に当たると解されている。

③　本件漏えい対策工事は、❶メカニカルシールによるガスシール方式の変更が行われていること、❷しかも、特殊なメカニカルシールであること、❸ガス抜き配管を新たに設置しており、このことは法基通7－8－1にいう物理的に付加した部分あるいは特に品質又は性能の高い部品に取り替えに要した費用であることから、当該固定資産の価値を高めるとともに、その耐久性を増すことになると認められ、資本的支出に該当する。

207

④ なお、請求人は、本件漏えい対策工事費が当該固定資産の前期末における取得価額の3.4％相当の額（10％相当額以下）である旨主張しているが、仮に当該主張が法人税基本通達7-8-4（形式基準による修繕費の判定）に定められているところの金額に基く形式基準による判定を求めているものであるとしても、当該通達の定めは、資本的支出か修繕費かの区分が明らかでない場合の取扱いであり、本件漏えい対策工事費については、上記のとおり明らかに資本的支出であると認められるから、当該通達を適用する余地はない。

(6) 納税者の主張

① 本件漏えい対策工事は、従前の部品であるメカニカルシールを何度か取り替えたが、ガス漏れを防止することができなかったため特殊なメカニカルシールに取り替えるとともに、シール内にたまるガスを抜くために、新たにガス抜き配管を取り付ける方法を採用したものである。

② これは、従前のガスシール方式ではガスの漏えいを防止することができないことが判明したため、同方式を変更し、漏えいしたガスを配管内に戻すための修理工事であり、本来の機能を発揮させるために不都合な部分を補修したものであって、当該資産の価値を増したり使用可能期間を延長させるものではないため、修繕費として計上したものである。

(7) 審判所の判断

① 原処分庁が主張するように、本件漏えい対策工事は、調達事前合議伺書に「改造」という語句が記載され、また、ガス抜き配管を新設している。しかしながら、本件漏えい対策工事は、過去2回の修繕工事でも改善されなかったために行われたガス漏れ防止工事であり、本件漏えい対策工事において、原処分庁が主張するように物理的に付加し

た部分があるとしても、当該物理的な付加は、当該資産の価値を高め耐久性を増すためというより、液化したプロパンガスを安全に出荷するために行った補修であり、出荷ポンプとしての本来の機能を回復するためのものであるから、本件漏えい対策工事費は修繕費に該当し、請求人の経理処理は相当である。

(8) 解 説

① 審判所の基本通達に対する考え方

本件は、課税庁が、本件ガス漏洩工事が法基通7−8−1にいう「物理的に付加した部分に係る費用の額」、すなわち資本的支出に該当すると主張する事案である。その理由を課税庁は、特殊な材料を使用し、新たなガス抜き配管を設備したためであるとする。

これに対し審判所は、物理的に付加した部分があるとしても、当該物理的な付加は、当該資産の価値を高め耐久性を増すためのものではなく、本来の機能を回復するために行った補修であるとした。その理由については、事実認定から、本件工事の目的はあくまでもポンプのガス漏れを止めて出荷ポンプとしての本来の機能を回復するための原状回復工事であるとするに留めたが、本件においては、修繕費該当性につき、「通常の維持管理のため、又はき損した固定資産につきその原状を回復するために要した部分の金額」とする法基通7−8−2を適用したものと考えられる。

② 本裁決の実務へのあてはめ

資本的支出を例示する法基通7−8−1と、修繕費に含まれる費用を例示する法基通7−8−2とを、実務においてどのように適用すべきなのか、その判断に迷うことは多い。本件において、課税庁の主張が認められなかったのも、法基通7−8−1にいう資本的支出の例示を、形式的に本件に当てはめたからだと考えられる。

これに対し本裁決の判断は、次の手順により、資本的支出該当性を判断したと考えられる。まず、その支出が、固定資産の価値を高め又はその耐久性を増すものか、あるいは通常の維持管理又はき損した固定資産の原状回復のためのものであるかを、通達の文言に捉われず検討し、次に、その判断に基づき適用する通達を選択し、当該通達に掲げる例示に該当するかを判断する。法基通７－８－３以下の形式基準は、この２番目のステップにおいて適用されるものと理解すべきである。

　資本的支出と修繕費の判定は多分に技術的な側面があることから非常に難解であり、その判断のための形式基準として、多くの通達が発遣されている。さらに、これらの通達の適用関係を明らかにするために、次頁のようなフローチャート[5]が示されている。

　実務上の判断においては、これらの形式基準やフローチャートは便利なものであるが、目の前の事実をこれらの形式基準に当てはめて、安易に判断するのではなく、通達で明らかにされている資本的支出・修繕費の意義を踏まえた上で、必要に応じて技術情報を収集するなど、まずはしっかりと事実認定を行うことが重要であろう。

＊５　前原真一『平成26年版減価償却質疑応答集』大蔵財務協会　225頁

○資本的支出と修繕費の区分判定[*6]

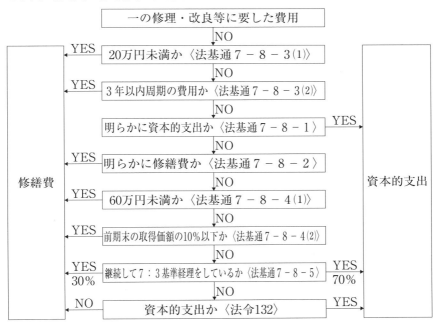

なお、法基通7-8-2にいう修繕費に含まれる費用は、以下のように分類されることがある[*7]。

① 通常の維持管理費用	② き損部分の原状回復費用
経年劣化	突発事故や故障等
日常性	非日常性
周期性（反復性）	非周期性（非反復性）
予測可能	予測不能

[*6] 田中俊男他『個人事業者のための必要経費判定事典』（ぎょうせい・2013）209頁
[*7] 河手博・成松洋一共著『減価償却資産の取得費・修繕費（改訂第七版）』（税務研究会出版局、平成28年）503-505頁

(9)　**関連裁決事例**

①　平成13年9月20日裁決＊8

○本裁決は、Ａ（本社倉庫）、Ｂ（流通センター）及びＣ（ビル）の各
建物の屋根の雨漏り防止工事につき、Ａ建物については、屋根の
20箇所以上の亀裂は個別に修理できたにもかかわらず、屋根カバー
工法によってその材質を全面的に変更したことは、耐用年数を延長
し、その価値を増加させるとして、法令第132条に規定する資本的
支出とした課税庁の処分を認めたものである。

○なお、この場合、法基通7－5－1(3)（償却費として損金経理をし
た金額の意義）により、「修繕費として損金経理した金額のうち法
令第132条（資本的支出）の規定により損金の額に算入されなかっ
た金額」は、「償却費として損金経理した金額」ではなくとも、そ
れに含まれるとし、減価償却費の損金算入限度額相当額は、本裁決
においても、損金算入を認めている。

○一方で、Ｂ及びＣ建物の工事については、雨漏りの個所を特定で
きず、陸屋根の上に鉄骨を組み屋根で覆った折板屋根工事による防
水工事を応急的に行ったものであり、建物の維持管理のための措置
であったことから本件工事費用は修繕費として損金計上を認め、納
税者の主張を肯定している。

○**法基通7－5－1（償却費として損金経理をした金額の意義）**

法第31条第1項《減価償却資産の償却費の計算及びその償却の方法》
に規定する「償却費として損金経理をした金額」には、法人が償却費の
科目をもって経理した金額のほか、損金経理をした次に掲げるような金
額も含まれるものとする。

（中略）

＊8　TAINS・F0-2-119

各　論　**2**法人税に関する事案

(3)　減価償却資産について支出した金額で修繕費として経理した金額の
うち令第132条《資本的支出》の規定により損金の額に算入されなかっ
た金額

8．収益事業の判定
　平成14年2月28日裁決*1

⑴　関係法令
○法人税法施行令第5条（収益事業の範囲）

　　法第2条第13号（定義）に規定する政令で定める事業は、次に掲げる事業（その性質上その事業に付随して行われる行為を含む。）とする。

（中略）

五　不動産貸付業のうち次に掲げるもの<u>以外のもの</u>

（中略）

　ニ　宗教法人法（昭和26年法律第126号）第4条第2項（法人格）に規定する<u>宗教法人又は公益社団法人若しくは公益財団法人が行う墳墓地の貸付業</u>　（下線筆者）（以下省略）

趣　旨

　法令第5条は収益事業の範囲を定めているが（34業種を特掲）、同条第1項第5号ニにおいて、宗教法人等が行う「墳墓地の貸付業」は、収益事業となる「不動産貸付業」から除外されることとされている。

　なお、非課税となる墳墓地の貸付業は、宗教法人、公益社団法人又は公益財団法人が行うものに限られ、学校法人や社会福祉法人、人格のない社団等が行うものは収益事業課税となる。

⑵　適用通達
○法基通15－1－18（非課税とされる墳墓地の貸付け）

　　令第5条第1項第5号ニ《非課税とされる墳墓地の貸付業》の規定に

＊1　TAINS・F0-2-117

各　論　**2** 法人税に関する事案

より収益事業とされない墳墓地の貸付業には、同号ニに規定する法人が
いわゆる永代使用料を徴して行う墳墓地の貸付けが含まれることに留意
する。

解　説

・上記法令第5条第1項第5号により宗教法人等が行う「墳墓地の貸付
業」は収益事業から除外されることになっているが、本通達におい
て、その範囲には、継続的に使用料を徴収する形態のもののほか、当
初に一定の金額を一括徴収する、いわゆる「永代使用料」も含まれ、
非課税とされることが念のため明らかにされている*2。

○法基通15－1－29（請負業と他の特掲事業との関係）

　公益法人等の行う事業が請負又は事務処理の受託としての性質を有す
るものである場合においても、その事業がその性格からみて令第5条第
1項各号《収益事業の範囲》に掲げる事業のうち同項第10号以外の号に
掲げるもの（以下15－1－29において「他の特掲事業」という。）に該
当するかどうかにより収益事業の判定をなすべきものであるとき又は他
の特掲事業と一体不可分のものとして課税すべきものであると認められ
るときは、その事業は、同項第10号《請負業》の請負業には該当しない
ものとする。

解　説

・「請負業」は収益事業として特掲されている34事業の一つであるが
（法令第5条第1項第10号）、この通達の趣旨は、請負業を除く他の33
事業で判定すべき時は、その事業で収益事業に該当するかどうかを判
定し、該当しない場合に改めて請負業かどうかの再判定はしないとい

----

*2　小原・前掲書1295頁以下

うものである*3。

(3) 事案の概要（平14.2.28裁決）

　霊園事業（墓地の開発、供給及びその管理運営等）を営む公益法人である請求人は、墓地の使用者から永代使用料のほかに共用部分の管理料を徴収していたのであるが、その管理料につき収益事業とはせずに確定申告していたところ、課税庁（原処分庁）は税務調査に基づき、3年分の各更正処分及び過少申告加算税の各賦課決定処分をした。

　それに対し、請求人が当該処分を不服として、審査請求した事案である。

(4) 争点

　墓地の使用者から永代使用料のほかに徴する共用部分の管理料について、収益事業にかかる収入に該当するか否か。

(5) 納税者の主張

① 　本件管理料の対価である本件霊園内の共通使用部分の清掃・環境の整備等の霊園の管理及び事務管理に係る業務は、次のとおり、請負業ではなく、法人税法施行令第5条（収益事業の範囲）第1項第5号ニに規定する法人が行う墳墓地の貸付業（以下「墳墓地貸付業」という。）に当たるから非収益事業である。

② 　法人税基本通達15-1-18（非課税とされる墳墓地の貸付け）の定めによれば、本件墳墓地の貸付けが、不動産貸付業のうち非収益事業とされている墳墓地貸付業に当たることは明らかである。本件管理業務が収益事業に当たるかどうかは、請求人の本来の事業である墳墓地貸付業の性格によって判定すべきであり、原処分庁が、本件管理業務

---

*3　小原・前掲書1310頁以下

各　論　**2**法人税に関する事案

のみを取り出して、請負業に該当すると認定したことは誤りである。
② 　仮に、本件管理業務が請負業としての性格を有するとしても、当該業務は、墳墓地貸付業と一体不可分である付随行為であって、その業務は必ずしも本来の事業と同一業種である必要はないことから本件事業が請負業に該当しないことは明らかである。

　　そうすると、本件管理業務は、基本通達15－1－29（請負業と他の特掲事業との関係）に定められている「その事業がその性格からみて他の特掲事業に該当するかどうかにより収益事業の判定をなすべきもの」又は「他の特掲事業と一体不可分のものとして課税するべきもの」に該当するから、請負業には該当しない。

(6) 　**課税庁の主張**

① 　不動産貸付業における「不動産の貸付け」とは、不動産の全部又は一部をその利用者の管理下に移して利用させる行為をいうのであるから、請求人が本件霊園の運営に当たり、霊園使用者から本件管理料を収受して行う本件管理業務は不動産貸付業に該当しない。

　　なお、使用者は、本件管理料を所定の時期に請求人に納入することを定めているのであるから、霊園使用者は、請求人が本件共用施設の管理を請け負っていることを認識し、これを了解した上で申込みをして本件管理料を支払っていると認められる。

② 　法人税法第4条（納税義務者）第1項の規定により、公益法人等が収益事業を営む場合は法人税を納める義務があり、基本通達15－1－1（公益法人等の本来の事業が収益事業に該当する場合）には、公益法人等が施行令第5条第1項各号に掲げる事業のいずれかに該当する事業を営む場合には、たとえその営む事業が当該公益法人等の本来の目的たる事業であるときであっても、当該事業から生ずる所得については法人税が課されることに留意する旨定められていることから、たとえ宗教法人等が請求人と同様の業務を行ったとしても収益事業に該

217

当し、公平性を欠くことはない。

(7) **裁決**

① 法人税法第4条第1項及び同法第7条の規定によれば、内国法人である公益法人等は、収益事業を営む場合に限り、その収益事業から生じた所得について法人税を納める義務があるとされ、同法第2条第13号の規定によれば、その収益事業とは、販売業、製造業その他政令で定める事業で、継続して事業場を設けて営まれるものをいうと規定し、施行令第5条第1項各号において33の事業（現行34事業）が個別に特掲されており、いわゆる限定列挙の形式をとっている。

　このように、公益法人等に対しても、収益事業から生ずる所得に課税することとした趣旨は、一般私企業との競合関係の調整や課税上の公平の維持など、専ら税制固有の理由から「制限納税義務」を負わせしめることとしたものと解されるから、公益法人等が営む事業が収益事業に該当するか否かについては、むやみにその範囲を拡大して解釈することは相当でない。

② これを本件についてみると、請求人は、本件管理料を墓所の面積に応じて徴しているものの、❶請求人は、本件霊園において墳墓地貸付業以外にも種々の事業を営んでいること、❷本件使用規則には、本件管理料が本件霊園内の本件共用施設の清掃・環境の整備等の管理及び事務管理に要する費用を支弁するためのものであることが明記されていること、及び❸本件共用施設は、本件霊園内における共通使用部分が対象となっていることを考え併せると、本件管理業務は、請求人が運営する本件霊園の維持管理を図りその利便性・快適性を向上させ、もって請求人の営む各事業の円滑な運営を行うためになされる本件霊園の管理事業と解するのが相当である。

　そうすると、本件管理業務は、施行令第5条に掲げる、物品販売業以下33項目の事業のいずれにも当たらないから、これを収益事業とい

うことはできない。

(8) **解説**

① 審判所の基本通達に対する考え方

法基通15－1－18（非課税とされる墳墓地の貸付け）は、法令第5条第1項第5号ニにおける収益事業から除かれる貸付業の留意通達（「いわゆる永代使用料を徴して行う墳墓地の貸付けが含まれることに留意する。」）であり、納税者が使用者から徴する墳墓地の永代使用料が非課税であることには、課税庁、審判所も異論はない。

本件で問題とされたのは、共用部分の管理料収入が収益事業に該当するか否かであり、共用部分の管理が、付随業務（法令第5条第1項かっこ書）あるいは請負業務（法令第5条第10号）のいずれに該当するかという点であった。この点につき審判所は、請求人の営む各事業の円滑な運営を行うためになされる本件霊園の管理事業と解するのが相当であるとして、墳墓地貸付業の付随業務として収益事業には該当しないと判断した。

本件では、審判所が「公益法人等が営む事業が収益事業に該当するか否かについては、むやみにその範囲を拡大して解釈することは相当でない。」として、課税庁の主張を退けた。法令の拡大解釈を認めないという姿勢を、審判所が示したことは、特筆すべきであろう。

(9) **関連裁判例・裁決事例等**

① 東京高裁平成25年4月25日判決[4]

本件は、宗教法人である控訴人がその経営する霊園の墓地等の使用者から永代使用料等として収受したすべての金員について、収益事業による収入には該当しないものとして確定申告したものである。

----

[4] TAINS・Z263-12209（原審・東京地裁平成24年1月24日判決（TAINS・Z262-11859））

本件判決においては、一括受領していたとしても、❶永代使用料のうちの墓石及びカロート（納骨室）に係る部分は物品の販売（物品販売業）に当たり、法人税法上の収益事業による所得に該当し、また、❷永代使用料のうちの墓石及びカロートに係る部分、墳墓地、御廟及び納骨堂の管理料は消費税の課税対象となるとし、課税庁の更正処分等を容認した。

なお、本判決においては、その前提として、法基通15－1－1（公益法人等の本来の事業が収益事業に該当する場合）を参照し、たとえその事業が当該公益法人等の本来の目的たる事業であるときであっても、当該事業（特掲33事業（現行34事業））から生ずる所得については法人税を課すことになると解するのが相当である、としている。

② 平成26年12月8日裁決*5

本件は、宗教法人である請求人が墓地管理者として墓地使用権者から収受した管理料収入が収益事業に係る収入であるとして法人税等につき確定申告をした後に、当該管理料収入は収益事業に係る収入に該当しないとして更正の請求をしたところ、原処分庁はそれぞれ更正をすべき理由がない旨の各通知処分を行ったことから、請求人がその取消しを求めた事案である。

本件判決において、①本件墓地の貸付けと共用部分の管理運営等の管理行為は業務形態として別個独立のものであること、②本件管理行為は管理料収入からしても、墓地永代使用料との比較においても、独立した事業として評価し得るだけの規模を有していること、③墳墓地の貸付業を営む宗教法人以外の別の業者が墓地の管理運営業を一般的に行うことも十分可能であること、④日本標準産業分類においても墓地管理業は墓地貸付業とは別個の分類となっていること等を併せ考慮すると、別個独

---

*5 TAINS・J97-3-09

立の事業であると認め、外形上、請負業の形態を有するとした。

　そして、使用規定に本件管理行為を示して、管理料を毎年納付すべきこと等を定め、それらを墓地使用権者も了解していることからすると、「請求人と墓地使用権者との間で、請求人が墓地使用権者に対し本件管理行為に係る役務を提供すべきことを約し、墓地使用権者が請求人に対し本件管理料を支払う旨を約したのであって、請求人が提供する本件管理行為という役務の対価として本件管理料が支払われている関係にあるものとみるのが相当であり、本件管理料について、いわゆる喜捨としての性格を持つものということはできない。そして、本件管理行為に係る事業の実際の内容は、請求人のような宗教法人でしか遂行できないものではなく、宗教法人以外の法人でも遂行できる事業であるといえ、これら法人の事業と競合するものである。」として、収益事業である請負業であるとした。

③　税務上の留意点

　平成14年2月28日裁決においては、共用部分の管理料が非課税である墳墓地の貸付事業の付随事業であることから、収益事業には該当しないとされ、一方で、平成26年12月8日裁決では、同じく共用部分の管理料が非課税である墳墓地の貸付事業とは別個独立の事業であって収益事業として特掲される請負業に該当するとされている。両裁決の違いは、明確ではない事実関係もあって、一概に対比はできないが、後者では、その判断理由の一つに、「本件管理行為は、これによって得られる本件管理料収入自体の金額からしても、本件墳墓地の貸付け自体の対価である墓地永代使用料との比較においても、独立した事業として評価し得るだけの規模を有しているものと認められる。」とあることから、事業規模の大小がその判断に影響を及ぼしたものと考えられる。

　なお、収益事業への課税に対しては、業種限定列挙方式（特掲34事業）の是非、請負業の意義、及び付随行為の意義等、判断に窮すること

も多く、平成14年2月28日裁決にもあるとおり、「むやみに範囲を拡大して解釈すること」も起こりうると思われる。ただ、法が規定する収益事業への課税は、原則非課税である。課税されることは例外であり、したがって限定列挙に留めていることを正しく理解し、本件審判所が指摘するように、むやみな拡大解釈は厳に慎むべきである。

各　論　**3**相続税に関する事案

3 相続税に関する事案

1．タワーマンション節税
（東裁（諸）平23第1号　平成23年7月1日）＊1

(1)　関係法令

○相続税法第22条（評価の原則）

> この章で特別の定めのあるものを除くほか、相続、遺贈又は贈与により取得した財産の価額は、当該財産の取得の時における時価により、当該財産の価額から控除すべき債務の金額は、その時の現況による。

趣　旨

　法第23条から第26条において定める地上権（借地権を除く。）永小作権、定期金に関する権利及び立木以外の財産は、一般的に時価により評価することだけを法律で規定し、その時価の内容は法解釈に委ねている＊2。

(2)　適用通達

○財基通6（この通達の定めにより難い場合の評価）

> この通達の定めによって評価することが著しく不適当と認められる財産の価額は、国税庁長官の指示を受けて評価する。

＊1　TAINS　F0-3-326
＊2　武田昌輔監修『DHC コンメンタール相続税法』（第一法規）1813頁

解 説

・評価基本通達に定める評価方法を画一的に適用した場合には、適正な時価評価が求められず、その評価が不適切なものとなり、著しく課税の公平を欠く場合も生じる。

・本項では、そのような場合には個々の財産の態様に応じた適正な時価評価が行えるよう定めている。

・所得税及び法人税の基本通達においても、「この通達の具体的な適用に当たっては、法令の規定の趣旨、制度の背景のみならず条理、社会通念をも勘案しつつ、個々の具体的事案に妥当する処理を図るように努められたい。」とされており[3]、この考え方は本通達にも共通する。

(3) 事案の概要

　本件は、請求人が、いわゆるタワーマンション30階の1室を、相続財産として評価基本通達に基づき評価して相続税の申告をしたのに対し、原処分庁が、請求人は、相続開始日に死亡した養父である被相続人から同マンションの取得に係る代金相当額の贈与を受けたとみなされるから、その代金相当額は相続開始前3年以内の贈与財産に該当し相続税の課税価格に加算されるとして、相続税の更正処分及び重加算税の賦課決定処分を行ったことから、請求人が、当該各処分の全部の取消しを求めた事案である。

(4) 納税者の主張

① 　相続財産は本件マンションであり、その評価額は評価基本通達に基づき評価した価額である58,018,224円とすべきである。

② 　本件は、租税負担の公平を著しく害することが明らかであるとして評価基本通達によらないことが相当と認められる場合には該当しない

＊3　谷口裕之編『平成25年版　財産評価基本通達逐条解説』大蔵財務協会　26頁

各　論　**3**相続税に関する事案

から、本件マンションの評価はあくまでも評価基本通達に基づいて行われるべきである。

　仮に、本件マンションについて評価基本通達に基づかない評価が行われるとすれば、マンションを相続した他の納税者と異なる方法によって評価をされることとなり、公平ではない。

(5)　課税庁の主張
①　本件被相続人の相続財産中、本件マンションについては、本件マンションを取得した経緯から評価基本通達の定めによって評価することは相当でなく、本件マンションの取得に充当した現金として評価するのが相当である。

(6)　裁決
①　法令解釈等

　相続税法第22条《評価の原則》は、相続財産の価額は、特別に定める場合を除き、当該財産の取得の時における時価によるものと規定しており、ここでいう時価とは、相続開始時における財産の現況に応じ、不特定多数の当事者間で自由な取引が行われる場合に通常成立すると認められる価額、すなわち客観的な交換価値をいう。

　しかしながら、財産の客観的交換価値は必ずしも容易に把握されるものではないから、課税実務上は、財産評価の一般的基準が評価基本通達によって定められ、原則として、これに定められた画一的な評価方式によって相続財産を評価することとされている。

　そして、上記通達に定められた評価方式が合理的なものである限り、これが形式的にすべての納税者に適用されることによって租税負担の実質的な公平をも実現することができる。しかし、課税手続における形式的平等を貫くことにより、かえって納税者間の実質的な租税負担の公平を害することとなる場合には、形式的平等を犠牲にして

も、実質的な租税負担の平等の実現を図るべきであり、具体的な相続財産の価額の評価について、評価基本通達によらないことが正当として是認されるような特別な事情がある場合には、評価基本通達によらず、他の合理的な方式によってこれを評価することが相続税法第22条の法意に照らして当然に許されるものというべきである。

② 請求人は、評価基本通達による不動産評価額が実勢価格よりも低く、本件マンションの購入価額と本件マンションの評価額との差額が多額であることを認識しながら、当該差額234,981,776円について、本件相続税の課税価格を圧縮し相続税の負担を回避するために、自己の行為の結果を認識するに足る能力を欠いていた本件被相続人の名義を無断で使用し、本件売買契約に及んだものであることは、これを優に認めることができる。

そして、このような場合に、評価基本通達に基づき本件マンションを評価することは、相続開始日前後の短期間に一時的に財産の所有形態がマンションであるにすぎない財産について実際の価値とは大きく乖離して過少に財産を評価することとなり、納税者間の実質的な租税負担の平等を害することとなるから、上記の事情は、評価基本通達によらないことが正当として是認されるような特別の事情に該当するというべきである。

③ この点、請求人は、本件につき、評価基本通達によらずに評価することは、他の納税者との公平を害する旨主張する。

しかしながら、上記のとおり、課税手続における形式的平等を貫くことにより、かえって納税者間の実質的な租税負担の公平を害することとなる場合には、実質的な租税負担の平等の実現のために、評価基本通達によらないでこれを評価することが正当として是認されるような特別な事情があると判断されるのであるから、請求人の主張には理由がない。

④ 上記のとおり、本件マンションは評価基本通達の定めによらず、他

各　論　**3**相続税に関する事案

の合理的な方法による評価が許されるものと解するのが相当である。

(7)　**解説**

　本事例は、相続開始直前に被相続人がタワーマンションを取得し、被相続人の死亡により、相続が開始され、相続税の申告における評価額は、財産評価通達に基づき、約5,800万円であった。相続人は翌年、そのマンションを2億8,500万円で売却したものである。

　本事例では、財産評価通達による評価額が、取得価額の概ね20％[4]となるため、評価基本通達によらないでこれを評価することが正当として是認される特別な事情があると判断された。

　タワーマンションの財産評価については、取引価額と比較して、格差があるといわれる。また、この問題は、新築のタワーマンションだけに留まらず、特に都心部の中古マンションについても、相当の評価格差が生じているものがあり[5]、これらの評価格差を利用した、租税回避ともいうべき事案も散見される。例えば本事案につき、財産評価通達に基づく評価額が認められた場合には、大まかな計算ではあるが、評価差額約2億2,700万円にかかる相続税が減少するとともに、相続後の譲渡に関しては、被相続人の当該マンションの取得価額2億9,300万円を引き継ぐため、譲渡所得税の負担もない。これら全体のスキームを通せば、相続人は、評価額5,800万円に対する相続税を負担することで、結果として2億8,500万円の譲渡対価を得ることになるのである。

　ただ、本事例が、こうした租税回避スキームに対する一定の歯止めになるとまでは言い難い。なぜなら、本事例は、相続開始直後に当該マンションを売却したために、財産評価通達によらない特別の事情があるとされたに過ぎない事案であったと考えられるからである。仮に、相続人が当該マンションに引き続き居住した場合であれば、相当な評価格差が

＊4　58,018,224円÷285,000,000円≒20％
＊5　飯塚美幸「税務弘報」2017.5　中央経済社　30頁

227

あったとしても、特別の事情があるとまでされたかは疑わしい。

　また、本通達の適用については、その適用基準が明らかにされていないと、納税者の予測可能性あるいは法的安定性の保障が困難になるとも考えられ、課税庁は一定の判断基準を示す必要があるであろう*6。

　ところで、本件では、当初課税庁は、マンションの取得代金を被相続人から相続人に贈与したものとして更正処分を行っていた。しかし裁決では、本件マンションは、本件相続の相続財産であり、本件マンションの取得に充当した現金を相続財産であるとする原処分庁の主張は、その前提において誤っているとされた。ただし裁決は、当該マンションは相続財産に該当し、その評価に問題があるとして、その評価額を取得価額として、結論において更正処分を適法であると判断した*7。

　請求人は、「原処分庁は、請求人が本件被相続人名義の預金を払い戻した時に贈与があり、相続開始前3年以内の贈与財産の加算を理由として本件更正処分等を行っているが、異議決定においては、本件マンションの取得に充当した現金が相続財産であるとして異議申立てを棄却している。このような理由の差替えは違法であるから、本件更正処分等は取り消されるべきである。」と主張したが、裁決は、いわゆる理由の差し替えに関しても、

・課税処分の取消請求における審判の対象は、もっぱら原処分庁の行った課税処分の客観的な適否であること
・当該課税処分において認定された課税標準及び税額がその総額にお

---

*6　山田重將氏は、同旨見解からその判断基準を検討している。山田重將「財産評価基本通達の定めによらない財産の評価について - 裁判例における『特別の事情』の検討を中心に」税大論叢80号183頁参照。

*7　他に相続開始前3年以内の取得価額を採用した事例として、最高裁平成5年10月28日判決（TAINS・Z199-7217）がある。本件では、租税特別措置法（昭和63年法律第109号による改正以前のもの）69条の4（相続開始前3年以内に取得した土地等又は建物等についての相続税の課税価格の計算の特例）が設けられた以前の相続において、相続開始前3年以内に取得したマンションを購入価額で評価することは、租税法律主義、遡及処罰の禁止及び平等原則に反せず、適法であるとされた事例である。

いて租税実体法規に定められたところを上回っていなければ、その
　　処分は適法とされること
を理由に、原処分庁は、原処分時や異議決定時の処分理由に拘束される
ことなく、当該課税処分の客観的な課税根拠について異議申立て又は審
査請求の段階で随時新たな主張を行うことができるものと解するのが相
当であると判断した。

２．配当還元方式による評価及び評価差額に対する法人税額等に相当する金額が否認された事例 （東京高裁平成17年１月19日判決）[1]

(1) 関係法令

○相続税法第22条 （評価の原則）

> この章で特別の定めのあるものを除くほか、相続、遺贈又は贈与により取得した財産の価額は、当該財産の取得の時における時価により、当該財産の価額から控除すべき債務の金額は、その時の現況による。

趣 旨

各論―相続事例１参照のこと

(2) 適用通達

○財基通６ （この通達の定めにより難い場合の評価）

> この通達の定めによって評価することが著しく不適当と認められる財産の価額は、国税庁長官の指示を受けて評価する。

解 説

各論―相続事例１参照のこと

○財基通186－２ （評価差額に対する法人税額等に相当する金額）

> 185 （（純資産価額））の「評価差額に対する法人税額等に相当する金額」は、次の(1)の金額から(2)の金額を控除した残額がある場合におけるその残額に37％ （法人税 （地方法人税を含む。）、事業税 （地方法人特別

---

[1] TAINS・Z255-09900

税を含む。）、道府県民税及び市町村民税の税率の合計に相当する割合）を乗じて計算した金額とする。（昭47直資3－16追加、昭49直資5－14・昭56直評18・昭58直評5外・昭59直評5外・昭62直評11外・平元直評7外・平2直評4外・平6課評2－8外・平10課評2－5外・平11課評2－12外・平12課評2－4外・平18課評2－27外・平22課評2－18外・平24課評2－8外・平26課評2－9外・平27課評2－5外・平28課評2－10外改正）

(1) 課税時期における各資産をこの通達に定めるところにより評価した価額の合計額（以下この項において「課税時期における相続税評価額による総資産価額」という。）から課税時期における各負債の金額の合計額を控除した金額

(2) 課税時期における相続税評価額による総資産価額の計算の基とした各資産の帳簿価額の合計額（当該各資産の中に、現物出資若しくは合併により著しく低い価額で受け入れた資産又は会社法第2条第31号の規定による株式交換（以下この項において「株式交換」という。）若しくは会社法第2条第32号の規定による株式移転（以下この項において「株式移転」という。）により著しく低い価額で受け入れた株式（以下この項において、これらの資産又は株式を「現物出資等受入れ資産」という。）がある場合には、当該各資産の帳簿価額の合計額に、現物出資、合併、株式交換又は株式移転の時において当該現物出資等受入れ資産をこの通達に定めるところにより評価した価額から当該現物出資等受入れ資産の帳簿価額を控除した金額（以下この項において「現物出資等受入れ差額」という。）を加算した価額）から課税時期における各負債の金額の合計額を控除した金額

（注）

1 現物出資等受入れ資産が合併により著しく低い価額で受け入れた資産（以下（注）1において「合併受入れ資産」という。）である場合において、上記(2)の「この通達に定めるところにより評価した価額」は、当該価額が合併受入れ資産に係る被合併会社の帳簿価額を超えるときには、当該帳簿価額とする。

2 上記(2)の「現物出資等受入れ差額」は、現物出資、合併、株式交換又は株式移

転の時において現物出資等受入れ資産をこの通達に定めるところにより評価した
価額が課税時期において当該現物出資等受入れ資産をこの通達に定めるところに
より評価した価額を上回る場合には、課税時期において当該現物出資等受入れ資
産をこの通達に定めるところにより評価した価額から当該現物出資等受入れ資産
の帳簿価額を控除した金額とする。
3　上記(2)のかっこ書における「現物出資等受入れ差額」の加算は、課税時期にお
ける相続税評価額による総資産価額に占める現物出資等受入れ資産の価額（課税
時期においてこの通達に定めるところにより評価した価額）の合計額の割合が
20％以下である場合には、適用しない。

| 解　説 |

・純資産価額の計算上、会社資産の評価替えに伴って生じる評価差額に
　相当する部分の金額に対する法人税等に相当する金額を会社の正味財
　産価額の計算上控除することとしているのは、小会社の株式といえど
　も株式である以上は、株式の所有を通じて会社の資産を所有すること
　となるので、個人事業主がその事業用資産を直接所有するのとは、そ
　の所有形態が異なるため、両者の事業用資産の所有形態を経済的に同
　一の条件のもとに置きかえたうえで評価の均衡を図る必要があること
　による。
・評価会社の有する資産のなかに、現物出資若しくは合併により著しく
　低い価額で受け入れた資産又は株式交換若しくは株式移転により著し
　く低い価額で受入れられた株式等があるときは、原則として、その現
　物出資、合併、株式交換又は株式移転による受入れ価額との差額に対
　する法人税額等に相当する金額は、純資産価額の計算上控除しな
　い[2]。

＊2　谷口前掲書636〜637頁

各　論　**3**相続税に関する事案

○財基通188－2　（同族株主以外の株主等が取得した株式の評価）

　　前項の株式の価額は、その株式に係る年配当金額（183≪評価会社の
１株当たりの配当金額等の計算≫の(1)に定める１株当たりの配当金額を
いう。ただし、その金額が２円50銭未満のもの及び無配のものにあって
は２円50銭とする。）を基として、次の算式により計算した金額によっ
て評価する。ただし、その金額がその株式を179≪取引相場のない株式
の評価の原則≫の定めにより評価するものとして計算した金額を超える
場合には、179≪取引相場のない株式の評価の原則≫の定めにより計算
した金額によって評価する。（昭58直評５外追加、平12課評２－４外・
平18課評２－27外改正）

$$\frac{\text{その株式に係}}{\text{る年配当金額}} \times \frac{\text{その株式の１株当た}}{\text{りの資本金等の額}}$$
$$\frac{}{10\%} \times \frac{}{50円}$$

(注)　上記算式の「その株式に係る年配当金額」は１株当たりの資本金等の額を50円
　　　とした場合の金額であるので、算式中において、評価会社の直前期末における１
　　　株当たりの資本金等の額の50円に対する倍数を乗じて評価額を計算することとし
　　　ていることに留意する。

解 説

・事業経営への影響の少ない同族株主の一部及び従業員株主などのよう
　な少数株主が取得した株式については、これらの株主は単に配当を期
　待するにとどまるという実質のほか、評価手続きの簡便性をも考慮し
　て、本来の評価方式に代えて、特例的な評価方式である配当還元法に
　よることとしている[3]。

＊3　谷口前掲書655頁

(3) **事案の概要**

　B株式会社の代表取締役を務めていた被相続人甲（第11代）は、平成
2年6月8日、被相続人の所有するB株式会社の株式200万株のほか、
その所有する不動産等を、時価を大幅に下回る価額（株式については1
株25円）で評価した上で、これらを現物出資して有限会社Aを設立し
た。同有限会社の資本の総額は1億円、出資の口数は10万口、1口の金
額は1,000円であり、被相続人の出資口数は99,995口であった。

　その後、被相続人は、平成3年12月5日、有限会社Aの持分（出資）
総数の52％に当たる52,000口をB株式会社の有力取引先13社に4,000口
ずつ400万円（1口1,000円）で譲渡したので、被相続人の所有する同有
限会社の持分は47,995口となり、控訴人甲の有する持分5口と併せて総
持分の48％となった。

　被相続人は、その8日後の同月13日に死亡し、被相続人の妻である控
訴人乙（被相続人の妻）並びにその子である控訴人甲（第12代）、同丙
及び同丁が、被相続人の権利義務を相続した。

　控訴人らは、上記相続に関する相続税の申告をするに当たり、被相続
人の相続財産のうち上記有限会社の持分47,995口の評価について、同有
限会社の保有する資産であるB株式会社の株式200万株を配当還元方式
に基づき評価し、かつ、現物出資された資産の時価と各資産の帳簿価額
（現物出資額）との評価差額に対しては51％の法人税が課せられること
になるから、これを差し引いた上で同有限会社の資産を評価すべきであ
るとして、法人税相当額を同有限会社の資産額から控除した上でその持
分1口当たりの単価を算出し、これに基づいて相続税評価額を算定して
相続税の申告をした。

　これに対し、被控訴人は、同有限会社が保有するB株式会社の株式
200万株の評価額については、配当還元方式ではなく類似業種比準方式
で評価すべきであり、また、現物出資の帳簿価額と時価との評価差額に
対して法人税が課せられるのは会社を清算する遠い将来のことであっ

て、相続時において差し引かれるべき法人税額は微少なものにすぎず、法人税相当額を同有限会社の資産評価額から控除する必要はなく、控訴人らのした相続税の申告額は過少であるとして、これについて更正処分（本件更正処分）をするとともに、過少申告加算税賦課決定処分（本件賦課処分）をした。

　本件は、控訴人らが、被控訴人の上記各処分は、相続税財産評価に関する基本通達に違反し、被相続人の相続財産の評価を誤った違法があるとして、上記更正処分のうち控訴人らの申告額を超える部分及び過少申告加算税賦課決定処分の取消しを求めて提訴した事案である。

⑷　納税者の主張

① 評価通達による評価方法である配当還元方式の適用

・B株式会社の同族株主が保有する本件有限会社の出資は48パーセントにすぎない。したがって、本件有限会社は、B株式会社の同族株主でないことになるから、本件有限会社の保有するB株式会社の株式の価額の評価方法は、配当還元方式によることになる。

・本件更正処分は、本件有限会社を強引な論理でB株式会社の同族株主だとして本件有限会社の保有するB株式会社の株式の価額を類似業種比準方式で評価している。これは評価通達188項に違反し、違法である。

② 評価通達によらない被控訴人の課税処分の手続違反

・被控訴人は、本件出資の評価について、評価通達を画一的に適用することが著しく不適当と認められる特段の事情があるとして、本件有限会社の保有する本件株式（B株式会社の200万株の株式）を類似業種比準価格方式により評価し、さらに本件出資を純資産価額方式で評価するに当たり、法人税等相当額を控除せず、同族持分割合が50％を下回ることによる評価減を行わなかったが、このように評価通達によらない課税手続は、恣意的であって平等原則等に違反するものである

235

上、評価通達6項が「評価通達によって評価することが著しく不適当
と認められる場合の財産の価額は、国税庁長官の指示を受けて評価す
る。」と規定しているのに、これに違反し、国税庁長官の指示に基づ
かずになされたものである。したがって、本件更正処分には手続違反
があり、不当であるから取り消されるべきである。

(5) 課税庁の主張

① 評価通達によらないことが正当と是認される特別な事情の存在

❶ 評価通達188項の趣旨と本件の実状

・評価通達188項が、「同族株主以外の株主等」が取得した株式につき特
例的な評価方法である配当還元方式による評価方法を定めたのは、そ
の株式を保有する株主の持つ経済的実質が、配当を受領するという期
待以外に存しないことを配慮した結果であり、会社経営に参画した
り、会社に対して支配的でない、いわゆる零細・少数株主の所有する
株式に限って、特例的にその受け取る配当金から還元して元本たる株
式の評価額を算定しようとするとともに、併せて、少数株主に限って
は、複雑な計算過程を経てなされる原則的な評価方法によらずに、評
価手続を簡便に行い得るように配慮したものである。そして、評価通
達上は、188項が法人税法施行令第4条を準用することで、一族で発
行済株式数の50パーセント未満の株式しか所有していない会社は、そ
の一族株主が同族株主となっている他の会社に対して支配的でなく、
その会社から配当を受領する期待のみしか有しない株主と同等に取り
扱うこととされている。

・評価通達は、評価の対象となる会社の子会社が、評価対象会社の同族
関係者となるか否かを、評価対象会社が子会社の株式を半数以上保有
しているか否かによって判定することとしているが、これは、評価通
達において原則的評価方法を適用すべき場合の判定基準（評価通達
188項）からすれば例外である。この趣旨は、すべての場合に親会社

と同様の判定基準を適用することとすると、たとえ、わずかな株式しか保有していない子会社であっても、当該会社の株主のみならず株主の親族関係等のすべてを把握する必要が生じるため、株式の評価に多大な労力を要することとなり、申告納税制度における納税者の便宜及び課税実務上の観点から好ましくない結果を招くこととなるからである。原告らは、この趣旨を逆手にとったものである。

❷　原告らによる本件有限会社の支配の事実

・本件有限会社が保有するB株式会社の株式200万株は、形式的には評価通達188項の定めに該当して配当還元方式によって評価することになるとしても、実質的には、本件有限会社に対する原告らの支配関係が存在していることから、本件有限会社は、B株式会社の同族株主である原告甲らとの関係において特殊関係のある同族関係者であるので、B株式会社の同族株主と認めるのが相当であり、加えて、他の納税者との相続税負担の公平を確保するとの見地から、評価通達による評価方法を画一的に適用して評価することは、極めて不適当なものであるといわざるを得ない。

❸　本件譲渡の意図

・平成元年から平成2年にかけて繰り返し行われた被相続人の一連の行為と法令・通達の改正経緯からすれば、被相続人の行ったこれらの行為が、原告らの主張するB株式会社の株式公開を目的としたものではなく、単に多額な相続税額の圧縮を目的としたものであったことは明らかである。

❹　結論

・本件有限会社が保有するB株式会社の株式200万株は、形式的には評価通達188項の定めに該当して配当還元方式によって評価することになるとしても、実質的には、本件有限会社に対する原告らの支配関係が存在していることから、本件有限会社は、B株式会社の同族株主である原告甲らとの関係において特殊関係のある同族関係者であるの

で、B株式会社の同族株主と認めるのが相当であり、加えて、他の納税者との相続税負担の公平を確保するとの見地から、評価通達による評価方法を画一的に適用して評価することは、極めて不適当なものであるといわざるを得ない。

② 本件有限会社が保有するB株式会社の株式の評価方法

・大会社の株式の例外的評価方法である配当還元方式は採用できないから、本件有限会社が保有するB株式会社の株式200万株の評価方法は、評価通達178項、179項により、大会社の株式の価格の原則的評価方法である類似業種比準方式によるべきである。

(6) 判決

① 客観的交換価値は必ずしも一義的に明確に確定されるものではないことから、課税実務上は、評価通達に定められている評価方法により相続財産を評価することとされている。これは、相続財産の客観的な交換価値を個別に評価する方法をとると、その評価方法、基礎資料の選択の仕方等により異なった評価額が生じることを避け難く、また、課税庁の事務負担が重くなり、回帰的、かつ、大量に発生する課税事務の迅速な処理が困難となるおそれがあること等から、あらかじめ定められた評価方法により画一的に評価する方が、納税者間の公平、納税者の便宜、徴税費用の節減という見地からみて合理的であるという理由に基づくものである。

したがって、評価通達に定められた評価方法が合理的なものである限り、これは、時価の評価方法として妥当性を有するものと解される。

② かかる評価通達の趣旨からすれば、評価通達に定められた評価方法を画一的に適用するという形式的な平等を貫くことによって、かえって、実質的な租税負担の公平を著しく害することが明らかであるなどこの評価方法によらないことが正当と是認されるような特別な事情が

ある場合には、他の合理的な方法により評価をすることが許されるものと解される。このことは、評価通達自体も、その6項において、「この通達の定めによって評価することが著しく不適当と認められる財産の価額は、国税庁長官の指示を受けて評価する。」旨定められていることからも明らかである。かかる場合には、評価通達の定める評価方法によることなく、その財産の価額に影響を及ぼすべき全ての事情を考慮しつつ、相続税法第22条の規定する「時価」を算定すべきこととなる。

③　類似業種比準方式による株式評価は、評価通達上、非上場株式についての原則的な評価方法であり、現実に取引が行われている上場会社の株価に比準した株式の評価額が得られる点において合理的な手法といえ、非上場株式の算定手法として最も適切な評価方法であるといえる。

④　ところで、評価通達188－2項は、このような原則的な評価手法の例外として、「同族株主以外の株主等」（評価通達188項）が取得した評価会社の株式については、配当還元方式によって評価することを定めている。当該通達の趣旨は、一般的に、非上場のいわゆる同族会社においては、会社経営等について同族株主以外の株主の意向が反映されることはなく、同族株主以外の株主が当該会社の株式を保有する目的は、会社経営に関わりを持ったり、株価の上昇によるキャピタルゲイン等の投機的あるいは投資的動機によるものではなく、当該会社との安定的な取引関係の維持、継続を図ること等数値的に表すことのできない無形の利益を期待して、いわば取引上のつきあいで株式保有をする場合が多く、その株式を保有する株主にとっては、当面、配当を受領するということ以外に直接の経済的利益を享受することがないという実態を考慮した特別の例外的措置とみるのが相当である。そして、当該会社に対する直接の支配力を有しているか否かという点において、同族株主とそれ以外の株主とでは、その保有する当該株式の実

質的な価値に大きな差異があるといえるから、評価通達は、同族株主以外の株主の保有する株式の評価については、類似業種比準方式よりも安価に算定される配当還元方式による株式の評価方法を採用することにしたものであって、そのような差異を設けることには合理性があるというべきである。

このことは、同族株主以外の株主等が取得した株式の評価についても、評価通達188－2項において、配当還元方式により株式の価額を算定した場合に、評価通達上の原則的評価方法というべき類似業種比準方式（評価会社が大会社の場合。評価通達179項）により算定した価額を超える場合には、当該原則的評価方法で算定した価額により評価することとされていることとも整合するものである。

⑤ このように、評価通達における例外的評価方法たる配当還元方式は、評価会社の経営に関して実効支配力のない同族株主以外の株主の保有する株式に限って例外的に適用されるものであって、評価会社の経営に対して実効支配力を有する同族株主の保有する株式について適用されるべきものではない。

(7) **解説**

本事例も、先の事例と同様、評価通達6の適用を認めた事例である。納税者は、B株式会社の同族株主が保有する本件有限会社の出資は48パーセントにすぎず、B株式会社の株式の価額の評価方法は、配当還元方式によるべきこと、課税庁の評価は評価通達188項に違反し、違法であること等を主張した。

これに対し裁判所は、被相続人の出資割合は形式上48％であるが、甲一族としては、本件各取引会社のうち1社でも味方に付ければ本件有限会社の出資口数の50パーセント以上を支配することが可能になること、本件各取引会社全社が一致結束して甲一族に反旗を翻すという事態はほとんど想定し得ないこと、甲一族の保有出資割合が48パーセントであっ

240

ても本件有限会社の支配ができる態勢が将来的にも維持されていること等を理由に、実質の支配は50％以上であると認定した。その上で、評価通達における例外的評価方法たる配当還元方式は、評価会社の経営に関して実効支配力のない同族株主以外の株主の保有する株式に限って例外的に適用されるものであるとして、類似業種比準方式で評価すべきと判断した。

また、評価通達と異なる評価方法を採用する点についても、評価通達は、相続財産の評価の基本的な方針を定めるものであるが、法令ではなく、また、個別の相続財産の評価は、その価額に影響を与えるあらゆる事情を考慮して行われるべきものであるから、評価通達による評価方法が不合理な場合には、他の合理的方法によって評価を行うことができるものと解すべきであるとした。

本判決は、下記に列挙する個別事情を実質的かつ総合的に勘案し、本件は、評価通達に基づく評価方法によらないことが正当と是認されるような特別な事情があると判断した。

① 評価額が著しく異なること（本件においては、わずか2.7％の評価に留まったこと）。

② 実質の支配権が及ぶこと（本件においては、被相続人らの意向で、取引先13社が、B社との良好な取引関係を継続するために、それぞれ4％ずつの出資口数を引き受けたと考えられること）。

③ 実質の保有割合で経営を意のままに支配することができること（本件においては、少数の株主が実質の支配者に反旗を翻すような事態は想定できないこと）。

これらの個別事情は、今後実務上の判断においても重要な要素となるであろう。

(8) **類似事案**

本件と類似の事案に、大阪地裁平成16年8月27日判決[4]がある。

本件は、取引相場のない有限会社の出資の贈与について受贈者は、財産評価通達188－2に基づき配当還元方式により評価（1口当たり5,000円）して贈与税の申告していたところ、課税庁は、❶本件出資は不自然・不合理である、❷本件出資が行われたことにより、これがなされなかった場合に比べて、評価基本通達所定の方法による贈与財産の評価額が著しく減少する、❸本件出資が贈与税負担軽減の意図に基づくものである、という「特別の事情」がある場合には、評価基本通達によらずに、他の合理的な方法により評価するのが相当であるとして更正処分を行った事案である。

　本件の特徴は、

①　甲社に対する出資の評価額を低廉なものとするための方策として1対99の割合をもって資本金と資本準備金への振り分けをしているような場合にまで、財産評価基本通達に定める配当還元方式を適用して評価することは、実質的な租税負担の公平を著しく害することが明らかであり、上記評価方法によらないことが正当とされる「特別な事情」が存するといえる事案であると判断しながらも、

②　その一方で課税庁の主張する純資産価額方式について、出資をした贈与者が当該有限会社を支配しているとはいえないような場合にまで、純資産価額方式により算出した金額により、出資を評価すべきと解する合理的根拠は見出し難いとし、

③　資本金と資本準備金への1対99の振り分けが合理性の存しない租税回避目的のものと認められること等から、出資に係る払込金額全額を資本金に当たるものとした上で、財産評価基本通達に定める配当還元方式に準じて評価するのが相当と解される、

として、裁判所自らが本件出資の価額を評価した点にある。

　ところで、財産評価基本通達188－2は、会社法の制定に伴い、平成

───────────────────────────────────
＊4　TAINS・Z254-9727。なお、控訴審である大阪高裁平成17年4月14日判決も、同旨。

各　論　**3**相続税に関する事案

18年に、次のように改正された。

改正前		改正後	
その株式に係る 年配当金額	その株式の1株当 たりの資本金の額	その株式に係る 年配当金額	その株式の1株当た りの資本金等の額
10%	50円	10%	50円

$$\frac{\text{その株式に係る年配当金額}}{10\%} \times \frac{\text{その株式の1株当たりの資本金の額}}{50円}$$

　通達改正の理由は、会社法の規定で、資本金の額と剰余金の移動が株主総会の決議＊5によりできることとされたことに対応したものと考えられる。

　本件増資の払込みがあった平成6年当時、旧商法第284条ノ2（資本の額）第2項では「株式ノ発行価額ノ2分ノ1ヲ超エザル額ハ資本ニ組入レザルコトヲ得」とし、旧商法第288条ノ2（資本準備金の額）第1項では「株式ノ発行価額中資本ニ組入レザル額」として、株式発行の際には最低でも払込金額の2分の1を資本金の額としなければならなかった。

　一方、旧有限会社法では、「出資一口の資本金に組み入れない額という概念が存在しなかったので……、組織再編をする場合を除き、出資一口の金額を超えて出資を行った場合など例外的場合のみ資本準備金が発

....

＊5　会社法第447条（資本金の額の減少）
　　　株式会社は、資本金の額を減少することができる。この場合においては、株主総会の決議によって、次に掲げる事項を定めなければならない。
　　一　減少する資本金の額
　　二　減少する資本金の額の全部又は一部を準備金とするときは、その旨及び準備金とする額
　　三　資本金の額の減少がその効力を生ずる日
　　会社法第450条（資本金額の増加）
　　　株式会社は、剰余金の額を減少して、資本金の額を増加することができる。この場合においては、次に掲げる事項を定めなければならない。
　　一　減少する剰余金の額
　　二　資本金の額の増加がその効力を生ずる日
　　2　前項各号に掲げる事項の決定は、株主総会の決議によらなければならない。

生することとなっていた*6」。そこで、旧有限会社法を利用すれば、資本金の額対資本準備金の額を、「1：99」に設定し、結果として本件のような租税回避的な評価も可能になったのである。しかし、株式会社と有限会社は、営利を目的とする実質的形態が同種の法人である。根拠法が違うという形式的な理由だけで、その評価が大きく異なることには、やはり問題があったと言わざるを得ない。

　本件評価において、裁判所が出資一口当たりの価額を50万円としたことは、旧商法との整合性を図る目的があったのかもしれない。また、本件に改正後の通達を適用すれば、1株当たりの資本金等の額に基づき計算を行うため、判決どおりの評価額となることも加味すると、結果として本判決の判断は妥当であったといえよう。

＊6　郡谷大輔編『中小会社・有限会社の新・会社法』（商事法務・2006）235頁。

各　論　**3**相続税に関する事案

3．相続税評価額と同程度の価額かそれ以上の価額の対価によって土地の譲渡が行われた場合におけるその代金額は、相続税法第7条（贈与又は遺贈により取得したものとみなす場合）にいう「著しく低い価額」の対価には当たらないとされた事例
（東京地裁平成19年8月23日判決）[1]

(1)　関係法令

○相続税法第7条（贈与又は遺贈により取得したものとみなす場合）

　　著しく低い価額の対価で財産の譲渡を受けた場合においては、当該財産の譲渡があった時において、当該財産の譲渡を受けた者が、当該対価と当該譲渡があった時における当該財産の時価（当該財産の評価について第三章に特別の定めがある場合には、その規定により評価した価額）との差額に相当する金額を当該財産を譲渡した者から贈与（当該財産の譲渡が遺言によりなされた場合には、遺贈）により取得したものとみなす。（以下省略）

趣　旨

　この規定は、財産の譲渡が贈与という法律行為に該当すれば贈与税が課税されることを予想して、有償で、しかも僅少の対価をもって財産の移転を図ることによって贈与税の課税回避を図るとともに、相続財産の生前処分による相続税の負担の軽減を防止する目的をもって定められているのである[2]。

....

＊1　TAINS　Z257-10763
＊2　武田前掲書1002頁

245

⑵　**適用通達**

○**負担付贈与又は対価を伴う取引により取得した土地等及び家屋等に係る評価並びに相続税法第 7 条及び第 9 条の規定の適用について（課資 2 －49（例規）・課評 2 － 5 ・徴管 5 －20・平成 3 年12月18日）**

　　標題のことについては、昭和39年 4 月25日付直資56、直審（資）17「財産評価基本通達」（以下「評価基本通達」という。）第 2 章から第 4 章までの定めにかかわらず、下記により取り扱うこととしたから、平成元年 4 月 1 日以後に取得したものの評価並びに相続税法第 7 条及び第 9 条の規定の適用については、これによられたい。

（趣旨）

　　最近における土地、家屋等の不動産の通常の取引価額と相続税評価額との開きに着目しての贈与税の税負担回避行為に対して、税負担の公平を図るため、所要の措置を講じるものである。

記

1 　土地及び土地の上に存する権利（以下「土地等」という。）並びに家屋及びその附属設備又は構築物（以下「家屋等」という。）のうち、負担付贈与又は個人間の対価を伴う取引により取得したものの価額は、当該取得時における通常の取引価額に相当する金額によって評価する。

　　ただし、贈与者又は譲渡者が取得又は新築した当該土地等又は当該家屋等に係る取得価額が当該課税時期における通常の取引価額に相当すると認められる場合には、当該取得価額に相当する金額によって評価することができる。

　（注）　「取得価額」とは、当該財産の取得に要した金額並びに改良費及び設備費の額の合計額をいい、家屋等については、当該合計金額から、評価基本通達130（（償却費の額等の計算））の定めによって計算した当該取得の時から課税時期までの期間の償却費の額の合計額又は減価の額を控除した金額をいう。

各　論　**3**相続税に関する事案

2　1の対価を伴う取引による土地等又は家屋等の取得が相続税法第7条に規定する「著しく低い価額の対価で財産の譲渡を受けた場合」又は相続税法第9条に規定する「著しく低い価額の対価で利益を受けた場合」に当たるかどうかは、個々の取引について取引の事情、取引当事者間の関係等を総合勘案し、実質的に贈与を受けたと認められる金額があるかどうかにより判定するのであるから留意する。

(注)　その取引における対価の額が当該取引に係る土地等又は家屋等の取得価額を下回る場合には、当該土地等又は家屋等の価額が下落したことなど合理的な理由があると認められるときを除き、「著しく低い価額の対価で財産の譲渡を受けた場合」又は「著しく低い価額の対価で利益を受けた場合」に当たるものとする。

解　説

・個人が、土地等及び家屋等を負担付贈与又は対価を伴った取引により取得した場合の価額については、その取得時（課税時期）において自由な経済取引の下で通常成立すると認められる取引価額によって評価することを定めている。

・この場合において、贈与者等が取得又は新築した土地等又は家屋等の取得価額が、課税時期の通常の取引価額に相当する金額として課税上弊害がないと認められる場合には、その取得価額よって評価することができることとされている。

・なお、この取得価額は、土地等又は家屋等の取得に要した金額並びに改良費及び設備費の額の合計額とし、家屋等については、その合計額から家屋等の取得の日から贈与等の日（課税時期）までの期間に係る減価償却費（定率法により計算）相当額を控除した金額となる＊3。

(3)　事案の概要

本件は、親族から土地の持分を相続税評価額で購入した原告らが、処

＊3　野原誠編『平成27年版　相続税法基本通達逐条解説』（大蔵財務協会）　670頁

分行政庁から、当該購入代金額は相続税法第7条に規定する「著しく低い価額の対価」であるから、時価との差額に相当する金額は、贈与により取得したものとみなされるとして贈与税の決定又は更正及びこれに伴う無申告加算税又は過少申告加算税の賦課決定を受けたため、当該代金額はいずれも相続税評価額と同額であるから同条は適用されず、したがって各処分はいずれも違法であると主張してその取消しを求めた事案である。

(4) **争点**

① 相続税法第7条の解釈

　ア 同条にいう時価の意義

　イ 同条にいう「著しく低い価額」の判定基準

② 本件各売買の代金額は、甲購入持分及び乙購入持分の時価より「著しく低い価額」の対価であるか。

③ 上記②が肯定される場合、相続税法第7条の規定に基づき原告らが本件各売買につき贈与により取得したものとみなされる金額はいくらか。

(5) **納税者の主張**

・土地の売買代金額は、いずれも相続税評価額と同額であるため、相続税法第7条の規定する「著しく低い価額の対価」の規定は適用されない。

(6) **課税庁の主張**

・相続税評価額が地価公示価格と同水準の価格の約80パーセントであることからすると、地価が安定して推移している場合や上昇している場合には、この開差に着目し、実質的には、贈与税の負担を免れつつ贈与を行った場合と同様の経済的利益の移転を行うことが可能になるの

248

各　論　**3**相続税に関する事案

であり、このことが、租税負担の公平の見地から相当でないことは明らかである。

・著しく低い価額の対価に当たるか否かは、単に時価との比較（比率）のみによって決するものではなく、実質的に贈与を受けたと認められる金額の有無によって判断すべきである、あるいは、第三者との間では決して成立し得ないような対価で売買が行われ、当事者の一方が他方の負担の下に多額の経済的利益を享受したか否かによって判断すべきである。

・当該財産の譲受の状況の一要因である「個々の取引の意図、目的その合理性」といったことが、著しく低い価額に当たるか否かを判断する際の一事情として考慮されるべきものである。

(7)　**判決**

① 相続税法第7条の解釈

ア 同条にいう時価の意義

・贈与税は、相続税の補完税として、贈与により無償で取得した財産の価額を対象として課される税であるが、その課税原因を贈与という法律行為に限定するならば、有償で、ただし時価より著しく低い価額の対価で財産の移転を図ることによって贈与税の負担を回避することが可能となり、租税負担の公平が著しく害されることとなるし、親子間や兄弟間でこれが行われることとなれば、本来負担すべき相続税の多くの部分の負担を免れることにもなりかねない。相続税法第7条は、このような不都合を防止することを目的として設けられた規定であり、時価より著しく低い価額の対価で財産の譲渡が行われた場合には、その対価と時価との差額に相当する金額の贈与があったものとみなすこととしたのである（遺贈の場合は相続税であるが、上に述べた贈与税と同じ議論が当てはまる。）。したがって、租税負担の回避を目的とした財産の譲渡に同条が適用されるのは当然であるが、租税負担

249

の公平の実現という同条の趣旨からすると、租税負担回避の意図・目的があったか否かを問わず、また、当事者に実質的な贈与の意思があったか否かをも問わずに、同条の適用があるというべきである。

・同条にいう時価とは、財産の価額の評価の原則を定めた同法第22条にいう時価と同じく、客観的交換価値、すなわち、課税時期において、それぞれの財産の現況に応じ、不特定多数の当事者間で自由な取引が行われる場合に通常成立すると認められる価額をいうと解すべきである。

イ　同条にいう「著しく低い価額」の判定基準

・「著しく低い価額」の対価とは、その対価に経済合理性のないことが明らかな場合をいうものと解され、その判定は、個々の財産の譲渡ごとに、当該財産の種類、性質、その取引価額の決まり方、その取引の実情等を勘案して、社会通念に従い、時価と当該譲渡の対価との開差が著しいか否かによって行うべきである。

・相続税評価額は、平成4年以降、時価とおおむね一致すると考えられる地価公示価格と同水準の価格の約80パーセントとされており、これは、土地の取引に携わる者にとっては周知の事実であると認められる。このように相続税評価額が時価より低い価額とされていることからすると、相続税評価額と同水準の価額を対価として土地の譲渡をすることは、その面だけからみれば経済合理性にかなったものとはいい難い。

・しかし、一方で、80パーセントという割合は、社会通念上、基準となる数値と比べて一般に著しく低い割合とはみられていないといえるし、課税当局が相続税評価額（路線価）を地価公示価格と同水準の価格の80パーセントを目途として定めることとした理由として、1年の間の地価の変動の可能性が挙げられていることは、一般に、地価が1年の間に20パーセント近く下落することもあり得るものと考えられていることを示すものである。そうすると、相続税評価額は、土地を取

引するに当たり一つの指標となり得る金額であるというべきであり、これと同水準の価額を基準として土地の譲渡の対価を取り決めることに理由がないものということはできず、少なくとも、そのようにして定められた対価をもって経済合理性のないことが明らかな対価ということはできないというべきである。

② 本件各売買の代金額の「著しく低い価額」の対価該当性
・本件各売買が行われた平成15年12月25日当時、本件土地の路線価は更地価格の時価の約81パーセント＊4だったのであるから、本件土地は、地価公示価格と同水準の価格の80パーセントという一般的な路線価決定の基準に合致していた。同じ時点における本件土地の相続税評価額も、時価の約78パーセント＊5だったのであり、路線価と更地価格の時価との比率におおむね一致している。この相続税評価額は、処分行政庁自身も贈与税課税の根拠とすることを是認していたものでもあった。
・そうすると、本件土地については、相続税評価額が時価の80パーセントの水準よりも低いことが明らかであるといえるような特別の事情は認められないから、相続税評価額と同程度の価額かそれ以上の価額の対価によって譲渡が行われた場合、相続税法第7条にいう「著しく低い価額」の対価とはいえないということができる。そして、甲購入持分も、乙購入持分も、相続税評価額と全く同じ金額の代金によって譲渡されたものであるから、結局、本件各売買の代金額は、いずれも「著しく低い価額」の対価には当たらない。

③ 個別通達「負担付贈与又は対価を伴う取引により取得した土地等及び家屋等に係る評価並びに相続税法第7条及び第9条の規定の適用に

＊4 360千円（路線価）／443千円（鑑定評価）≒81.3％
＊5 360千円（路線価）×0.96（奥行価格補正率）／443千円（鑑定評価）≒78％

ついて」

・同通達 2 は、同条にいう「著しく低い価額」の対価による譲渡に当た
るかどうかは、個々の取引について取引の事情、取引当事者間の関係
等を総合勘案し、実質的に贈与を受けたと認められる金額があるかど
うかにより判定するものとしている。……、ここにいう「実質的に贈
与を受けたと認められる金額があるかどうか」という判定基準は、同
条の趣旨にそったものとはいい難いし、基準としても不明確であると
いわざるを得ないほか、「著しく低い」という語からかけ離れた解釈
を許すものとなっており、その意味で妥当なものということはできな
い。

・しかし、同通達 2 は、結局のところ、個々の事案に応じた判定を求め
ているのであるから、上記のような問題があるからといってそれだけ
で直ちにこれを違法あるいは不当であるとまではいえないというべき
である。もっとも、個々の事案に対してこの基準をそのまま硬直的に
適用するならば、結果として違法な課税処分をもたらすことは十分考
えられるのであり、本件はまさにそのような事例であると位置付ける
ことができる。

(8) 解説

　本件は、親族間において、土地の持分の売買代金を相続税評価額に
よって行い、課税庁に時価と相続税評価額との差額を相続税法第 7 条に
より、贈与により取得したものとみなされた事案である。

　所得税法は低額譲渡につき、明確な判断基準を置いているが＊6、相
続税法においては、「著しく低い価額の対価」の判定基準は、通達を含

───────────────────────────────
＊6　所得税では、所令169（時価による譲渡とみなす低額譲渡の範囲）
　　法第59条第 1 項第 2 号（贈与等の場合の譲渡所得等の特例）に規定する政令で定め
　　る額は、同項に規定する山林又は譲渡所得の基因となる資産の譲渡の時における価額
　　の 2 分の 1 に満たない金額とする。

252

め存在しない[7]。限定的に、相続税法基本通達7－2[8]では、入札などの取引をして、著しく低い価額で財産を取得した場合には、課税しないとするものがある程度である。そのため、著しく低い価額とは、金額をいうのか、あるいは比較する時価との割合をいうのか明確ではない。相続税法第7条の射程は、ほとんどが親族間取引と思われるが、どのような取引価額で取引をすれば、みなし贈与課税を回避することができるのであろうか。

その点につき、本判決は、時価とは相続税法第22条にいう時価と同じく、客観的交換価値、すなわち、課税時期において、それぞれの財産の現況に応じ、不特定多数の当事者間で自由な取引が行われる場合に通常成立すると認められる価額をいうと解すべきであるとし、「著しく低い価額」の対価とは、その対価に経済合理性のないことが明らかな場合をいうものと解され、その判定は、個々の財産の譲渡ごとに、当該財産の種類、性質、その取引価額の決まり方、その取引の実情等を勘案して、社会通念に従い、時価と当該譲渡の対価との開差が著しいか否かによって行うべきであるとする。

その上で、相続税評価額が時価より低い価額とされていることからすると、その面だけからみれば経済合理性にかなったものとはいい難いが、一方で、80パーセントという割合は、社会通念上、基準となる数値と比べて一般に著しく低い割合とはみられていないとして、相続税評価

・・

[7]　武田前掲書1004頁
　　これは、画一的な判定基準を設けることによって、明らかに贈与する意思で高額な利益が授受されるものがあっても、その対価の額が画一的な判定基準以上であるという理由で贈与税の課税ができないことになり、課税上の不公平が生じるのは、法第7条の規定の趣旨からみて適当でないと考えられたからであろう。
[8]　相基通7－2（公開の市場等で著しく低い価額で財産を取得した場合）
　　不特定多数の者の競争により財産を取得する等公開された市場において財産を取得したような場合においては、たとえ、当該取得価額が当該財産と同種の財産に通常付けられるべき価額に比べて著しく低いと認められる価額であっても、課税上弊害があると認められる場合を除き、法第7条の規定を適用しないことに取り扱うものとする。

額は、土地を取引するに当たり一つの指標となり得るとした。さらに、本件土地の相続税評価額が時価の80パーセントの水準よりも低いことが明らかであるといえるような特別の事情は認められないことから、相続税法第7条にいう「著しく低い価額」ではないとした。

　本判決は、事案ごとに、種々の事情等を総合的に勘案する必要は当然にあるが、相続税評価額が時価の80％の割合である場合においては、「著しく低い価額」の一定の判断基準となることを認めた判決であり、実務においても参考にされたい。

　最後に、本個別通達の適用について、本判決は、実質的に贈与を受けたと認められる金額があるかどうかという判定基準は、同条の趣旨にそったものとはいい難いし、基準としても不明確であるといわざるを得ないほか、「著しく低い」という語からかけ離れた解釈を許すものとなっており、その意味で妥当なものということはできないとした。さらに、「個々の事案に対してこの基準をそのまま硬直的に適用するならば、結果として違法な課税処分をもたらすことは十分考えられるのであり、本件はまさにそのような事例であると位置付けることができる。」として、本件個別通達の硬直的な適用に警笛を鳴らしたが、本件個別通達は廃止に至っていない。

　私見であるが、本個別通達は、バブル期の絶頂であった平成元年3月29日に発遣されたものであり、土地の時価と相続税評価額の乖離に着目した租税回避の防止を趣旨として発遣されたものである。当時と現在とでは、その状況が大きく異なるため、本件通達は直ちに廃止すべきであると考える。

各　論　**3**相続税に関する事案

4．みなし贈与と非同族株主への取引相場のない株式の譲渡 （東京地裁平成17年10月12日判決）＊1

(1)　関係法令
○相続税法第7条（贈与又は遺贈により取得したものとみなす場合）

　　著しく低い価額の対価で財産の譲渡を受けた場合においては、当該財産の譲渡があった時において、当該財産の譲渡を受けた者が、当該対価と当該譲渡があった時における当該財産の時価（当該財産の評価について第3章に特別の定めがある場合には、その規定により評価した価額）との差額に相当する金額を当該財産を譲渡した者から贈与（当該財産の譲渡が遺言によりなされた場合には、遺贈）により取得したものとみなす。（以下省略）

趣　旨

　　各論相続事例−3参照のこと

(2)　適用通達
○財基通188（同族株主以外の株主等が取得した株式）

　　178≪取引相場のない株式の評価上の区分≫の「同族株主以外の株主等が取得した株式」は、次のいずれかに該当する株式をいい、その株式の価額は、次項の定めによる。（昭47直資3−16・昭53直評5外・昭58直評5外・平15課評2−15外・平18課評2−27外改正）
　(1)　同族株主のいる会社の株式のうち、同族株主以外の株主の取得した株式
　　この場合における「同族株主」とは、課税時期における評価会社の株

....
＊1　TAINS　Z255-10156

255

主のうち、株主の1人及びその同族関係者（法人税法施行令第4条（（同族関係者の範囲））に規定する特殊の関係のある個人又は法人をいう。以下同じ。）の有する議決権の合計数がその会社の議決権総数の30％以上（その評価会社の株主のうち、株主の1人及びその同族関係者の有する議決権の合計数が最も多いグループの有する議決権の合計数が、その会社の議決権総数の50％超である会社にあっては、50％超）である場合におけるその株主及びその同族関係者をいう。

解 説

・本項では、次項188－2で定める特例的評価方式（配当還元方式）を適用する株式の範囲を具体的に定めている。

・取引相場のない株式のうち一般の評価会社の株式で、同族株主以外の株主等が取得した株式については、次項188－2で定める配当還元方式価額によって評価することとしている。

・これは、事業経営の影響の少ない同族株主の一部及び従業員株主などのような少数株主が取得した株式については、これらの株主は単に配当を期待するにとどまるという実質のほか、評価手続きの簡便性をも考慮しているものである[2]。

○財基通188－2 （同族株主以外の株主等が取得した株式の評価）

前項の株式の価額は、その株式に係る年配当金額（183≪評価会社の1株当たりの配当金額等の計算≫の(1)に定める1株当たりの配当金額をいう。ただし、その金額が2円50銭未満のもの及び無配のものにあっては2円50銭とする。）を基として、次の算式により計算した金額によって評価する。ただし、その金額がその株式を179≪取引相場のない株式の評価の原則≫の定めにより評価するものとして計算した金額を超える場合には、179≪取引相場のない株式の評価の原則≫の定めにより計算

....

[2]　谷口前掲書654頁以下参照。

した金額によって評価する。（昭58直評 5 外追加、平12課評 2 － 4 外・平18課評 2 － 27外改正）

$$\frac{その株式に係る年配当金額}{10\%} \times \frac{その株式の 1 株当たりの資本金等の額}{50円}$$

(注)　上記算式の「その株式に係る年配当金額」は 1 株当たりの資本金等の額を50円とした場合の金額であるので、算式中において、評価会社の直前期末における 1 株当たりの資本金等の額の50円に対する倍数を乗じて評価額を計算することとしていることに留意する。

解 説

各論相続事例 － 2 参照のこと

(3)　**事案の概要**

　本件は、外国人である原告が、その取引先である非上場会社（B 社）の株式を、同社の会長職にあった者から売買によって譲り受けたところ、税務署長である被告が、当該株式の譲受けは相続税法第 7 条の「著しく低い価額の対価で財産の譲渡を受けた場合」に該当すると認定し、当該譲受けの対価と被告が独自に算定した当該株式の時価との差額に相当する金額を課税価格とする贈与税の決定処分及び無申告加算税賦課決定処分をしたため、原告がこれらの各処分は違法であると主張して、その取消しを求めた事案である。

(4)　**争点**

　B 社は、評価通達に規定する大会社であるが、また同時に、譲渡人の親族らにより構成される同族株主のいる会社にも該当し、原告は同族株主以外の株主に該当するから、評価通達の定めを適用すると、本件株式の価額は、配当還元方式により評価されるべきこととなるが、本件株式について評価通達に基づく評価方式によらないことが正当と是認される

ような特別の事情があるかどうか、また、そのような特別の事情がある
として本件株式の時価はいくらと評価するのが相当か、という点であ
る。

⑸　争点に対する原告及び被告の主張

争点1 － 評価通達の評価方式によらないことの相当性が正当と是認される
ような特別の事情があるかどうか

原告	被告
①　本件売買取引後のBにおける原告の持株比率は6.6パーセントにすぎず（なお、C及びDの株式を含めればその比率は増すが、これら各社も譲渡人ないしその親族で構成される同族株主が支配する会社であり、前者について7.5パーセント、後者について25.3パーセントしか持株を有しない原告が両社を支配しているとはいえないから、Bにおける原告の持株比率はやはり6.6パーセントというべきである。）、このようなわずかな持株比率では、過半数に満たないのはもちろん、株主総会の特別決議を阻止することもできない。譲渡人のBにおける地位の基盤となっていたのは、自己が保有していた株式だけではなく、同	①　原告は、本件売買取引及びこれと同時に行われたBの持株会社ともいえるC及びDの株式の売買取引によって、Bにおける譲渡人の地位を裏付けていた株式のほとんどを取得し、かつ、Bにおける個人株主の中で、譲渡人の親族らが保有する株式数を超えて、筆頭株主の地位を得たものであり、保有株式数を見る限り、Bの中心にあった譲渡人の地位の後継者たる地位を取得したものといえる。 　また、原告は、本件株式の取得資金を本件借入によって賄っているが、本件借入は譲渡人による保証を前提として実行され、譲渡人が死亡した後も譲渡人の相続人が当該保証を引き継いでいる。すなわち、原告は、譲渡人から便宜を

各　論　**3**相続税に関する事案

社の株主を自己の親族や同族会社で固めることにより、はじめて安定的な地位を得ることができたのであり、譲渡人の親族にとっては他人である原告が、わずか6.6パーセントの株式を取得したのみで、譲渡人と同程度の支配力を取得したなどということはできない。現に、譲渡人の死後、譲渡人の後継者としてBを経営しているのは譲渡人の長男であり、原告は、取引先の会長又は株主としての地位以外に、Bに対する経営上の地位を有していない。

② そもそも評価通達が、株式を取得する株主の性質等により、異なる評価方法を認めている以上、同じ会社の株式であっても、結果として異なる「時価」が算定されることは制度上予定されている。また、本件売買取引のような「個人から個人へ」の譲渡には、本件売買実例のような「個人から法人へ」の譲渡と異なり、所得税法第59条の「みなし譲渡」が税法上規定されていないため、価格決定の際の考慮事項が異なる。そうであ

受けることにより、実質的な金銭的支出を行うことなく、本件株式を取得しており、原告と譲渡人とは、極めて密接な関係にあったことが認められる。

以上に照らせば、本件売買取引により原告が取得した地位は、Bの事業経営に相当の影響力を与え得るものであるから、これを配当還元方式による評価方法を定めた評価通達が予定しているような、事業経営への影響力及び支配力を有しないか、あるいは、極めて影響力の少ない少数株主と同視することはできない。

② 本件売買取引における本件株式の価額は、本件売買実例により把握される本来の時価に照らし、不当に低額である。

後記のとおり、本件売買実例におけるBの株式の売買価額は、客観的時価を適切に反映しているものと認められるところ、配当還元方式によった場合には、これより著しく低額に算定されることとなって不当であり、このこと自体が配当還元方式によらないことが正当と是認されるような特別の事

る以上、仮に、評価通達に従い算定された「時価」と異なる売買価格で取引した事例があるとしても、それ自体をもって「特別の事情」ということができないことは明らかである。

情に当たる。

③　本件売買取引については、本件株式の売買金額と本件株式の適正な時価との差額が著しく、このことのみをもって、相続税法第7条の「著しく低い価額の対価で財産の譲渡を受けた場合」に該当するというに十分であり、本件株式の譲受けの事情をみても、これを否定すべき事情は見当たらず、むしろ、取引に経済的な合理性がなく、実質的に贈与に等しい取引がなされたものと認められることに照らしても、本件売買取引について、「著しく低い価額の対価で財産の譲渡を受けた場合」に該当することを否定する余地はない。

争点2－株式の時価はいくらと評価するのが相当か

原告	被告
①　本件売買実例における価格は、金融機関側の主観的事情に影響された価格であり、また不特定多数の取引事例であるともいえず、さらにより安価な持株会への売買事例が7件ある点からしても、本件売買実例が適切な売買実例であるとはいえない。	①　本件売買実例における価格は、譲渡人側の事情による売り申込みという状況を前提として取引が行われている中で、Bの財務諸表等に表れた客観的数値を基礎とした合理的な手法によって価格が設定されたものであり、Bの株式の客観的時価を適切に反映しているものと認められる。

各　論　**3**相続税に関する事案

(6)　**判決**

① 　相続税法第7条は、「著しく低い価額の対価で財産の譲渡を受けた場合」において、当該対価と当該譲渡の時における当該財産の時価との差額に相当する経済的利益を課税の対象とするものである。したがって、財産の譲渡が当該譲渡の時における当該財産の時価と同額か、又はこれを上回る対価で行われた場合には、そもそも課税の対象となる経済的利益が存在しないこととなるから、「著しく低い価額の対価で財産の譲渡を受けた場合」に該当しないことが明らかである。

② 　相続税法第7条にいう「時価」とは、同法第22条にいう「時価」と同じく、財産取得時における当該財産の客観的交換価値、すなわち、それぞれの財産の現況に応じ、不特定多数の当事者間で自由な取引が行われる場合に通常成立すると認められる価額をいうものと解される。この点は、評価通達にも記載されているとおりである。

　ところで、財産の客観的交換価値は、必ずしも一義的に明確に確定されるものではないことから、課税実務上は、原則として、評価通達の定めによって評価した価額をもって時価とすることとされている。これは、財産の客観的交換価値を個別に評価する方法をとると、その評価方法、基礎資料の選択の仕方等により異なった評価額が生じることを避け難く、また、課税庁の事務負担が重くなり、回帰的、かつ、大量に発生する課税事務の迅速な処理が困難となるおそれがあること等から、あらかじめ定められた評価方法により画一的に評価する方が、納税者間の公平、納税者の便宜、徴税費用の節減という見地からみて合理的であるという理由に基づくものである。

　したがって、評価通達に定められた評価方法が合理的なものである限り、これは時価の評価方法として妥当性を有するものと解される。

③ 　これを相続税法第7条との関係でいえば、評価通達に定められた評価方法を画一的に適用するという形式的な平等を貫くことが実質的な租税負担の公平を著しく害する結果となるなどこの評価方法によらな

いことが正当と是認されるような特別の事情のない限り、評価通達に定められた合理的と認められる評価方法によって評価された価額と同額か、又はこれを上回る対価をもって行われた財産の譲渡は、相続税法第7条にいう「著しく低い価額の対価で財産の譲渡を受けた場合」に該当しないものというべきである。

④　ところで、評価通達は、このような原則的な評価手法の例外として、「同族株主以外の株主等が取得した株式」については、配当還元方式によって評価することを定めている。この趣旨は、一般的に、非上場のいわゆる同族会社においては、その株式を保有する同族株主以外の株主にとっては、当面、配当を受領するということ以外に直接の経済的利益を享受することがないという実態を考慮したものと解するのが相当である。そして、当該会社に対する直接の支配力を有しているか否かという点において、同族株主とそれ以外の株主とでは、その保有する当該株式の実質的な価値に大きな差異があるといえるから、評価通達は、同族株主以外の株主が取得する株式の評価については、通常類似業種比準方式よりも安価に算定される配当還元方式による株式の評価方法を採用することにしたものであって、そのような差異を設けることには合理性があり、また、直接の経済的利益が配当を受領することに限られるという実態からすれば、配当還元方式という評価方法そのものにも合理性があるというべきである。

⑤　本件株式のように取引相場のない株式については、その客観的な取引価格を認定することが困難であるところから、通達においてその価格算定方法を定め、画一的な評価をしようというのが評価通達の趣旨であることは前説示のとおりである。そして、本件株式の評価については、評価通達の定めに従い、配当還元方式に基づいてその価額を算定することに特段不合理といえるような事情は存しないことは既に説示したとおりであるにもかかわらず、他により高額の取引事例が存するからといって、その価額を採用するということになれば、評価通達

各　論　**3**相続税に関する事案

の趣旨を没却することになることは明らかである。

　したがって、仮に他の取引事例が存在することを理由に、評価通達の定めとは異なる評価をすることが許される場合があり得るとしても、それは、当該取引事例が、取引相場による取引に匹敵する程度の客観性を備えたものである場合等例外的な場合に限られるものというべきである。

(7)　**解説**

　本件も、前掲相続事例－3に続き、本件株式の売買取引価額が、相続税法第7条にいう「著しい低い価額」に該当するかどうかを争点とする事案である。本件は、同族株主のいる会社で、しかも原告は同族株主以外であった。そうであるにも関わらず、課税庁は「本件売買取引については、本件株式の売買金額と本件株式の適正な時価との差額が著しく、このことのみをもって、相続税法第7条の『著しく低い価額の対価で財産の譲渡を受けた場合』に該当するというに十分であ（る）。」として、評価通達に基づく配当還元方式を採用せず、売買実例価額を採用して贈与税の決定処分をした。

　これに対し、裁判所は、

・相続税法にいう「時価」は、課税実務上は原則として、評価通達の定めによって評価した価額をもって時価とすることとされており、それが合理的なものである限り時価の評価方法として妥当性を有するものと解されること

・評価通達が、同族株主とそれ以外の株主とで評価方法も差異を設けることには合理性があり、また、直接の経済的利益が配当を受領することに限られるという実態からすれば、配当還元方式という評価方法そのものにも合理性があること

等を理由に、本件原告は、評価通達の定める配当還元方式が本来的に適用されるべき株主に該当すると判断した。基本通達188－2は、特例的

263

評価方式とのイメージがあるが、本判決は、同族株主以外の株主が取得した株式についての原則的な評価方法が、同通達に定める配当還元方式であることを確認したものということができよう。

その上で裁判所は、課税庁の主張に対しては、

・仮に、本件売買取引の売買価額が評価通達に定める配当還元方式によって決定されたものであったとしても、それが評価通達において同族株主以外の株主が取得した株式についての原則的な評価方法である以上、不合理な価額決定の方法ということはできない

・同じ株式の売買取引であっても、その取引に向けられた当事者の主観的事情は様々であるから、株式の譲渡価格が買主ごとに異なること自体は何ら不合理なことではない

・売買取引が譲渡人側の相続・事業承継対策の一環として行われたということが、本件売買取引が実質的に贈与に等しいとか、贈与税の負担を免れる意図が存したということに直ちにつながるものではない

・他により高額の取引事例が存するからといって、その価額を採用するということになれば、評価通達の趣旨を没却することになることは明らかである

との厳しい姿勢を示している。

本判決から、同族株主以外の株主が取得した株式を評価する場合、さらには売買取引価額を算定する場合の、同通達取扱いの重要なポイントを以下にまとめる。

① 同族株主以外の株主等が取得した株式の評価は、原則として配当還元方式によること。

② 単に他に高額の取引事例が存在することだけでは、配当還元方式を採用しない正当な理由にはならないこと。

③ ②において評価通達の定めとは異なる評価が許される場合とは、当該取引事例が、取引相場による取引に匹敵する程度の客観性を備えた

各　論　**3**相続税に関する事案

ものである場合等に限られること。

④　売買取引の売買価額を、配当還元方式を基準に決定したとしても、当該方式が原則的な評価方法である以上、不合理な価額決定の方法ではないこと。

5．相続税の非課税財産とされる庭内神しの範囲
　（東京地裁平成24年6月21日判決）＊1

(1)　関係法令
○相続税法第12条（相続税の非課税財産）

> 次に掲げる財産の価額は、相続税の課税価格に算入しない。
> 二　墓所、霊びょう及び祭具並びにこれらに準ずるもの

趣旨

　相続税の課税財産のうちには、その財産の性質等に照らし、社会政策的見地、人間感情等の面から課税の対象とすることが適当でないと認められるものがある。本条は、そのような財産については、その価額を課税価格に算入しない旨を定めたものである。

　民法第896条により、「相続人は、相続開始の時から、被相続人の財産に属した一切の権利義務を承継する」が、祭具、墳墓などの所有権については、同法第897条第1項において、「系譜、祭具及び墳墓の所有権は、前条の規定にかかわらず、慣習に従って祖先の祭祀を主宰すべきものがこれを承継する」と規定し、一般の相続財産とは、別個に承継せらるべきことを規定している。そこで民法の精神にのっとり、また、国民感情の上からも、これらの物が日常礼拝の対象となっている点にかんがみ、一般の相続財産とは区分して、「墓所、霊びょう及び祭具並びにこれらに準ずるもの」を非課税財産としたものであろうといわれている。そして、その取得した者がだれであるかは問わない。

　本号は確認規定なのか、創設規定なのかということについては、本号に規定する非課税財産と、民法第897条第1項に規定する祭祀財産と

....

＊1　TAINS　Z262-11973

各　論　**3**相続税に関する事案

は、その範囲を同じくするものであると解することができるから、民法上相続財産から除外されている祭祀財産を非課税財産として確認的に規定したものであるということができようという見解がある＊2。

(2)　適用通達
○相基通12−1（「墓所、霊びょう」の意義）

法第12条第1項第2号に規定する「墓所、霊びょう」には、墓地、墓石及びおたまやのようなもののほか、これらのものの尊厳の維持に要する土地その他の物件をも含むものとして取り扱うものとする。（平元直資2−207改正）

解　説

・民法上、墳墓とは、遺体や遺骨を葬っている設備（墓石、墓碑など）、墓標、土葬のときの埋棺などをいい、その設置されている相当範囲の土地（墓地）は、墳墓そのものではないが、それに準じて取り扱われている。

・相続税法に規定する墓所、霊びょうはこの民法上の墳墓に該当するものである＊3。

○相基通12−2（祭具等の範囲）

法第12条第1項第2号に規定する「これらに準ずるもの」とは、庭内神し、神たな、神体、神具、仏壇、位はい、仏像、仏具、古墳等で日常礼拝の用に供しているものをいうのであるが、商品、骨とう品又は投資の対象として所有するものはこれに含まれないものとする。

＊2　武田前掲書1195頁
＊3　野原前掲書222頁

解説

・墓所、霊びょう、祭具に準ずるものの定義を定めたものである。

・相続税を非課税としているのは、それが日常崇拝の用具として特別な感情価値を具有するものであり、民法においてすら他の相続財産と別箇に承継させることとしていることなどの理由によるものであるから、同じ形状のものであっても、日常崇拝の目的に供されず趣味、鑑賞用又は商品等として投資のために保有されるものなどについては非課税とする理由がないので、それらのものについては相続税が課税されることを明らかにしたものである[4]。

(3) **事案の概要**

　本件は、原告が、その母の相続に係る相続税につき、相続財産である土地のうち、弁財天及び稲荷を祀った各祠の敷地部分を相続税法第12条第1項第2号に定める非課税財産とする内容を含む申告及び更正の請求を行ったところ、税務署長が、納付すべき税額を申告額より減じるものの、本件敷地は非課税財産に当たらないとしてこれについての課税をする内容を含み、更正の請求に係る税額を上回る税額とする減額更正処分を行ったことから、これを不服として、主位的には本件敷地が非課税財産に当たると主張し、予備的に本件敷地は一般人が移設を躊躇する祠が所在するため売却困難であるから、一定の評価減を行わなかった本件処分は相続税法第22条に違反すると主張してその取消しを求めたという事案である。

(4) **争点**

　① 本件敷地は、非課税財産に該当するか否か

＊4　野原前掲書222～223頁

各　論　**3**相続税に関する事案

⑸　原告及び被告の主張

争点－本件敷地の非課税資産該当性	
原告	被告
①　非課税資産の範囲 　本件非課税規定の文理からすると、非課税財産として「墓所に準ずるもの」、「霊びょうに準ずるもの」がそれぞれ定められていると解されるところ、「墓所」や「霊びょう」の定義が上記のとおり解されているのも、国民が「墓所」や「霊びょう」だけでなくこれと機能的に一体となっている敷地部分も併せて畏敬の対象としているという国民の法感情を保護する目的に出たものであることに鑑みれば、「墓所に準ずるもの」、「霊びょうに準ずるもの」とは、「墓所」や「霊びょう」に準ずる礼拝対象施設については、当該礼拝対象施設だけを指すのではなく、これと機能的に一体となってその尊厳維持のために一つの場を形成している敷地部分も含むものと解される。	①　非課税資産の範囲等 　本件非課税規定にいう「これらに準ずるもの」とは、原告が主張するように「墓所に準ずるもの」は何か、「霊びょうに準ずるもの」は何かというような観点から定められたものではなく、「墓所、霊びょう及び祭具」には該当しないものの、神仏が祀られるなどして日常礼拝の対象となっているものについて、国民感情に配意して非課税財産として定められたものであって、商品又は骨とう品として所有するものを除き、神仏を祀り、日常礼拝の用に供されている財産を指し、具体的には庭内神し、神たな、神体、神具、仏壇、位はい、仏像、仏具、古墳等がこれに当たると解される（基本通達12－2参照）。そして、庭内神しについては、日常礼拝の対象となっているのは、ご神体及びそれを祀る建物としての庭内神しそのものであって、その敷地は含まないから、庭内神しの敷地については、「これらに準ずるもの」には該当しない。

② 本件敷地について

本件敷地は、代々本件各祠とともに承継されている土地であり、本件各祠の他に鳥居が設置され、また、その鳥居から本件各祠に至るまで、石造りの参道が敷設されていて本件敷地以外の別紙1物件目録記載1の土地とは外形的に異なった神社の境内地と同様の外観を有していることからすると、本件敷地、本件各祠、鳥居等が機能的に一体となって、原告の先祖である弁財天及び原告一族の守護神である稲荷を祀る畏敬の場が作出されているといえる。

したがって、本件敷地は、霊びょうや霊びょうに準ずるものということができ、非課税財産に該当する。

② 本件敷地について

日常礼拝の対象となっているのは、本件各祠それ自体であって、その敷地ではなく、「墓所、霊びょう」が祖先の遺体や遺骨を葬り、祖先に対する礼拝の対象となっていることと比較して、両者は性格を異にしているし、非課税財産とされている理由も異なるといえる。

また、「これらに準ずるもの」の解釈に関する基本通達12-2も、「墓所、霊びょう」の解釈に関する基本通達12-1のように、「これらのものの尊厳の維持に要する土地その他の物件をも含むものとして取り扱うものとする。」とまで定めていないことからも、本件各祠の敷地は、「これらに準ずるもの」に当たらず、非課税財産に含まれないと解される。

したがって、本件各祠の敷地(本件敷地)は、非課税財産に当たらない。

⑹ **判決**

① 本件敷地の非課税資産該当性について

❶ 相続税法第12条第1項柱書き及び同項第2号(本件非課税規定)は、墓所、霊びょう及び祭具並びにこれらに準ずるものについて

は、その財産の価額につき、相続税の課税価格に算入しないものと定めて、これらの財産を相続税の非課税財産としている。……本件非課税規定は、民法第897条第1項の祭祀財産の承継の規定の精神にのっとり、また、民俗又は国民感情の上からも上記の物が日常礼拝の対象となっている点を考慮して定められたものと解される。

❷　本件非課税規定にいう「これらに準ずるもの」の意義を検討すると、「これらに準ずるもの」とは、その文理からすると、「墓所」、「霊びょう」及び「祭具」には該当しないものの、その性質、内容等がおおむね「墓所、霊びょう及び祭具」に類したものをいうと解され、さらに、相続税法第12条第1項第2号が、上記のとおり祖先祭祀、祭具承継といった伝統的感情的行事を尊重し、これらの物を日常礼拝の対象としている民俗又は国民感情に配慮する趣旨から、あえて「墓所、霊びょう又は祭具」と区別して「これらに準ずるもの」を非課税財産としていることからすれば、截然と「墓所、霊びょう又は祭具」に該当すると判断することができる直接的な祖先祭祀のための設備・施設でなくとも、当該設備・施設（以下、設備ないし施設という意味で「設備」という。）を日常礼拝することにより間接的に祖先祭祀等の目的に結びつくものも含むものと解される。そうすると、「これらに準ずるもの」には、庭内神し（これは、一般に、屋敷内にある神の社や祠等といったご神体を祀り日常礼拝の用に供されているものをいい、ご神体とは不動尊、地蔵尊、道祖神、庚申塔、稲荷等で特定の者又は地域住民等の信仰の対象とされているものをいう。）、神たな、神体、神具、仏壇、位はい、仏像、仏具、古墳等で日常礼拝の用に供しているものであって、商品、骨とう品又は投資の対象として所有するもの以外のものが含まれるものと解される（したがって、基本通達12－2は、これと同旨の解釈基準を示すものとして相当である。）。

② 本件敷地の非課税財産該当性について

　被告は、本件各祠の敷地（本件敷地）については、庭内神しそのものでないことを理由として、本件非課税規定にいう「これらに準ずるもの」に該当しないと主張している。

　確かに、庭内神しとその敷地とは別個のものであり、庭内神しの移設可能性も考慮すれば、敷地が当然に「これらに準ずるもの」に含まれるということはできない。しかし、上記①で説示した本件非課税規定の趣旨並びに「墓所」及び「霊びょう」の解釈等に鑑みれば、庭内神しの敷地のように庭内神し等の設備そのものとは別個のものであっても、そのことのみを理由としてこれを一律に「これらに準ずるもの」から排除するのは相当ではなく、当該設備とその敷地、附属設備との位置関係や当該設備の敷地への定着性その他それらの現況等といった外形や、当該設備及びその附属設備等の建立の経緯・目的、現在の礼拝の態様等も踏まえた上での当該設備及び附属設備等の機能の面から、当該設備と社会通念上一体の物として日常礼拝の対象とされているといってよい程度に密接不可分の関係にある相当範囲の敷地や附属設備も当該設備と一体の物として「これらに準ずるもの」に含まれるものと解すべきである。

(7)　**解説**

　「庭内神し」とは、一般に、屋敷内にある神の社や祠等といったご神体を祀り日常礼拝の用に供しているものをいう。本件では、その「庭内神し」の敷地が、相続税法第12条に規定する非課税財産に含まれるか否かが争点となった。

　この争点につき課税庁は、相基通12－1及び12－2の趣旨から、①日常礼拝の対象となっているのは、本件各祠それ自体であって、その敷地ではなく、「墓所、霊びょう」が祖先の遺体や遺骨を葬り、祖先に対する礼拝の対象となっていることと比較して、両者は性格を異にしてい

る、②「これらに準ずるもの」の解釈に関する基本通達12－2も、「墓所、霊びょう」の解釈に関する基本通達12－1のように、「これらのものの尊厳の維持に要する土地その他の物件をも含むものとして取り扱うものとする。」とまで定めていないことからも、本件各祠の敷地は、「これらに準ずるもの」に当たらず、非課税財産に含まれないと解される、等と主張した。換言すれば、相基通12－1においては、「これらのものの尊厳の維持に要する土地その他の物件をも含む」との文言があるが、同12－2においてはその文言がないことをその論拠としたのであろう。

　確かに、相続税法第12条の規定を受けた両通達を文字通りに読めば、同通達12－1は「墓所、霊びょう」に関し、12－2は「祭具並びにこれらに準ずるもの」に関し、それぞれ解釈を示したものであって、取扱いに違いがあるとも見てとれる。

　これに対し判決は、本件非課税規定の趣旨から両通達は同旨の解釈基準を示すものと判断した上で、本件非課税規定の趣旨並びに「墓所」及び「霊びょう」の解釈等に鑑みて、当該設備（庭内神し）とその敷地の定着性等の外形や、当該設備等の建立の経緯・目的等も踏まえた上での当該設備等の機能の面から、当該設備と社会通念上一体の物として日常礼拝の対象とされているといってよい程度に密接不可分の関係にある相当範囲の敷地等も、当該設備と一体の物として「これらに準ずるもの」に含まれる、と判断した。

　同じ条文に関して、複数の通達が発遣されることがある。その場合、どうしてもその個々の通達だけを意識しがちであるが、本判決は、そのような場合の通達の解釈に際しては、法令の趣旨を重視して、その趣旨から複数の通達を整合的に解釈すべきとする重要な判決である。

　なお、本判決を受けて国税庁は、「庭内神し」の敷地等に係る相続税の非課税規定の取扱いを、以下のとおり変更する旨公表した。

平成24年7月

国税庁

「庭内神し」の敷地等に係る相続税法第12条第1項第2号の相続税の非課税規定の取扱いの変更について

○「庭内神し」の敷地については、「庭内神し」とその敷地とは別個のものであり、相続税法第12条第1項第2号の相続税の非課税規定の適用対象とはならないものと取り扱ってきました。しかし、①「庭内神し」の設備とその敷地、附属設備との位置関係やその設備の敷地への定着性その他それらの現況等といった外形や、②その設備及びその附属設備等の建立の経緯・目的、③現在の礼拝の態様等も踏まえた上でのその設備及び附属設備等の機能の面から、その設備と社会通念上一体の物として日常礼拝の対象とされているといってよい程度に密接不可分の関係にある相当範囲の敷地や附属設備である場合には、その敷地及び附属設備は、その設備と一体の物として相続税法第12条第1項第2号の相続税の非課税規定の適用対象となるものとして取り扱うことに改めました。

(注)「庭内神し」とは、一般に、屋敷内にある神の社や祠等といったご神体を祀り日常礼拝の用に供しているものをいい、ご神体とは不動尊、地蔵尊、道祖神、庚申塔、稲荷等で特定の者又は地域住民等の信仰の対象とされているものをいいます。

○この変更後の取扱いは、既に相続税の申告をされた方であっても、相続した土地の中に変更後の取扱いの対象となるものがある場合には適用があります。

(注) 法定申告期限等から既に5年を経過している年分の相続税については、法令上、減額できないこととされていますのでご注意ください。

各　論　**4**消費税に関する事案

4 消費税に関する事案

1．入湯税の区分経理
　　東京地裁平成18年10月27日判決* 1

（1）　関係法令

○消費税法第28条第1項（課税標準）

　　課税資産の譲渡等に係る消費税の課税標準は、課税資産の譲渡等の対価の額（対価として収受し、又は収受すべき一切の金銭又は金銭以外の物若しくは権利その他経済的な利益の額とし、課税資産の譲渡等につき課されるべき消費税額及び当該消費税額を課税標準として課されるべき地方消費税額に相当する額を含まないものとする。以下この項及び次項において同じ。）とする。ただし、法人が資産を第4条第4項第2号に規定する役員に譲渡した場合において、その対価の額が当該譲渡の時における当該資産の価額に比し著しく低いときは、その価額に相当する金額をその対価の額とみなす。

（2）　適用通達

○消費税法基本通達10－1－11（個別消費税の取扱い）

　　法第28条第1項《課税標準》に規定する課税資産の譲渡等の対価の額には、酒税、たばこ税、揮発油税、石油石炭税、石油ガス税等が含まれるが、軽油引取税、ゴルフ場利用税及び入湯税は、利用者等が納税義務

* 1　TAINS・Z256-10555

者となっているのであるから対価の額に含まれないことに留意する。ただし、その税額に相当する金額について明確に区分されていない場合は、対価の額に含むものとする。（平12課消2－10、平15課消1－37により改正）

解　説
・軽油引取税、ゴルフ場利用税及び入湯税は課税資産の譲渡等を受ける者が納税義務者となっている。
・このため、事業者は、いわゆる特別徴収義務者として納税義務者からこれらの税そのものを特別徴収し地方公共団体に納付しているにすぎないことから、これらの税相当額は課税資産の譲渡等に対価に該当しない。
・したがって、これらの税相当額を請求書や領収書等で相手方に明らかにし、預り金又は立替金等の科目で経理しているときには、課税標準に含まれないこととなる[2]。

(3)　事案の概要

　本件は、処分行政庁が、温泉旅館業等を営む原告に対し、原告が入湯客から受け取った入湯税相当額は、消費税及び地方消費税（以下「消費税等」という。）の課税標準に含まれるとして、消費税等の更正処分及び過少申告加算税の賦課決定処分を行ったところ、原告が、同相当額は入湯客から入湯税として預かったものであるから消費税等の課税標準に含まれないと主張して、これらの処分の取消しを求める事案である。

(4)　争点

　原告が本件各施設の利用者から受領した金員には入湯税（又はその相当額）が含まれているところ、その入湯税相当額は、「課税資産の譲渡

　＊2　浜端達也編『平成26年版消費税法基本通達逐条解説』556頁。

各　論　**4**消費税に関する事案

等の対価の額」（消費税法第28条第１項）に含まれない（消費税法基本通達10－１－11本文参照）か、それとも、「その税額に相当する金額について明確に区分されていない場合」に当たるので、対価の額に含むものとされる（同通達ただし書参照）か。

(5)　課税庁の主張

①　入湯税の特別徴収義務者である原告は、入湯客から入湯税を徴収する際において、入湯税の額を明示しないまま（のみならず、入湯税が含まれていること自体も明らかにしないまま）入湯税相当額を入湯料に含めて入湯客から領収し、その経理処理においては、入湯税相当額を含む入湯料をそのまま売上勘定に計上した後、入湯税納付時に入湯税相当額を売上勘定から減算して、その減算後の額を基礎として消費税等の課税標準を算出しているのであるから、本件は、「その税額に相当する金額について明確に区分されていない場合」（消費税法基本通達10－１－11ただし書）に当たり、入湯税相当額は対価の額に含まれる。

②　そもそも、消費税は、いわゆる間接消費税である。そして、各段階の納税義務者と最終的な負担者である消費者が異なることから、他の租税よりもなお一層、転嫁と帰着の透明性が求められる税であるということができる。

　消費税法第28条第１項でいう「対価として収受し、又は収受すべき」とは、文理上、当事者間で授受し、又は授受することとした対価の額を指すものと解される。

　そして、転嫁と帰着の透明性という消費税の基本理念に照らせば、当事者間で授受することとした取引価額は、納税義務者である「課税資産の譲渡等を受ける側」において、課税資産の譲渡等を申し込む際に、その対価として認識している取引価額であると解すべきであるから、課税資産の譲渡等を受ける側において、課税資産の譲渡等を申し

込む際に、授受すべき対価の額を認識し得るような表示がされていることを要する。

③　入湯行為について取引がされる際、その取引に係る対価の額に入湯税が「含まれている旨」及び「含まれている額」が明示されない場合、すなわち入湯税相当額と入湯料とが「明確に区分」されていない場合において、入湯税の納税義務者である入湯客は、入湯税相当額を同税の特別徴収義務者である原告に預けたという認識を持ち得ず、入湯税相当額を含んだ額を当事者間において役務の対価として授受することとした取引価額であるということができるから、当該価額が課税資産の譲渡等の対価の額になる。また、入湯税の徴収義務者である事業者においても、入湯税額を明示しないまま入湯税相当額を含んだ金額を入湯客から受領し、その金額を預り金勘定等ではなく、売上勘定等に計上した場合には、客観的にみて、上記金額を受領した時点において、入湯税相当額を入湯税の特別徴収として受領したものとみることはできず、売上金として受領したもの、すなわち、入湯税相当額を含んだ金額を受領すべき取引価額と認識していたものとみるほかない。

(6)　原告の主張

①　原告は、入湯客から入湯税を徴収したのであり、入湯税相当額を入湯料に含めて領収したわけではない。原告は、本件各課税期間の期末には、入湯税額を未払金として計上しており、徴収した入湯税を区分して経理している。

　　また、入湯税の課税がされるかどうか、課税される場合の税額等は、法令（地方税法及び条例）で定められていることなどからして、鉱泉浴場の事業者に金員を交付する時の入湯客の意思を合理的に解釈すれば、そのすべてを入湯料と認識しているというよりも、鉱泉浴場を利用するに当たって必要な金員全額を交付している（すなわち、そ

各　論　**4**消費税に関する事案

の金額さえ交付していれば、入湯に関連し、鉱泉浴場の事業者との関係でいかなる理由に基づいてもそれ以上の金員の交付が求められない。）と認識しているといえる。

② 　入湯税の特別徴収義務者が納税義務者から入湯税を預かる行為は、特別納税義務者である事業者が、地方税法第701条の３、第701条の４第１項及び条例に基づく法令上の義務（特別徴収義務）を履行するため、地方団体に代わって入湯税を徴収するだけの行為であり、その事業者の下で新たに国民経済に附加した価値はなく、その移転もない。

　消費税法は、役務の提供により、この役務の提供者の下で生じた附加価値が移転するのを捉えて消費税の課税の対象にしているところ、入湯税の徴収については附加価値の移転はなく、入湯税を預かること（徴収すること）は対価を得て行われる行為ではないのであるから、消費税の課税の対象にならない。

　消費税法基本通達10－１－11の本文は、このことを確認したいわゆる留意通達である。

③ 　消費税法基本通達10－１－11のただし書は、明確な区分がされていない場合の例外的取扱いを定めているが、本件でこのような例外的取扱いが認められるとすれば、実質的に入湯料と入湯税の区分（算定）が不可能なため、預かった入湯税額分を「課税資産の譲渡等の対価」から除くことができず、適正な消費税の納税ができない場合においてである。租税法律主義の見地からして、入湯税相当額を請求書や領収書等で区分しない限り同相当額が消費税等の課税標準となるとの解釈を採ることはできない。

(7) **判決**

① 　消費税法基本通達10－１－11の本文は、「法第28条第１項（課税標準）に規定する課税資産の譲渡等の対価の額には、酒税、たばこ税、揮発油税、石油石炭税、石油ガス税等が含まれるが、軽油引取税、ゴ

ルフ場利用税及び入湯税は、利用者等が納税義務者となっているのであるから対価の額に含まれないことに留意する。」としているところ、その趣旨は、……軽油引取税、ゴルフ場利用税及び入湯税は課税資産の譲渡等を受ける者が納税義務者となっていることから、ゴルフ場等を経営する事業者は、いわゆる特別徴収義務者として納税義務者からこれらの税そのものを特別徴収し、地方団体に納付しているにすぎず、これらの税相当額は課税資産の譲渡等の対価、すなわちその譲渡に係る当事者間で授受することとした取引価額に含まれないことにある。

したがって、入湯税の相当額を請求書や領収書等で相手方に明らかにし、また、事業者においても預り金又は立替金等の科目で経理しているときには、取引価額（本件では入湯料）と入湯税額との区別は明確であり、入湯税相当額が消費税の課税標準に含まれないのは当然のことである。

② 他方消費税法基本通達10－1－11のただし書は、「ただし、その税額に相当する金額について明確に区分されていない場合は、対価の額に含むものとする。」としているところ、もとより、課税資産の譲渡等に係る当事者間で授受することとした取引価額と入湯税が上記のように請求書や領収書等で明らかにされるなど、外見上、その区別が明白にされていることが望ましいことはいうまでもないが、上記のとおり、入湯税は、その性質上、消費税の課税標準である「課税資産の譲渡等の対価の額」に含まれるべきものではないのであるから、そのように入湯税が本来的に消費税の課税標準となるものではないことに照らして消費税法基本通達10－1－11のただし書を合理的に解釈するならば、請求書や領収書等に入湯税の相当額が記載されているか、事業者において預り金や立替金等の科目で経理しているかといった点のみならず、問題となる税金（本件では入湯税）の性質や税額、周知方法、事業者における申告納税の実情等の諸般の事情を考慮し、少なく

とも当事者の合理的意思解釈等により、課税資産の譲渡等に係る当事者間で授受することとした取引価額と入湯税とを区別していたものと認められるときには、消費税法基本通達10－1－11のただし書にいう場合には当たらないものと解するのが相当である。

③　被告は、入湯客が入湯税を支払ったかどうか、その額がいくらであったかを知らなければ、消費税法第30条所定の仕入税額控除との関係で、税の累積の排除が適切にされず、国の消費税収入そのものが不当に過小なものとなる旨主張するが、本件における入湯客の合理的意思が上記のとおりである以上、仮に入湯客にとって温泉の利用が課税仕入れに該当する行為であった場合であったとしても、控除対象仕入税額の対象とならない入湯税を除いて仕入税額控除額の計算の基礎とすることを期待することができるのであって、上記主張をもって前記の結論は左右されない。

(8)　解説

　本件は、消費税法基本通達10－1－11（以下「本通達」という）ただし書の、「ただし、その税額に相当する金額について明確に区分されていない場合は、対価の額に含むものとする。」との文理解釈をめぐる争いであり、具体的争点は、原告が入湯客から受け取った入湯税相当額は、課税資産の譲渡等の対価の額に含まれるか否かである。

　本訴において課税庁は、①本件は、本通達ただし書にいう「その税額に相当する金額について明確に区分されていない場合」に該当すること、②消費税は間接税消費税であり、他の租税よりもなお一層、転嫁と帰着の透明性が求められる税であること、③入湯税相当額と入湯料とが「明確に区分」されていない場合には、入湯客は入湯税相当額を原告に預けたという認識を持ち得ず、他方事業者においても、入湯税相当額を含む金額を受領した時点において、入湯税相当額を入湯税の特別徴収として受領したものとみることはできないこと等を主張した。すなわち、

課税庁はただし書を、その文言どおりに適用すべきことを主張したのである。

これに対し、裁判所は、本通達の解釈から、入湯税の相当額を請求書や領収書等で相手方に明らかにし、また、事業者においても預り金又は立替金等の科目で経理しているときには、取引価額（本件では入湯料）と入湯税額との区別は明確であり、入湯税相当額が消費税の課税標準に含まれないのは当然のことであるとした上で、本通達ただし書については、入湯税が本来的に消費税の課税標準となるものではないことに照らして、本通達ただし書を合理的に解釈すべきであり、①事業者の経理処理だけではなく、税金の性質や税額、周知方法等の諸般の事情を考慮し、②少なくとも当事者の合理的意思解釈等により、課税資産の譲渡等に係る当事者間で授受することとした取引価額と入湯税とを区別していたものと認められるときには、ただし書にいう場合に該当しないとの解釈を示した。つまり、硬直的な文理解釈ではなく、合理性をその解釈に含めることを求めたのである。

そもそも、本通達については、消費税法逐条解説においても、「軽油引取税、ゴルフ場利用税及び入湯税は課税資産の譲渡等を受ける者が納税義務者となっている。このため、ゴルフ場等を経営する事業者は、いわゆる特別徴収義務者として納税義務者からこれらの税そのものを特別徴収し、地方公共団体に納付しているにすぎないことから、これらの税相当額は課税資産の譲渡等の対価に該当しないのである」と解説する。このように、入湯税等は、消費税法の創設当初から、課税資産の譲渡等の対価には該当しないことが、明らかにされていたのである。

ところが、本通達のただし書が加わったことで、これを本通達適用の要件とする考え方が採られるようになった。先の逐条解説においても、前文に引続いて「したがって、これらの税相当額を請求書や領収証書等で相手方に明らかにし、預り金又は立替金等の科目で経理しているときには、課税標準に含まれないこととなる」との解説がある。

282

各　論　**4**消費税に関する事案

　本来、課税資産の譲渡等に該当しない取引については、消費税が課されないのは当然である。そのような前提を無視して、取引が課税資産の譲渡等に該当するかどうかという実質的解釈を、区分経理処理といういわば手続的要件の有無で解釈しようとした課税庁の主張にはやはり無理があると言わざるを得ない。

　また、総論**1**3で見たように、通達には法令に違背してはならない、及び法令が課税していない租税を通達で課してはならないとの限界がある。法の趣旨から当然に課税の対象外とされる取引につき、通達でこれを課税の対象とすべきかのような本通達ただし書のあり方は、通達の限界を超える法解釈であり、問題があることを指摘しておきたい。

２．資産の譲渡等を行った者の実質判定
広島地裁平成18年６月28日判決[*1]

(1) 関係法令
○消費税法第13条（資産の譲渡等を行った者の実質判定）

> 　法律上資産の譲渡等を行ったとみられる者が単なる名義人であって、その資産の譲渡等に係る対価を享受せず、その者以外の者がその資産の譲渡等に係る対価を享受する場合には、当該資産の譲渡等は、当該対価を享受する者が行ったものとして、この法律の規定を適用する。

解説

　本法においては、資産の譲渡等又は特定仕入れを行った者の実質判定について定めている。すなわち、法律上資産の譲渡を行ったとみられる者が単なる名義人であって、実際にはその資産の譲渡等に係る対価の享受等をしない場合がある。そのような場合には、その名義人以外の者が実際にその対価の享受等をしているのであるから、その実際に対価の享受等をする者がその資産の譲渡等を行ったものとし、その実質の行為者に対して消費税の課税を行うというものである。

　実務上最も問題となるのは、委託販売等の場合である。すなわち、事業者が委託販売その他の業務代行として資産の譲渡を行った場合には、その譲渡の対価はすべて委託者の売上高になり、受託者は一定の手数料を収受し、その手数料だけが自己の課税売上高になる[*2]。

＊１　TAINZ・Z256-10436
＊２　武田昌輔監修『DHC コンメンタール消費税法』（第一法規）1791頁以下参照。

各　論　**4**消費税に関する事案

(2)　適用通達
○消費税法基本通達4－1－3（委託販売等の場合の納税義務者の判定）

> 　資産の譲渡等が委託販売の方法その他業務代行契約に基づいて行われ
> るのであるかどうかの判定は、当該委託者等と受託者等との間の契約の
> 内容、価格の決定経緯、当該資産の譲渡に係る代金の最終的な帰属者が
> だれであるか等を総合判断して行う。

解　説

・事業者が行った資産の譲渡等が当該事業者自身の資産の譲渡等に係る
　ものであるか委託販売によるものであるかどうかは、売上高の多寡に
　直接影響し、事業者免税点制度、簡易課税制度の適用の判定上のポイ
　ントとなる。
・資産の譲渡等が委託販売その他業務代行契約に基づいて行われるかど
　うかは、
　①　契約内容
　②　価格決定の経緯
　③　代金の最終帰属者
　等について、総合的に判断して判定する[3]。

(3)　事案の概要
　原告は、平成11年3月31日、K町が民法第34条に基づき知事の許可を
得て設立した公益法人である。
　K町は、設置したB温泉施設について、D社（中野区）との間で、C
温泉部門の施設管理運営委託契約を締結していたが、地方自治法第244
条の2第3項及び第4項により、地方公共団体であるK町が施設の管
理運営の委託をD（中野区）に任せるのは地方自治法に違反することに

･･
＊3　浜端・前掲書166頁。

285

なるため、平成11年4月1日にK町の出資で原告を設立し、町と原告との間でB施設を含む施設管理運営委託契約（本件受託契約）を締結した。

原告には何ら人的物的設備が整備されていなかったことから、原告はK町との契約どおり施設の管理運営を実施することができなかったため、そのまま従来施設管理運営に当たっていたD（K町）に委託することにした。原告とD（K町）との間には「甲（原告）は、振り込まれた金額から、賃料、電気代、水道代等のランニングコスト並びに機械警備、定期清掃等のメンテナンス代、機器リース代を差し引いた額を乙〔D（K町）〕の指定する口座に委託料として毎月17日及び27日までに振り込む。」との申合せ事項が合意されており、実際にもこのような運営がされてきた。他方、差し引いた賃料等はK町にいったん引き渡された後、そのまま個々の支出に回されたりしていた。

本件は、このような背景の中、平成13年4月1日から平成14年3月31日までの課税期間（以下「本件課税期間」という。）における消費税及び地方消費税について、原告が、消費税法第9条第1項（平成15年法律第8号による改正前のもの。同条項につき以下同じ。）にいう免税事業者に該当するとしてなした更正の請求に対する被告の平成14年12月27日付け更正をすべき理由がない旨の通知処分（以下「本件処分」という。）は違法であるとして、同処分の取消しを求めている事案である。

⑷　争点

原告は、利用料金等の帰属者か否か。

⑸　納税者の主張

①　本件各施設の運営により発生する利用料金等収入はD（K町）が享受し、法人税及び消費税の申告もD（K町）の収益としてなされていたが、このような場合D（K町）は利用料金等収入の中から原告に支

払うべき賃料等必要経費のみを支払い、残りは管理運営委託費として
自ら収受していればよかったところ、原告の設立には知事の許可を受
けていることから、原告の収支決算について県に報告しなければなら
ないため、原告の実績作りのためD（K町）が収受した利用料金等収
入はいったん原告口座に入金され、その後利用料金等収入から必要経
費を差し引いた残りが委託料としてD（K町）に対し払い戻されてい
たのであり、原告には本件基準期間中に温泉事業からの売上げが一銭
も入ることはなく、いわばトンネル会社ともいえるものであった。

② 以上の事実関係からすれば、原告は平成13年3月29日にD（K町）
から営業譲渡を受けるまでは、消費税法第13条にいう「単なる名義
人」にすぎず、本件基準期間の課税売上高が3,000万円以上になるこ
とはないから、原告は免税事業者となるはずである。

(6) 課税庁の主張

① 原告は、❶寄附行為に定めた目的に沿って、同寄附行為に定めた事
業を行うために設立された、独立した法人格を有する公益法人である
こと、❷原告は、K町との間で、本件受託契約を締結したこと、❸原
告は、本件受託契約に従い、本件基準期間において、B等の管理運営
を自ら行っていたこと、❹B設置条例により、利用料金は、原告の
収入とされていること、❺原告は、D（K町）から現実に利用料金等
を受領していること、❻原告は、利用料金等を自らの収入として計上
していることなどの事実関係が認められ、そうすると、原告がK町
から委託を受けたB等の管理運営を行うこと、及び利用料金等が原
告に帰属することについて、K町と原告との私法上の契約関係の外
観・形式と実体・実質は完全に一致しているといえる。

② ❼原告とD（K町）は、本件委託契約を締結し、併せて、同契約の
詳細について、「B温泉館及びFの管理委託等の申合せ事項」のとお
り合意していること、❽D（K町）は、本件委託契約に従い、本件各

施設の管理運営を行っていること、❾「B温泉館及びFの管理委託等の申合せ事項」において、D（K町）は、原告に対し、利用料金等を原告の口座に振り込むこと等とされ、ほぼそれに沿った支払を行っていることなどの事実関係が認められ、そうすると、D（K町）が原告から受領する委託料がD（K町）に帰属することについては、原告とD（K町）との私法上の契約関係の外観・形式と実体・実質は一致しているということができ、利用料金等がD（K町）に帰属する私法上の契約関係を見いだすことはできない。

③　本件各施設は公の施設であるから、本件各施設の利用料金等は、本来、公の施設を所有するK町の収入となるべきところ、地方自治法第244条の2第3項及び第4項並びにB設置条例16条及び17条に基づき、原告が収受することができるものであって、D（K町）は、そもそも、公の施設の管理を受託することはできず、利用料金等を自らの収入として収受することはできない。

(7)　**判決**

①　消費税法第13条は、「法律上資産の譲渡等を行ったとみられる者が単なる名義人であって、その資産の譲渡等に係る対価を享受せず、その者以外の者がその資産の譲渡等に係る対価を享受する場合には、当該資産の譲渡等は、当該対価を享受する者が行ったものとして、この法律の規定を適用する。」と定めているところ、これは、課税物件（資産の譲渡等）の法律上（私法上）の帰属について、その形式と実質とが相違している場合には、実質に即して帰属を判定すべきであるとするものと解される。

②　すなわち、この規定は、単なる名義人と法律上の真の資産の譲渡等を行った者とがいるとみられる場合には、真の（私法上の）法律関係を明確にし、真の（私法上の）法律関係に従って課税すべきことを要求する趣旨であると解するのが相当である。そして、上記の場合にお

いて、真実の（私法上の）法律関係を明確にするに当たり、その他の事情に加えて経済的効果や経済的目的をも総合的に考慮するのは、（私法上の）法律関係の解釈において当然なすべきことであって、このことは、真実に存在する法律関係から離れてその経済的効果なり目的なりに即して法律要件の存否を判断することにはならない。

③　この点、消費税法基本通達４−１−３は、「資産の譲渡等が委託販売の方法その他業務代行契約に基づいて行われるのであるかどうかの判定は、当該委託者等と受託者等との間の契約の内容、価格の決定経緯、当該資産の譲渡等に係る代金の最終的な帰属者がだれであるか等を総合判断して行う。」と定めているところ、これは、単なる名義人と法律上の真の資産の譲渡等を行った者とがいるとみられる場合には、仮に形式的には委託という法形式を用いているときであっても、同通達記載の事情等を総合的に考慮することにより真の（私法上の）法律関係を明らかにし、真の（私法上の）法律関係に従って資産の譲渡等を行った者を判定すべきことを規定したものと解されるのであるから、前項の解釈を裏付けるものといえる。

④　したがって、利用料金等が法律上原告とＤ（Ｋ町）のいずれに帰属するかが争われている本件においては、両者間の契約の内容等を総合的に判断して真の法律上の帰属者を判定する必要がある。なお、前記通達記載の事情は、原告及びＤ（Ｋ町）間で委託の法形式をとっている本件において、真の法律上の帰属者を判定する際に考慮すべき事情となると考えられる。

⑤　本件委託契約を契約の内容や本件事業運営の実態、経済的な財産の帰属等を総合して判断すると、私法上真に資産の譲渡等を行ったのはＤ（Ｋ町）であることは明らかであるから、利用料金等はＤ（Ｋ町）に帰属するものといわなければならない。

⑻　**解説**

　本件は、資産の譲渡等を行った者の実質的判定が争点となった事案である。消費税法第13条は、本判決が示すとおり、消費税法上も実質課税の原則を要請するものである。したがって、理論上は真の私法上の法律関係を明確にし、実質の納税義務者を判定することになるのであるが、実務上は事案ごとに態様が異なるため、その判定に苦慮することが多い。

　本件において、課税庁は、私法上の法律行為と租税法の適用については、原則として私法上の法律関係に即して行われるべきであるとし、さらに、課税要件事実の認定に必要な法律関係については、真実に存在する法律関係からはなれて、その経済的成果なり目的なりに即して法律要件の存否を判断することは許されないとしたうえで、Ｋ町と原告及び原告とＤ（Ｋ町）との私法上の契約関係の外観・形式と実体・実質は完全に一致している、と主張した。

　これに対し、裁判所は、消費税法基本通達４－１－３は消費税法第13条の解釈を裏付けるものであり、同通達記載の事情等を総合的に考慮することにより真の（私法上の）法律関係を明らかにし、真の（私法上の）法律関係に従って資産の譲渡等を行った者を判定すべきとした。そして、本件の事情等を本通達に当てはめて、納税者の主張を認めた。また、課税庁の上記主張に対しても、真実の私法上の法律関係を明確にするに当たっては、経済的効果や経済的目的も総合的に考慮するのは、私法上の法律関係の解釈において当然なすべきことであるとして、私法上の法律関係を判断する際には、経済的効果・目的も、その判断要素に当然含むとする見解を示した。

　そもそも消費税法第13条は、事業者免税点制度あるいは簡易課税制度を利用した租税回避を防止するために設けられた規定でもある[4]。

....

＊4　武田・前掲書1792頁。

したがって、租税回避を防止する観点からは、真の私法上の法律関係を見極めるために、経済的効果やその目的といった、経済的実態をも含めて検討するのは当然のことである。これらの点を踏まえ、本判決の判断は妥当だといえよう。

ところで、本件において課税庁は、原告はトンネル会社であるなど自らが認め、すなわち本件委託契約が地方自治法に反し、不適法なものであると主張した。これに対し裁判所は、そのように解する余地があるとしても、公序良俗に反するなどの特段の事情がない限り、それにより本件委託契約が直ちに私法上も無効になるとまではいえないとした。公序良俗に反する重大な違法性がある場合以外には、私法上の真の法律関係に基づく課税には影響が及ばないとする、実務にも参考となる判決である。

3. クレジット手数料は課税取引に該当するか
   東京高裁平成11年8月31日判決[1]

(1) 関係法令

○消費税法第6条（非課税）

> 国内において行われる資産の譲渡等のうち、別表第一に掲げるものには、消費税を課さない。

別表第1（第6条関係）

> 三 利子を対価とする貸付金その他の政令で定める資産の貸付け、信用の保証としての役務の提供、所得税法第2条第1項第11号（定義）に規定する合同運用信託、同項第15号に規定する公社債投資信託又は同項第15号の2に規定する公社債等運用投資信託に係る信託報酬を対価とする役務の提供及び保険料を対価とする役務の提供（当該保険料が当該役務の提供に係る事務に要する費用の額とその他の部分とに区分して支払われることとされている契約で政令で定めるものに係る保険料（当該費用の額に相当する部分の金額に限る。）を対価とする役務の提供を除く。）その他これらに類するものとして政令で定めるもの

---

* 1 TAINS・Z244-8475

各　論　**4**消費税に関する事案

○消費税法施行令第10条（利子を対価とする貸付金）

> 3　法別表第1第3号に掲げる資産の貸付け又は役務の提供に類するも
> のとして同号に規定する政令で定めるものは、次に掲げるものとする。
> 八　前各号に掲げるもののほか、金銭債権の譲受けその他の承継（包
> 括承継を除く。）

解　説

　ここでいう金銭債権には、貸付金、預金、売掛金といった金銭債権だ
けでなく、いわゆるコマーシャルペーパー及び譲渡性預金証書に係る金
銭債権、さらには流通市場で取得する既発債に係る金銭債権を含むもの
であり、金銭債権の買取り若しくは立替払に係る差益のようにその経済
的な性質が利子に準ずるものや既発債の利子等が非課税となる。

　例えば、百貨店がクレジットカードの発行会社に支払う加盟店手数料
は、クレジットカードを利用した顧客に係る販売代金をクレジット会社
から受領するものであるが、これはクレジットカード発行会社が百貨店
からその顧客に係る売掛債権を譲り受けるに当たっての、その譲受けに
係る対価と認められるところから、非課税となる[2]。

(2)　適用通達

○消費税法基本通達6－3－1（金融取引及び保険料を対価とする役務の提供等）

> 　法別表第1第3号《利子を対価とする貸付金等》の規定においては、
> おおむね次のものを対価とする資産の貸付け又は役務の提供が非課税と
> なるのであるから留意する。（平11課消2－8、平13課消1－5、平14
> 課消1－12、平15課消1－13、平19課消1－18、平20課消1－8、平22

─────────────────────
[2]　武田・前掲書1383頁。

課消 1 − 9 により改正）

⑽　金銭債権の買取又は立替払に係る差益

解　説

・消費税法別表第 1 及び消費税法施行令第10条は、具体的な非課税取引を定めている。

・本通達は、これらの法令に規定されている非課税取引を整理して列記したものである*3。

(3)　事案の概要

　本件は、通信販売業を営む原告が、顧客からの代金の回収について本件カード会社に対して支払った本件手数料は消費税法第 2 条第12号に規定する課税仕入れに該当するから、法第30条第 1 項の規定に従い、本件各課税期間において本件手数料に係る消費税額の控除をすべきところ、被告は、これを控除することなく、本件各更正及び本件各賦課決定をしたとして、本件各更正及び本件各賦課決定の取消しを求めるものである。

(4)　争点

　本件カード会社が原告から受領する本件手数料が令第10条第 3 項第 8 号に規定する金銭債権の譲受けその他の承継の対価に該当するかどうか。

(5)　納税者の主張

①　本件手数料は、本件カード会社の会員組織を利用し、商品代金の回収という役務〔本件カード会社における、 1 ）カード会員からの購入

─────────

*3　浜端・前掲書300頁。

294

申込みの受付け、2）無効カードの通知等によるカード会員の信用度の連絡、3）購入希望者及び対象商品の連絡、4）代金収納事務の代行〕に対する対価として、これにより、代金回収の簡易化、成約率及び代金回収率の高い会員組織の利用、本件カード会社の知名度の利用という利益を得る原告が商品代金の譲渡とは別に支払うものであり、一般のクレジット手数料とは異なる。

② 原告が本件カード会社に対して支払う手数料は、通常10パーセントであるが、場合によっては30パーセントのものもあり、これを年利換算すると120パーセントないし360パーセントという金融取引における利息あるいは譲渡債権の割引料と同視することができない高率となっているのであって、かかる手数料が許容される理由を社会通念に照らして検討すれば、本件手数料の実体は原告において消費し、これを最終消費者に転嫁すべき①に記載した役務の対価と解すべきである。

(6) 課税庁の主張

① （別紙中）「売上債権の処理」の「〔形態〕被告の主張」欄に「債権譲渡」と記載した取引は、原告のカード会員に対する商品代金債権をカード会社へ譲渡し、所定の締切日までの商品代金総額の一定割合を本件手数料として控除した金額を譲受代金として原告に支払うこととしているものであるから、本件手数料は債権譲渡の対価というべきである。

② 原告が本件カード会社に支払う手数料が年利換算した場合に金融の対価として高率になるとしても、債権の譲渡、立替払における対価は、債権の回収困難性、債務者の信用、譲渡者の取引関係等様々な要因によって決定されるものであるから、右の事情から手数料が会員組織利用の対価であるとしか説明できないものではない。

(7) **判決**

① 消費税法は、国内において事業として対価を得て行った資産の譲渡等を「課税仕入れ」として消費税の課税対象とする一方で、一定のものを非課税取引とする旨を定めた上、同法別表第1、3号において、「利子を対価とする貸付金……その他これらに類するものとして政令で定めるもの」を非課税とし、これを受けた同法施行令第10条第3項第8号は、「金銭債権の譲受けその他の継承（包括継承を除く。）」を非課税とする旨を定め、さらに、消費税法取扱通達6-3-1は、同法別表第1、3号の定める非課税取引の一つとして、「債権の買取又は立替払いに係る差益」を対価とする資産の貸付又は役務の提供を掲げているところ、本件各更正は、本件手数料は、いずれも右通達の定める「債権の買取又は立替払いに係る差益」に当たるから、非課税であるとの解釈を前提として行われている。

② ところで、債権譲渡が債権そのものを譲渡人から譲受人に移転させるものであるのに対し、原債権を消滅させ、その代わりに、立替払人に求償債権を発生させる立替払いは、債権譲渡とは法的構成を異にするが、原債権の消滅、求償債権の発生という形で原債権を立替払人に移転させる点で債権譲渡と同様の経済的実質を有するものである。このような経済的実質の同一性を考慮すれば、前示の非課税措置について、債権譲渡に価額差益と立替払いに係る差益とを区別する理由はないものといえるから、立替払いに係る差益を「金銭債権の譲受けその他の継承」によって生ずるものとして非課税とした前記通達は、消費税法及び同法施行令の解釈として相当である。したがって、本件の争点は、被控訴人が、本件手数料は「債権の買取又は立替払いに係る差益」に当たると判断したことが正当かどうかという点に帰することになる。

③ 本件各加盟店契約の内容は前示のとおりであって、これらはいずれも、カード会社が、控訴人ら加盟店から商品代金債権の譲渡を受け、

あるいは、右代金債権の立替払いをして、原債権を消滅させて求償債権を取得することを内容とするものであり、本件手数料は、右債権譲渡又は立替払いから生ずる差益に当たると認めることができる。

(8) 解説

本件において納税者は、本件手数料は単なる譲渡差益でなく、本件カード会社による、①カード会員からの購入申込みの受付、②無効カードの通知等によるカード会員の信用度の連絡、③購入希望者及び対象商品の連絡、④代金収納事務の代行といった役務の提供の対価と評価すべきものであること、及び支払われるべき手数料率が10パーセント程度であって、これを年利換算すると、120パーセントを超えることとなり、貸付金利等とは到底理解できない高率のものとなっていることを理由に、課税取引に該当する旨主張した。

これに対し裁判所は、債権譲渡と本件立替払いの経済的同一性に着目し、非課税措置について債権譲渡に価額差益と立替払いに係る差益とを区別する理由はなく本通達の解釈は相当であるとして、納税者の主張を退けた。

金融取引を非課税とした趣旨については、本判決の原審である、東京地裁平成11年1月29日判決が、「（課税対象となる）役務の提供の中にはいわゆる金融取引に係るものも含まれるが、決済手段あるいは信用供与手段としての金融取引は、財貨及び役務の流通、決済を活発かつ円滑ならしめるものの、その性質上、そこで付与される価値が財貨又は役務の価格を高め消費の対象となるものではないから、利子を対価とする資産の貸付、信用保証としての役務の提供等は非課税取引とされ、金融取引というべき『金銭債権の譲受けその他の承継』（令第10条第3項第8号）も非課税取引とされ（る）」とする。原判決を支持する本判決も同様の理解を示すものと解される。

ただ、金融取引は、金銭の移転部分すなわち課税の対象とならない取

引と、金融機関等のサービス提供による対価部分すなわち課税の対象となる取引に区分される＊4。そうすると、本件手数料は単なる譲渡差益でなく、本件カード会社による、カード会員からの購入申込みの受付、無効カードの通知等によるカード会員の信用度の連絡、購入希望者及び対象商品の連絡、代金収納事務の代行といった役務の提供の対価が、少なくとも含まれているとの納税者の主張は、それなりに論理的な主張であり、金融取引はその性質上、そこで付与される価値が財貨又は役務の価格を高め消費の対象となるものではないとした裁判所の判断は、この点において、やや硬直的に過ぎるといえよう。

　金融取引が非課税とされる理由は、主に消費税の仕組みによるものと、実務の簡便性を図るためだと考えられる。消費税は、仕入税額控除によって税が累積しない仕組みを取り入れ、最終的には消費者が負担することを予定している。したがって、一方が非課税売上とした取引をもう一方が課税仕入として処理すること、あるいは一方が課税売上とした取引をもう一方が非課税仕入として処理することを極力避ける狙いがあると考えられる。金融取引等については、本来課税対象とすべき部分とそうでない部分が混在するが、課税の対象となる取引を個別に抽出できない場合には課税の対象としないという考え方＊5が、課税庁の根底にはあるのであろう。そのことを示す例に、次の通達がある。

（解約手数料、払戻手数料等）

5－5－2　予約の取消し、変更等に伴って予約を受けていた事業者が
　　収受するキャンセル料、解約損害金等は、逸失利益等に対する損害賠
　　償金であり、資産の譲渡等の対価に該当しないが、解約手数料、取消
　　手数料又は払戻手数料等を対価とする役務の提供のように、資産の譲
　　渡等に係る契約等の解約又は取消し等の請求に応じ、対価を得て行わ

＊4　中里実『キャッシュフロー・リスク・課税』（有斐閣・1999）22頁以下参照。
＊5　中里・前掲書10頁。

各　論　**4**消費税に関する事案

れる役務の提供は、資産の譲渡等に該当することに留意する。

（中略）

　　なお、解約等に際し授受することとされている金銭のうちに役務の提供の対価である解約手数料等に相当する部分と逸失利益等に対する損害賠償金に相当する部分とが含まれている場合には、その解約手数料等に相当する部分が役務の提供の対価に該当するのであるが、これらの対価の額を区分することなく、一括して授受することとしているときは、その全体を資産の譲渡等の対価に該当しないものとして取り扱う。

　同通達は、解約手数料等の取扱いにおいても、役務の提供の対価の額が区分されておらず、損害賠償金相当額と一括して授受する場合には、課税の対象としないとする。金融取引もこれと同じ考え方に立つといえよう。なお、同通達は同時に、実務の簡便化を図る目的があるとの解説がある[6]。

　消費税は、低い税率で所要の税収を確保するために、課税ベースを広くしているという特色があり[7]、その性格からは、非課税取引の範囲は限定的に捉えるべきである。したがって、本件手数料のうち金融機関等のサービス提供による対価部分については、本質的には課税の対象であることを指摘しておきたい。

　そうとはいえ、実務においては、カード会社からの明細書等を確認し、カード手数料を課税取引として処理することのないよう注意する必要がある。

----

[6]　浜端・前掲書234頁。
[7]　金子宏『租税法・第19版』（弘文堂・2014）658頁（なお、この記載については、第20版以後は掲載を省略されており、「19版以前の版を参照されたい」とされている）。

4．新旧通達がある場合の通達の事例へのあてはめ
　　福岡高裁平成12年 9 月29日判決＊1

(1)　関係法令
○消費税法第28条第 1 項（課税標準）

　課税資産の譲渡等に係る消費税の課税標準は、課税資産の譲渡等の対価の額（対価として収受し、又は収受すべき一切の金銭又は金銭以外の物若しくは権利その他経済的な利益の額とし、課税資産の譲渡等につき課されるべき消費税額及び当該消費税額を課税標準として課されるべき地方消費税額に相当する額を含まないものとする。以下この項及び次項において同じ。）とする。ただし、法人が資産を第 4 条第 5 項第 2 号に規定する役員に譲渡した場合において、その対価の額が当該譲渡の時における当該資産の価額に比し著しく低いときは、その価額に相当する金額をその対価の額とみなす。

(2)　適用通達
①　消費税法基本通達 1 － 4 － 3

消費税法基本通達 1 － 4 － 3 （新）	消費税法基本通達 1 － 4 － 3 （旧）
（原材料等の支給による加工等の場合の課税売上高の計算）　事業者が原材料等の支給を受けて加工等を行った場合の基準期間における課税売上高に算入される国内において行った課税資産の譲渡等の対	（原材料等の支給による加工等の場合の課税売上高の計算）　事業者が原材料等の支給を受けて加工等を行った場合の基準期間における課税売上高に算入される国内において行った課税資産の譲渡等（国

＊1　TAINS・Z248-8735

各　論　**4**消費税に関する事案

価の額は、原則として、次に掲げる場合の区分に応じ、それぞれ次に掲げる対価の額となることに留意する。
(1)　製造販売契約の方式により原材料等の有償支給を受けている場合
　　加工等を行った製品の譲渡の対価の額
(2)　賃加工契約の方式により原材料等の無償支給を受けている場合
　　加工等に係る役務の提供の対価の額

内において行った課税資産の譲渡等に限る。）の対価の額は、原則として、次に掲げる場合の区分に応じ、それぞれ次に掲げる対価の額となることに留意する。
(1)　製造販売契約の方式により原材料等の有償支給を受けている場合
　　加工等を行った製品の譲渡の対価の額
(2)　賃加工契約の方式により原材料等の無償支給を受けている場合
　　加工等に係る役務の提供の対価の額

解　説

（新）	（旧）
・事業者が原材料等の支給を受けて加工等を行い、その完成品等を引き渡す場合の契約には、製造販売方式によるものと賃加工方式によるものとがある。 ・製造販売方式の場合には、支給を受けた原材料については当事者間で売買されていることから、原材料購入費を必要経費等に算入するとともに、完成品等の販売代金をその原材料費込みで収入等に計上する。	左同 [3]

・賃加工方式の場合には、原材料については無償支給されていることから、賃加工料収入のみを収入等に計上する。

・本通達は、上記の契約方式及び経理方法を受けて、それぞれ課税資産の譲渡等の対価の額を明らかにしている。

❶　製造販売契約の方式により原材料等の有償支給を受けている場合─加工等を行った製品の譲渡の対価の額

❷　賃加工契約の方法により原材料等の無償支給を受けている場合─加工等に係る役務の提供の対価の額 *2

②　消費税法基本通達5－2－16

消費税法基本通達5－2－16（新）	消費税法基本通達5－2－13（旧）
（下請先に対する原材料等の支給） 　事業者が外注先等に対して外注加工に係る原材料等を支給する場合において、その支給に係る対価を収受することとしているとき（以下5－2－16において「有償支給」とい	（下請先に対する原材料の支給） 　事業者が外注先等に対して外注加工に係る原材料を支給する場合において、その支給に係る対価を収受することとしているときは、その原材料等の支給は、資産の譲渡に該当す

＊2　浜端・前掲書65頁以下。

＊3　濱田明正編『消費税法取扱通達逐条解説』（大蔵財務協会・1991）18頁以下。

302

各　論　**4**消費税に関する事案

<table>
<tr><td>

う。）は、その原材料等の支給は、対価を得て行う資産の譲渡に該当するのであるが、有償支給の場合であっても事業者がその支給に係る原材料等を自己の資産として管理しているときは、その原材料等の支給は、資産の譲渡に該当しないことに留意する。

（注）　有償支給に係る原材料等についてその支給をした事業者が自己の資産として管理しているときには支給を受ける外注先等では当該原材料等の有償支給は課税仕入れに該当せず、また、当該支給をした事業者から収受すべき金銭等のうち原材料等の有償支給に係る金額を除いた金額が資産の譲渡等の対価に該当する。

</td><td>

るのであるが、事業者がその支給に係る原材料を自己の資産として管理しているときは、その原材料等の支給は、資産の譲渡に該当しないことに留意する。

</td></tr>
</table>

解　説

（新）	（旧）
①　事業者が、当事者間で譲渡があったものとして認識している場合は別として、仮払金又は未収金とする経理その他を通じてその支給に係る原材料を支給する事業者が自己の資産としての受払い、数量管理等をしているときは、その原材料の有償支給は、資産の譲渡に該当せず、したがって、消費税の課税の対象にはならない。	①及び③同じ＊5。

303

② 注書きでは、このような取引の場合には、有償で原材料等の支給を受けた外注先等においては、課税仕入れとはならず、原材料等の支給を受ける事業者から収受する役務の提供の対価としての加工賃等が課税の対象となることを明らかにしたものである。

③ 企業の経理は、取引の実態を示すものでなければならないのであり、原材料等の支給取引について売上げ、仕入れ等の損益科目で処理している場合に。その実態が上記のような預け在庫、預かり在庫であるというのであれば、その実態に即した経理処理とすることが望ましいことはいうまでもない*4。

(3) 事案の概要

本件は、電子部品組立製造等を営み、訴外A社から原材料の支給を受け、これを電子部品に加工してA社に納入する取引をしている原告が、被告から受けた平成2年11月1日から平成3年10月31日までの課税期間についての、右取引に基づく電子部品の売買代金として収受すべき金額の全額が消費税法第28条第1項の「課税資産の譲渡等の対価」に該当することを前提とする消費税更正処分及び過少申告加算税賦課決定処

*4 浜端・前掲書220頁。
*5 濱田・前掲書110頁。

各　論　**4**消費税に関する事案

分につき、右取引においては、加工賃等のみが付加価値であり、加工賃等以外の原材料の支給は消費税法第４条第１項の「資産の譲渡」には該当せず、電子部品の売買代金として収受すべき金額から支給材の有償支給に係る金額を除いた残額が右「課税資産の譲渡等の対価」に該当し、右各処分は違法であると主張して、右各処分の取消を求めた事案である。

(4)　争点

①　新通達が本件課税期間及び本件更正処分等よりも後に制定された場合に、新旧いずれの通達の基準により判断すべきか

②　新通達の合理性

(5)　納税者の主張

①　新通達５－２－16で、その注書きとして、発注元業者が有償支給に係る原材料等を自己の資産として管理している場合には、外注先業者にとっては、原材料等の有償支給は例外的に課税仕入に該当せず、また、加工等を行った製品の納入に際して収受すべき金銭のうち、原材料等の有償支給に係る金額を除いた金額が「資産の譲渡等の対価」に該当する旨規定した。

　このように、新通達が、例外を認めた根拠は、現行消費税法の立法趣旨が付加価値税であることに由来し、原材料等の支給が形式的に有償支給の形式をとっていても実質的には無償支給と同様である場合や、実質的に有償支給であっても原材料等の管理を発注元業者が行うなどの場合には、外注先業者のもとで発生する付加価値は加工賃等に相応するものに過ぎないのであって、消費税の課税もそれに限定すべきであるというところにある。このような立法趣旨からすれば、付加価値を生じる取引のみが同法第２条第１項第８号の「資産の譲渡等」に該当し、付加価値以外の部分の対価は、同法第28条第１項の「資産

305

の譲渡等の対価」に該当しないと解すべきである。

② 新通達が例外を許容する場合の基準は、支給した原材料等について、これを「発注元業者が自己の資産として管理しているとき」という極めて曖昧なものであり、客観性を欠き、租税法律主義の原則に反するものであり、また、主語が発注元業者に限られているため、発注元業者の経理処理を主たる基準とするかの如き誤解を与えてしまい、外注先業者は自己の知りえない発注元業者の内部の経理処理如何によって課税が左右される結果となり、更に発注元業者の主観的意図や目的によって客観的な取引の実態に基づかない課税を強いられることにもなる。よって、新通達の示す例外基準は妥当なものとはいえない。

(6) 課税庁の主張

① 「資産の譲渡」（消費税法第4条第1項）とは、資産の同一性を維持しつつ、それを他人に移転することをいう。これを本件取引についてみれば、資産たる電子部品がその同一性を保持しつつ他人に移転されること、すなわち支給材の所有権がKから原告に、また、加工後の電子部品の所有権が原告からKに移転されることを意味する。

　そして、本件取引において支給材が有償で支給されている場合には、支給材の所有権はKから原告に移転し、右支給材を加工した完成品である電子部品の所有権は一旦原告に帰属した後、原告からKに移転することになるので、支給材の売買代金及び電子部品の売買代金がそれぞれ「資産の譲渡」の対価に該当することになる（原告からみると、支給材の売買代金は課税仕入に、電子部品の売買代金は課税売上にそれぞれ該当する。）。新通達1－4－3が、事業者が原材料等の支給を受けて加工等を行った場合、(1)製造販売契約の方式により、原材料等の有償支給を受けている場合には、加工等を行った製品の譲渡の対価の額、(2)賃加工契約の方式により原材料等の無償支給を受け

306

ている場合には、加工等に係る役務の提供の対価の額、がそれぞれ課税売上高に算入される課税資産の譲渡等の対価の額となる旨規定しているのは、右の趣旨を明らかにしたものである。

② もっとも、仮に、Kが、原告に対して有償支給した支給材を「自己の資産として管理」している場合には、右支給材の供給について、消費税の課税対象である資産の譲渡等が実質的に存在しないものとして、原告が受ける支給材の有償支給は課税仕入に該当せず、Kから収受すべき電子部品代金のうち支給材の有償支給に係る金額を除いた金額が「資産の譲渡等の対価」に該当するというべきである（新通達5－2－16）。

(7) 判決

① 新通達は、本件課税期間及び本件更正処分等よりも後に制定されたものであるが、旧通達後の質疑応答等を踏まえて、旧通達を廃止して制定されたものであり、消費税法の立法趣旨に照らし、合理性が認められるから、ある取引が消費税法にいう「資産の譲渡等」に該当するか否かは、新通達の基準によって判断すべきである。

② 新通達は、その注書きをも併せてみると、製造販売契約の方式による取引において、発注元業者から外注先業者に対し原材料等の有償支給がなされている場合でも、発注元業者が右原材料等を自己の資産として管理しているときには、発注元業者及び外注先業者のいずれにとっても原材料等の有償支給は資産の譲渡に該当しないとの解釈基準を示したものであって、これは消費税法第28条第1項所定の「資産の譲渡等の対価の額」の意味を実質的に捉えた解釈であり、売買という形式にとらわれずに取引の実態という実質的な観点から右条項に該当しない例外の場合を例示したものであって、その解釈基準は趣旨が明確であり、合理的かつ妥当なものというべきである。

(8) 解説

　実務において、通達が改正等された場合、改正等の以前に課税要件事実が発生した事案への法の適用は、新旧いずれの通達に基づいて判断すればよいのだろうか。本件は、その争点に対し、税法の立法趣旨に照らして合理性がある場合には、新通達の基準によって判断すべきとした判決である。

　法令が改正された後、その法令が改正前の過去の事案に適用され、納税者が不利益を被るような遡及適用は許されないが＊6、通達はあくまで法令の解釈を示すものであって法令ではない。総論⑤において検討したように、法律の解釈は、時代の変遷、裁判例あるいは実務事例の積み重ね等により、その時代に合ったように変わるものである。したがって、通達改正前の過去の事案に対して、新通達を基準として適用することは、法令解釈として当然と考えられるのである。

　次に、本件に関しては、先に新旧通達を対比したところであるが、新通達1－4－3は旧通達とほぼ同じ内容であり、新通達5－2－16は、旧通達に注書きが新たに付け加えられた内容となっている。納税者は、この注書きの示すいわば例外基準が、客観性に欠け租税法律主義に反すると主張した。これに対し裁判所は、新通達の合理性につき、その注書きを併せて検討し、その結果新通達は、消費税法第28条第1項所定の「資産の譲渡等の対価の額」の意味を実質的に捉えた解釈であり、その解釈基準は明確で合理的なものと判断した。

　新旧通達のそれぞれの逐条解説は、新通達5－2－16注書きの箇所を除き、その解説はほぼ同じである。また、その注書きも、解説を併せ検討するに、原材料を支給される側の消費税の処理につき、確認するに過ぎない。したがって、新通達を合理的かつ妥当とした裁判所の判断は、妥当なものであったといえよう。

＊6　金子宏『租税法・第22版』（弘文堂・2017）115頁。

各　論　**4**消費税に関する事案

　いずれにせよ、通達が改正された場合には、その改正が時宜に適った合理的なものである限り、通達改正前の過去の事案についても解釈基準として当てはめることになることに注意が必要である。

〔著者紹介〕

近藤　雅人（こんどう・まさと）

税理士＜大阪市中央区／近畿税理士会東支部＞

昭和37年生まれ。昭和60年、立命館大学産業社会学部卒業。平成11年、税理士登録・開業。平成15年～平成19年、近畿税理士会調査研究部員。平成19年～平成23年、近畿税理士会調査研究部副部長。平成23年～平成25年、近畿税理士会研修部副部長。平成25年～平成29年、日本税理士会連合会理事・同調査研究部副部長・同税制審議会専門副委員長、近畿税理士会常務理事・同調査研究部長。現在、日本税理士会連合会常務理事・同広報部長・同税制審議会専門委員、近畿税理士会常務理事・同広報部長、同志社大学法学研究科非常勤講師。

川口　昌紀（かわぐち・まさのり）

税理士＜和歌山県和歌山市／近畿税理士会和歌山支部＞

昭和31年生まれ。昭和54年、慶應義塾大学工学部管理工学科卒業。昭和63年、税理士登録・開業。平成21年、近畿税理士会理事・調査研究部員。平成23年～平成27年、近畿税理士会常務理事・公益活動対策部長。平成27年～現在、国立大学法人和歌山大学・同大学院非常勤講師。

松田　昭久（まつだ・あきひさ）

税理士＜大阪市天王寺区／近畿税理士会天王寺支部＞

昭和37年生まれ。昭和56年、大阪産業大学高等学校卒業。平成3年、税理士登録。平成12年、開業。平成21年～平成29年、近畿税理士会調査研究部員、平成29年～現在、近畿税理士会会務制度委員。

田中　俊男（たなか・としお）

税理士＜奈良県大和高田市／近畿税理士会葛城支部＞

昭和35年生まれ。昭和58年、大阪大学経済学部卒業。平成18年、税理士登録。平成21年～平成23年、近畿税理士会調査研究部員、平成21年～、奈良県中小企業診断士会監事。平成25年～平成27年、国立大学法人和歌山大学大学院非常勤講師。平成18年～平成28年、大阪学院大学非常勤講師。平成29年～現在、大和高田市代表監査委員。

佐々木栄美子（ささき・えみこ）

税理士＜京都市中京区／近畿税理士会中京支部＞

昭和51年生まれ。平成15年、龍谷大学大学院法学研究科法律学専攻修了。平成18年、税理士登録・開業。平成21年～平成23年、近畿税理士会調査研究部員。平成23年～平成25年、近畿税理士会研修部員。平成25年～平成29年、近畿税理士会調査研究部員。平成29年～現在、近畿税理士会制度部員。平成27年～現在、一般社団法人日税連税法データサービス編集委員。平成27年～現在、大阪学院大学大学院法学研究科非常勤講師。

実務家必読　判決・裁決に学ぶ税務通達の読み方

2018年7月10日発行

著　者　近藤　雅人／川口　昌紀／松田　昭久／
　　　　田中　俊男／佐々木栄美子ⓒ

発行者　小泉　定裕

発行所　株式会社　清文社

東京都千代田区内神田1-6-6（MIFビル）
〒101-0047　電話03（6273）7946　FAX03（3518）0299
大阪市北区天神橋2丁目北2-6（大和南森町ビル）
〒530-0041　電話06（6135）4050　FAX06（6135）4059
URL　http://www.skattsei.co.jp/

印刷：亜細亜印刷㈱

■著作権法により無断複写複製は禁止されています。落丁本・乱丁本はお取り替えします。
■本書の内容に関するお問い合わせは編集部までFAX（06-6135-4056）でお願いします。

ISBN978-4-433-63098-0